PIERRE LEHAUTCOURT

GUERRE DE 1870-1871

APERÇU ET COMMENTAIRES

I

LA DESTRUCTION DES ARMÉES IMPÉRIALES

AVEC DEUX CARTES

BERGER-LEVRAULT & Cie, ÉDITEURS

PARIS	NANCY
RUE DES BEAUX-ARTS, 5—7	RUE DES GLACIS, 18

1910

Ouvrages de Pierre LEHAUTCOURT (Général PALAT)

HISTOIRE DE LA GUERRE DE 1870-1871

Première Partie. — LA GUERRE DE 1870

Sept volumes in-8, avec 29 cartes, brochés . . . . . . **47 fr. 50**

Tome I. — **Les Origines.** — *Sadowa.* — *L'Affaire du Luxembourg.* — *La candidature Hohenzollern.* — *La dépêche d'Ems.* — 1901. Un volume in-8 de 422 pages . . . **6 fr.**

Tome II. — **Les deux Adversaires. — Premières Opérations** (7 juillet-2 août 1870). — *La France : la nation et l'armée.* — *La concentration française.* — *L'Allemagne.* — *Premières opérations.* — 1902. Un volume in-8 de 488 pages, avec 2 cartes . . **6 fr.**

Tome III. — **Wissembourg, Fræschwiller, Spicheren.** — 1903. Un volume in-8 de 595 pages, avec 4 cartes . . . . **6 fr.**

Tome IV. — **La Retraite sur la Moselle, Borny.** — 1904. Un vol. in-8 de 384 pages, avec 5 cartes . . . . . **6 fr.**

Tome V. — **Rezonville et Saint-Privat.** — 1905. Un volume in-8 de 750 pages, avec 5 cartes. . . . . **7 fr. 50**

Tome VI. — **Sedan** (7 août-2 septembre 1870). — 1907. Un volume in-8 de 800 pages, avec 9 cartes. . . . . . . **10 fr.**

Tome VII. — **Capitulation de Metz** (19 août-29 octobre 1870). — 1908. Un volume in-8 de 584 pages, avec 4 cartes . . . . **6 fr.**

Seconde Partie. — LA DÉFENSE NATIONALE

Couronné deux fois par l'Académie française (2ᵉ Grand Prix Gobert en 1899 et en 1900)

Huit volumes in-8, avec 56 cartes, brochés . . . . **49 fr.**

Campagne de la Loire. — Tome I. *Coulmiers et Orléans.* 1893. Un volume de 478 pages, avec 6 cartes . . . . . . **7 fr. 50**
— Tome II. *Josnes, Vendôme, Le Mans.* 1895. Un vol. de 448 pages, avec 13 cartes. **7 fr. 50**

Campagne de l'Est. — Tome I. *Nuits, Villersexel.* 1896. Un volume de 301 pages, avec 7 cartes . . . . **5 fr.**
— Tome II. *Héricourt, La Cluse.* 1896. Un volume de 300 pages, avec 4 cartes. . . . **5 fr.**

Campagne du Nord. — *La Défense nationale dans le Nord de la France.* Nouvelle édition, entièrement revue et corrigée. 1897. Un volume de 359 pages, avec 9 cartes. **6 fr.**

Siège de Paris. — Tome I. *Châtillon, Chevilly, La Malmaison.* 1898. Un volume de 415 pages, avec 4 cartes . . . . . **6 fr.**
— Tome II. *Le Bourget, Champigny.* 1898. Un volume de 447 pages, avec 4 cartes . . **6 fr.**
— Tome III. *Buzenval, La Capitulation.* 1898. Un volume de 460 pages, avec 5 cartes. **6 fr.**

L'ouvrage complet en 15 volumes (au lieu de **96 fr. 50**) . . **75 fr.**

Le Premier Déploiement stratégique des Allemands en 1870, par Pierre Lehautcourt. 1903. Brochure grand in-8, avec 4 croquis hors texte. . . . . . . **1 fr.**

Études de Tactique appliquée. *Le Combat de toutes armes,* par le général Palat, commandant la 41ᵉ brigade d'infanterie. 1909. Un volume in-8 de 386 pages, avec 1 croquis et 12 cartes hors texte, broché. . . . . **10 fr.**

La Stratégie de Moltke en 1870, par le même. 1907. Un volume in-8 de 400 pages, avec 22 cartes hors texte, broché . . . . **10 fr.**

Bibliographie générale de la guerre de 1870-1871. Répertoire alphabétique et raisonné des publications de toute nature concernant la guerre franco-allemande parues en France et à l'Étranger, par le même. 1897. Un volume in-8 de 592 pages, broché. . . **15 fr.**

GUERRE DE 1870-1871

APERÇU ET COMMENTAIRES

PIERRE LEHAUTCOURT

GUERRE DE 1870-1871

APERÇU ET COMMENTAIRES

I

LA DESTRUCTION DES ARMÉES IMPÉRIALES

AVEC DEUX CARTES

BERGER-LEVRAULT & Cie, ÉDITEURS

PARIS | NANCY

RUE DES BEAUX-ARTS, 5—7 | RUE DES GLACIS, 18

1910

INTRODUCTION

Le présent ouvrage résume et coordonne les conclusions d'une série de travaux parus de 1883 (1) à 1908 et consacrés à la guerre de 1870. Il a semblé utile de les grouper sous des dimensions plus restreintes et sans entrer, comme précédemment, dans le détail des faits. A cet égard, on s'est borné à l'essentiel, s'attachant aux causes plutôt qu'aux résultats, aux enseignements à tirer plutôt qu'aux événements à décrire. La nature même de cet aperçu a interdit de reproduire les références qui en constituent l'armature. Il suffira sans doute d'ajouter qu'elles figurent dans l'*Histoire de la Guerre de 1870-1871*.

Le travail de revision auquel il a fallu procéder a conduit, en maintes occasions, à modifier des conclusions antérieures. Certains jugements ont été adoucis; d'autres, en plus grand nombre, ont accentué leur sévérité. On n'en sera pas surpris si l'on tient compte du temps écoulé depuis 1883 et des faits qui ont marqué

---

(1) La première de nos études, consacrée à la bataille de Saint-Quentin, a paru le 15 octobre 1883 dans le *Spectateur militaire*. Les éléments en avaient été recueillis sur le terrain dès l'été de *1879*. Les premiers travaux de la Section historique de l'État-major de l'armée concernant la guerre de 1870 ont été publiés en *1899*. Le rapprochement de ces deux dates permet d'apprécier les revendications du genre de celles parues dans le *Temps* du 27 octobre 1907. L'auteur anonyme et intéressé de la lettre à M. Gaston Deschamps était assurément sur les bancs du lycée ou de l'École polytechnique quand déjà nous avions commencé notre tâche.

cette période. L'optique du début a dû en être nécessairement modifiée. Il est presque superflu d'ajouter que le présent ouvrage, comme celui qu'il résume, a été écrit en pleine indépendance et en dehors de toute idée de secte ou de parti. Sa franchise pourra déplaire, mais qu'importe? Si les sympathies qu'a évoquées le précédent nous sont infiniment précieuses, nous ne dédaignons pas moins les inimitiés sournoises qu'il nous a values.

Pour trop de gens, en France, la guerre de 1870 s'estompe déjà dans le passé. Même parmi les milieux cultivés, on n'y prête guère plus d'importance qu'à la campagne d'Italie ou de Crimée. Elle rappelle des souvenirs pénibles, des sacrifices dont on redouterait fort le renouvellement. Elle est pour troubler les rêves où se complaît l'ingénuité des apôtres de la paix à outrance. Elle fait voir aux plus prévenus qu'il est des heures où la lutte pour la vie s'impose aux nations comme aux individus. Il ne suffit pas de déclarer que la guerre est absurde pour qu'elle devienne impossible et les plus pacifiques peuvent y être contraints. Toutes ces raisons font que les souvenirs de l'Année terrible sont trop souvent regardés comme importuns. Mais, qu'on le veuille ou non, cette funeste guerre n'en reste pas moins, de beaucoup, l'événement le plus marquant depuis la fin de l'Épopée révolutionnaire. Elle a fait l'unité allemande, groupant en un seul peuple les millions d'hommes répartis de la Baltique aux Alpes et des Vosges à la Vistule. A cette masse compacte, redoutable par ses aptitudes guerrières, cimentée par l'unité du langage et des aspirations nationales, viendront tôt ou tard s'unir les po-

pulations d'origine germanique éparses à sa périphérie. Ainsi se constituera, au centre de l'Europe,
le plus puissant groupement qui 'ait jamais existé.

Par contre, la guerre de 1870 a porté à notre pays
un coup dont il ressentira longtemps les effets. Elle a
changé sa situation dans le monde, son équilibre physique et moral, accroissant l'importance relative du
Midi au détriment du Nord, de l'Ouest au préjudice
de l'Est, réduisant la proportion des éléments modérés
et laborieux dans la nation. Si donc il est un grand
fait historique méritant d'être passionnément étudié
chez nous, c'est la guerre franco-allemande. Pourtant
elle est loin d'être connue autant qu'il conviendrait.
Constamment les discours des hommes politiques, les
journaux même sérieux reproduisent à son sujet les
détails les plus contraires à la vérité. Dernièrement
encore, dans un livre apprécié, l'un de nos romanciers
les plus goûtés consacrait dix lignes à la bataille de
Sedan : il s'y trouvait deux erreurs grossières. Si nous
parvenions à répandre des notions plus exactes concernant ces douloureux événements, notre but serait
amplement atteint.

Moustoir-Lan, par Pontivy, le 27 mai 1910.

GUERRE DE 1870-1871

APERÇU ET COMMENTAIRES

LA DESTRUCTION DES ARMÉES IMPÉRIALES

LES PRÉLIMINAIRES

I

SADOWA

Aucun des grands États de l'Europe n'a eu des commencements plus pénibles que la monarchie prussienne. Elle s'est faite au prix de luttes sanglantes contre les nations guerrières qui l'entouraient. Au dix-huitième siècle, le génie du grand Frédéric lui permit seul de résister aux attaques de l'Autriche, de la France et de la Russie coalisées. Puis survint l'Épopée révolutionnaire.

Iéna et Auerstædt réduisirent la Prusse à Kœnigsberg et même, un instant, à Memel. Napoléon la laissa vivre, à la condition de n'entretenir qu'une armée de 40.000 hommes, et cette clause humiliante devint l'une des causes de la grandeur du pays. L'institution de la landwehr, le labeur des Scharnhorst, des Gneisenau, des Massenbach, lui permirent de mettre en ligne 180.000 hommes en 1813, 264.000 hommes en 1815. Grâce aux excès mêmes de la politique du grand Empereur, le patriotisme allemand s'incarna dans la Prusse. Plus que nulle autre puissance, elle prit part à sa chute et à notre abaissement. La Révolution fut vaincue par ses propres armes.

Le congrès de Vienne donna d'insuffisantes satisfactions aux aspirations de l'Allemagne. La Confédération resta un groupement sans cohésion, livré aux influences rivales de la Prusse et de l'Autriche, celle-ci prépondérante. Ni les princes, ni les peuples n'en furent satisfaits. Après leur éveil de 1813, ces derniers avaient paru s'assoupir, mais ils étaient travaillés par l'action continue des universités et des écoles, en vue de l'unité nationale. Une première tentative, celle du Parlement de Francfort, échoua en 1849. En 1854, l'union douanière, dite Zollverein, réunit presque toute l'Allemagne. Tôt ou tard, la communauté des intérêts devait entraîner l'unité politique.

Entre les divers États allemands, le véritable lien était la crainte et la haine de la France. Les souvenirs des guerres de Louis XIV et de Napoléon Ier étaient pieusement ravivés; les revanches de 1814 et de 1815 ne suffisaient pas à l'orgueil national. On affichait déjà l'intention de nous reprendre les pays d'origine germanique, sans tenir pour rien leur volonté. On oubliait les anciennes limites de la Gaule pour ne se souvenir que du Moyen Age et des temps modernes.

L'avènement de Napoléon III créa en Allemagne de nouveaux motifs d'inquiétude et de haine. Mais la guerre de Crimée, si impolitique qu'elle fût par ailleurs, éleva très haut notre situation dans le monde. A l'automne de 1856, l'entrevue de l'Empereur et d'Alexandre II à Stuttgart sembla nous promettre une alliance féconde; le voyage de Napoléon III en Allemagne eut les apparences d'un triomphe. Pourtant la Prusse avait gardé pendant cette guerre une attitude de neutralité sympathique vis-à-vis de la Russie, et le roi Frédéric-Guillaume IV cachait mal son aversion pour l'empire révolutionnaire. Lors de l'affaire de Neuchâtel, Napoléon III cherchait inutilement à dissiper les inquiétudes allemandes au sujet de la rive gauche du

Rhin. Déjà il songeait à une nouvelle guerre, destinée à rendre aux Italiens leur indépendance, et offrait à la Prusse, contre sa neutralité, l'annexion du Hanovre et des duchés de l'Elbe. Un diplomate, alors à peu près inconnu, Otto von Bismarck, lui montrait l'impossibilité de cet accord avec Frédéric-Guillaume, tout en se déclarant partisan, pour son compte, d'une alliance « borusso-franco-russe ». Ces idées, beaucoup plus prussiennes qu'allemandes, ne trouvaient aucun écho auprès du prince régent, le futur roi Guillaume, résolument hostile à toute compromission avec la France.

La campagne d'Italie fut heureuse en apparence. Dans la réalité, elle marqua le déclin de notre influence en Europe et révéla les vices de notre organisation militaire, la faiblesse du commandement, son désordre et son imprévoyance. Elle permit à l'Allemagne entière de manifester son hostilité contre nous. La Prusse prit même l'initiative de mobiliser son armée, et ses transports de concentration allaient commencer quand survint l'armistice de Villafranca. L'Autriche renonçait à la Lombardie plutôt que d'accepter l'appui humiliant et dangereux de sa rivale. Quant à Napoléon III, il reculait devant une grande guerre à laquelle il n'était aucunement préparé. Il laissa la Vénétie à l'Autriche, créant pour l'Italie une source constante de mécontentement et préparant de ses mains l'alliance du jeune royaume avec la Prusse.

Le 2 janvier 1861, Guillaume Ier succédait à Frédéric-Guillaume IV, et sa proclamation d'avènement était un programme. Il faisait de son pays le représentant de l'Allemagne et souhaitait de le conduire à de nouvelles victoires. Le 24 septembre 1862, Bismarck devenait ministre des affaires étrangères. Entre temps, l'insurrection de Pologne mettait fin à toute communauté de vues entre Napoléon III et Alexandre II, resserrant au contraire les liens traditionnels de la Russie et de la Prusse. Entre de vieilles sympathies et des intérêts immédiats, la France parut hésiter. Elle mécontenta le gouvernement russe, sans être d'aucune utilité aux Polonais. Le roi Guillaume prit l'attitude inverse. Puis la question des duchés de l'Elbe survint, donnant à la diplomatie impériale l'occasion d'entasser faute sur faute. Malgré d'anciennes et cordiales relations avec le Danemark, elle fit des concessions inopportunes au principe des nationalités, prévoyant peut-être des complications fructueuses entre la Prusse et l'Autriche. Elle imita, sinon provoqua, l'inaction de l'Angleterre et de la Russie. L'Empereur venait d'entreprendre sa folle expédition du Mexique. Après avoir paru encourager les revendications des deux puissances allemandes, il risqua d'inefficaces protestations. Sa politique fut l'incohérence même.

La Prusse et l'Autriche triomphèrent aisément du Danemark et la Convention de Gastein (14 août 1865) sembla consacrer leur amitié. C'était un simple « replâtrage ». Bismarck avait réussi à dégoûter Guillaume Ier de l'alliance autrichienne; il allait bientôt le faire renoncer à de gênants scrupules. Mais la situation politique de la France était encore telle qu'il fallait son consentement au diplomate prussien. Il fit tous ses efforts pour l'obtenir, notamment à l'automne de 1864 et de 1865, à Biarritz, et, dans cette lente préparation, il sut affirmer sa maîtrise.

Issu d'une famille d'origine poméranienne, plus reître d'apparence qu'homme d'État, il a du *Bursche* d'université, du Junker et aussi du lieutenant de la Garde. De haute taille, de carrure massive, grand buveur, gros mangeur, il se targue volontiers de son père, de ses trois oncles, qui ont combattu Napoléon Ier, de son grand-père qui était à Rosbach, d'un aïeul qui a guerroyé contre Louis XIV, de lointains ancêtres qui ont pris part à la guerre de Trente ans. Aristocrate dans les moelles, par tempérament autant que par goût du commandement, il affiche un mépris profond de la phrase libérale, tout en appréciant à leur valeur les forces révolutionnaires. Sceptique, il fait la part de la sottise humaine et sait merveilleusement s'en servir. Radical par sa méthode, par son peu de répugnance pour les moyens violents et les procédés sommaires, il a beaucoup du Jacobin, se dit républicain par nature et royaliste parce qu'il est chrétien. Dédaigneux, comme Napoléon Ier, des conceptions générales, des principes absolus, des idées abstraites, il est uniquement sensible aux réalités palpables, aux profits immédiats. Chez ce « sauvage de génie », comme a dit Thiers, la franchise la plus brutale s'allie à une dissimulation raffinée. L'insolence est un de ses moyens. S'il ne recule pas devant le mensonge le plus impudent, il peut éprouver les scrupules d'un gentilhomme et ne pas tirer parti d'une occasion favorable. Il pratique la politique des mains libres, prêt à jouer toutes les cartes sans engager l'avenir. Il fait un singulier contraste avec le tempérament prussien, formaliste, taciturne et gourmé.

Volontiers caustique, ironique, fantaisiste dans ses propos, il possède les dons d'un artiste et presque d'un poète. Travailleur infatigable, il est aussi homme du monde et danseur apprécié. Causeur émérite, écrivain de race, chez lui l'originalité de la pensée n'est, suivant le mot de Beust, dépassée que par celle de l'expression. Guillaume Ier et Napoléon III s'accordent d'abord à lui reprocher le manque de sérieux. Pourtant, avec ses apparences de légèreté, il entretient plusieurs années une lutte constante contre son roi, qu'il a peine à convaincre même quand il a l'évidence pour lui, contre le parlement prussien, l'opinion, les journaux, Moltke et l'état-major. Il parvient à leur imposer ses vues à force de volonté, de ténacité, de conscience hautaine de sa supériorité. Plutôt grand Prussien que grand homme, néanmoins, car son patriotisme ne va pas sans préjugés, ni étroitesse d'esprit.

A l'Université de Gœttingue, il a donné carrière à ses appétits brutaux beaucoup plus qu'à la soif de s'instruire. Il végète ensuite dans des emplois subalternes, jusqu'à ce qu'il soit désigné pour représenter la Prusse à la Diète de Francfort. Il commence d'y donner sa mesure. A Saint-Pétersbourg, où il passe plusieurs années, il s'affirme comme un ministre de Frédéric II, au dire de Gorstchakoff, tout en parvenant à gagner la bienveillance du chancelier et celle d'Alexandre II. A Paris, où il est ensuite ambassadeur, on le juge comme un homme de l'esprit le plus caustique, d'une verve intarissable, piétinant sur tout, mais ni Thiers, ni le ministre des affaires étrangères, Thouvenel, ne le prennent au sérieux. Le duc de Persigny lui donne de bons conseils : « Ne négligez pas votre armée... » Il affiche volontiers des sympathies françaises et va jusqu'à nous offrir les frontières du Rhin, comme il offrait naguère à l'Autriche une alliance contre nous.

Devenu ministre dès affaires étrangères, il s'attache à entretenir les illusions de la cour impériale. Celle-ci coquette volontiers avec la Prusse, à la suite des mécomptes éprouvés avec les autres puissances. Elle encourage les visées unitaires du jeune royaume, l'engageant à balayer « une poussière de petits souverains », par une nouvelle application du principe des nationalités. On fait litière de notre politique traditionnelle en Allemagne, comme naguère en Italie, sans prévoir les résultats inévitables. Napoléon III, fort atteint déjà dans ses forces physiques, se laisse aller aux événements. Il s'amuse du tour d'esprit de Bismarck, si éloigné du sien, et prend goût à des combinaisons qui flattent ses rêves humanitaires. Le diplomate prussien cherche en vain à deviner sa pensée intime, peut-être parce que l'Empereur ignore lui-même ce qu'il veut, ne laissant voir qu'une idée bien nette, celle d'affranchir Venise. Bismarck fait miroiter des compensations, sans le séduire; mais il peut se convaincre que son interlocuteur désire une guerre entre la Prusse et l'Autriche, dans la pensée qu'elle entraînera la libération de la Vénétie et l'agrandissement moral, sinon matériel, de la France. Toutes ses prévisions et celles de l'opinion française sont d'ailleurs pour la défaite des Prussiens.

Bismarck a donc trouvé le défaut de sa cuirasse, l'Italie. Il aura le champ libre, à la condition de mettre Florence dans son jeu. « Si l'Italie n'existait pas, il faudrait l'inventer », dit-il au chevalier Nigra. En outre, les circonstances le favorisent, amoncelant les obstacles devant le gouvernement impérial. La question des Duchés, l'expédition du Mexique, les difficultés au sujet de Rome, ont fort entamé son prestige. L'opposition grandit à l'intérieur du pays et les doutes s'accentuent sur la durée du régime. Pour parer à ce commencement de désaffection, Napoléon III prend l'initiative de nombreuses réductions d'effectif (17 juillet 1865). Le moment est singulièrement choisi.

La Prusse accueille avec froideur les premières ouvertures de l'Italie; malgré la similitude des destinées entre elle et le « Piémont septentrional », elle lui reproche ses origines révolutionnaires. Ses hésitations durent jusqu'à la fin de 1865, mais elles cèdent devant les encouragements de Napoléon III qui joue alors double jeu : il pousse sous main la Prusse et l'Italie à une guerre commune, tout en prodiguant à l'Autriche des témoignages de sympathie. C'est manquer à la fois de franchise et de prudence, car il admet comme assuré le succès de la cour de Vienne.

Sur les entrefaites, des difficultés s'élèvent entre les généraux prussiens et autrichiens dans les Duchés. Le 26 janvier 1866, Bismarck adresse à l'ambassadeur de Prusse à Paris une dépêche qui présage la guerre. Puis la question s'élargit : il ne s'agit plus seulement des Duchés, mais de la revision du pacte qui lie les États allemands. C'est l'unité nationale que réclame Bismarck, comptant qu'elle se fera au profit de la Prusse. Il n'est pourtant soutenu qu'à regret par le roi et n'a aucun appui dans la nation. Celle-ci le suppose d'accord avec notre gouvernement, et cette raison lui suffit.

Heureusement pour le ministre prussien, il a surtout à compter avec Napoléon III. En 1866 surtout, la physionomie maladive et soucieuse de l'Empereur contraste entièrement avec celle du chancelier. Il a toujours été fait pour le travail du cabinet beaucoup plus que pour la vie active. Son caractère est très complexe. Il n'est ni « une grande incapacité méconnue », selon le mot de Bismarck dès 1862, ni « la raison cristallisée » que voyait naguère en lui le vieux Metternich. Il est inférieur à sa situation, mais moins qu'on ne l'a souvent prétendu. Il n'a pas tout du souverain, mais il en a des qualités. Son abord est facile, son regard doux et intelligent. Il écoute beaucoup, parle peu et bien. C'est « Napoléon le Taciturne ». Mais il écrit trop. Il a toute discussion en horreur. Indolent, il s'adonne volontiers au plaisir, sans que ses fantaisies aient une répercussion sur sa politique. Malgré son intelligence, il laisse voir du goût pour les sots, parce qu'il entend échapper à toute domination ou par un mépris discret pour l'espèce humaine. Très brave à l'occasion, il n'a pourtant rien du chef d'armée. Son instruction générale a été fort négligée et il ne sait pas lire une carte. Il ignore entièrement l'Allemagne. Sa tournure d'esprit est plus littéraire que philosophique et plus philosophique que politique, a dit George Sand.

Il montre pour son entourage une extrême bienveillance, sans ombre de prétention, d'orgueil ou de vanité. Généreux et même magnifique jusqu'à la duperie, sa raison lutte inutilement contre son cœur. Son indulgence est excessive. Il ne sait pas punir. Il trahit une tendance italienne à la ruse, aux calculs compliqués où il s'égare parfois. Il n'est ni droit, ni fourbe, mais l'un et l'autre. Par goût de dilettante, il aime les détours, les complications, les intrigues. Il est à la fois naïf et retors. C'est un conspirateur couronné. En politique étrangère, il est généreux, avec des arrière-pensées de profit. Entêté et faible, doux et énergique parfois, on ne peut lui ôter une idée fixe, ni lui donner une volonté ferme, suivant un mot prêté au duc de Morny. Sa conduite est un mélange de témérité et de patience, de fatalisme et de calcul. Il croit en son étoile, la suit et la suivra jusqu'au bout.

Irrésolu à l'extrême, il ajourne volontiers les décisions nécessaires, pour sortir de cette indécision par des coups d'éclat. Il est l'homme des pires aventures, comme de la plus stoïque résignation. Il sait parfois vouloir fortement et c'est dans l'intimité surtout qu'il est faible, par crainte des discussions, de peur de froisser son entourage. Tantôt il attire à lui toutes les affaires avec un empressement jaloux, tantôt il les laisse retomber en de longs intervalles de lassitude, de distraction voluptueuse ou de maladie. Son regard demi-clos ne pénètre pas plus les pensées des autres qu'il ne trahit les siennes. Il rêve la paix perpétuelle, le désarmement et la fraternité des peuples, tout en faisant constamment la guerre. Il vise aux plus hautes conceptions humanitaires et ne se réveillera de son rêve qu'en laissant la France amoindrie, l'Europe écrasée sous la paix armée. Il porte à l'extrême l'utopie et le calcul, méditant à la fois, a dit M. de La Gorce, de fonder Salente et de copier Machiavel.

En politique, il est une sorte de chaos : autocrate et révolutionnaire, conservateur et socialiste, unissant des goûts d'aristocrate et des idées démocratiques, le respect de la tradition et la passion des aventures, le désir de l'ordre et le mépris de l'équité. Il ignore plus encore qu'il ne dédaigne nos traditions d'avant 1789 et n'a pas confiance dans notre diplomatie, pourtant vigilante et éclairée. Il la laisse à l'écart de ses projets, et entretient des rapports constants avec certains diplomates étrangers, qui en abusent parfois. Son action extérieure est décousue, indécise ou même contradictoire. La persévérance, l'esprit de suite lui manquent. Il reste à mi-chemin de ses entreprises les plus osées. A l'intérieur, sa politique est pleine d'ambiguïté, devançant ou déroutant l'opinion par des mesures inattendues ou équivoques, donnant et retenant à la fois, essayant de tout sans conviction, s'affaiblissant comme pouvoir absolu, sans s'assurer les avantages d'un régime de liberté, et réunissant finalement les inconvénients de tous deux.

Ce rêveur couronné a par malheur devant lui un réaliste de génie, Bismarck. Au printemps de 1866, il s'attache à garder ses intentions impénétrables, évitant de se prononcer sur les offres de compensations qui lui sont faites. Le 8 avril, un traité secret unit la Prusse à l'Italie après avoir été approuvé par lui. Dans un discours célèbre, Thiers manifeste une vive opposition à la guerre et prédit la résurrection de l'empire de Charles-Quint (3 mai). Napoléon III lui répond dès le 6, à Auxerre, en protestant contre les traités de 1815, et ces déclarations, à la veille d'événements aussi graves, font une sensation profonde.

Au dernier moment, l'Autriche est prête à l'abandon de Venise, contre une promesse de neutralité de l'Italie. Mais il est trop tard. Après l'échec d'une proposition de la France en vue d'un congrès, la guerre devient inévitable. Même alors, aux Tuileries, on ignore la pensée du Maître. Ses préoccupations apparentes vont seulement à l'Italie et, par un accord avec l'Autriche, il parvient à lui assurer la Vénétie, quoi qu'il arrive.

Le « coup de foudre » de Sadowa éclate à Paris le 4 juillet, produisant autant d'effet que s'il s'agissait d'une armée française. Le soir même, Napoléon III envoie par télégramme une offre de médiation au roi Guillaume. Celui-ci cherche à gagner du temps, comme l'Italie qui veut effacer sa défaite de Custozza et ne se soucie pas de nous devoir Venise. Chez nous, il y a lutte d'influences : les uns poussent à une intervention armée, les autres en détournent l'Empereur, faisant valoir notre défaut de préparation. Malgré les instances de l'Autriche, cette dernière opinion prévaut. Mais notre inaction a des causes morales plutôt que matérielles. Ce qui nous manque surtout, c'est une volonté ferme et une politique consciente de son but. Celle de l'Empereur était basée uniquement sur la victoire de l'Autriche; on conçoit qu'il ait peine à modifier ses combinaisons.

Malgré le mauvais vouloir de l'Italie, les hostilités sont suspendues sur l'intervention de Bismarck, qui ne veut pas créer entre l'Autriche et la Prusse une cause de difficultés futures et agit énergiquement auprès du roi Guillaume pour modérer ses exigences. Avec l'aide du Prince royal, il finit par lui imposer « une paix honteuse ». L'armistice est signé, le 26 juillet, et l'on prépare la conclusion d'un traité définitif. L'ambassadeur de Prusse à Paris, comte de Goltz, amuse l'Empereur par de vagues promesses. Bismarck fait miroiter devant lui l'annexion de la Belgique et même du canton de Genève. Napoléon III se prête d'autant mieux à ce manège, qu'il est fortement atteint, fin juillet, par la maladie qui doit l'emporter. Le gouvernement prussien est au courant de cet état, de notre impuissance. Le 3 août, le ministre des affaires étrangères, Drouyn de Lhuys, adresse au comte de Goltz une demande de compensations. Mais les circonstances ont changé : nous demandons et la Prusse n'offre plus rien. Finalement, l'ambassadeur à Berlin, Benedetti, est invité à soumettre au gouvernement prussien un projet de traité nous assurant « la rive gauche du Rhin, jusques et y compris la forteresse de Mayence ». C'est obéir à de singulières illusions. Même avant Sadowa, jamais le roi Guillaume n'aurait admis cette annexion, appuyé en cela par toute l'opinion allemande. Comment l'imposer après la victoire? Bien plus, Bismarck a l'art de se faire remettre une copie de ce projet, qu'il envoie aussitôt à Saint-Pétersbourg et qui devient pour lui une arme excellente. Nous faisons les frais d'une réconciliation entre la Prusse et la Russie. Cette « politique de pourboires » échoue complètement, Bismarck n'admettant pas même la création d'un État neutre entre la France et la Prusse.

Malgré tout, le gouvernement impérial ne se tient pas pour battu et Benedetti soumet au ministère prussien un nouveau projet (20 août). Il s'agit, cette fois, d'une double convention, l'une stipulant l'annexion de Landau, Sarrebruck, Sarrelouis, Luxembourg; l'autre, secrète, comportant l'alliance avec la Prusse et nous donnant la faculté d'annexer la Belgique. Bismarck les fait quelque peu modifier et obtient de Benedetti que le projet lui soit remis, écrit de la main de l'ambassadeur, sur papier à en-tête officiel. Puis il s'empresse de faire connaître aux États du Sud de l'Allemagne nos visées et en obtient des traités d'alliance offensive et défensive. Celui de Prague, qui va rétablir les relations entre l'Autriche et la Prusse, est violé dans l'une de ses stipulations essentielles, avant même qu'il soit signé. En attendant, Bismarck nous amuse par des négociations « dilatoires ».

L'échec moral est des plus graves. Suivant le mot d'un

diplomate, la politique de l'Empereur a été celle d'un songe-creux et non celle d'un Français. La division de l'Allemagne en deux tronçons, telle que l'établit le traité de Prague, est purement illusoire. L'unité allemande est faite comme celle de l'Italie. Nous avons créé de nos mains deux grandes puissances sur nos frontières, avec toutes les conséquences d'un pareil voisinage. Le mécontentement est profond en France, où l'on ressent cruellement la diminution de notre influence. Les avertissements arrivent de tous côtés à l'Empereur. Benedetti, notre consul général à Francfort Rothan, le général Ducrot à Strasbourg, dénoncent les progrès matériels et moraux de la Prusse, les dangers qui en résultent pour nous. D'autres, à l'intérieur, signalent la désaffection croissante, le défaut général de confiance. La reine Sophie de Hollande développe ce thème dans les termes les plus pressants (juillet 1866).

II

L'AFFAIRE DU LUXEMBOURG

Les événements de 1866 nous laissent à peu près isolés en Europe. L'Angleterre a été tenue au courant de nos convoitises sur la Belgique, ainsi que la Russie. L'Italie ne nous pardonne pas d'avoir reçu la Vénétie pour la lui transmettre, et l'Autriche, de l'avoir sacrifiée à la Prusse. Malgré cette situation, en dépit de notre faiblesse militaire, l'Empereur ne renonce pas encore à sa « politique de pourboires ». Sous l'influence du comte de Goltz, il admet que Bismarck est prêt à négocier sur la base de l'annexion du Luxembourg. Il faut bientôt en rabattre; on soupçonne la conclusion des conventions entre la Prusse et l'Allemagne du Sud. Le ministre prussien paraît peu disposé à une alliance qu'il recherchait passionnément naguère.

Malgré tout, l'Empereur entame des négociations avec le roi de Hollande et bientôt elles sont assez avancées pour que l'affaire semble conclue. Mais des menaces retentissent en Allemagne. Un journal de Berlin reproduit (mars 1867) le traité d'alliance offensive et défensive qui unit la Bavière à la Prusse. L'attitude de Bismarck change; il devient froid et contraint. Nous persistons néanmoins; le prix d'achat du Luxembourg est fixé et en partie réglé. Mais l'agitation s'accroît dans la Confédération du Nord. Le comte de Goltz joue double jeu, faisant parade à Paris de sympathies françaises, télégraphiant à Berlin que nous voulons la guerre. Le 1er avril, la situation est des plus tendues. Nous sommes engagés au point de ne plus pouvoir reculer et les Allemands ne cachent pas leurs intentions. Finalement, le gouvernement prussien fait savoir à La Haye qu'il verrait un cas de guerre dans la cession du Luxembourg. La question est tranchée de ce fait. Après de cruelles hésitations, l'Empereur est obligé de céder devant les instances de ses ministres, mais d'une question limitée entre la Prusse et nous il fait une question générale, relative au droit de tenir garnison dans Luxembourg, qu'il soumet aux puissances garantes de la neutralité luxembourgeoise

Nous n'avons d'abord d'autre appui qu'en Angleterre et en Autriche, et il est uniquement moral. La Russie est au moins douteuse. Néanmoins, Bismarck croyait nous voir prendre l'initiative de la guerre. Notre impassibilité devant tant de mauvais procédés dérange ses plans. D'ailleurs les préparatifs de la Prusse ne sont pas terminés et le moment paraît mal choisi. Un moment les courants pacifiques et belliqueux luttent à Berlin. Finalement, une conférence s'ouvre à Londres, le 7 mai, et le 11, l'accord est complet. Le Luxembourg demeure sous la souveraineté personnelle du roi des Pays-Bas, tout en continuant d'appartenir au Zollverein; le gouvernement prussien s'engage à évacuer la forteresse, qui sera démantelée.

Bien que la France soit sortie honorablement d'une dangereuse aventure, elle accueille cette conclusion avec une extrême froideur. On ne peut pardonner ses illusions au gouvernement impérial. Après avoir manqué de la plus simple prudence en 1866, il a poussé en 1867 la naïveté au delà de toute limite. L'Empereur ne saurait oublier l'insigne fourberie de Bismarck. Celui-ci s'en rend compte et sait qu'à la première occasion, il lui faudra défendre son œuvre par les armes. Plus encore que Sadowa, l'affaire du Luxembourg prépare la guerre de 1870. En attendant, nous sommes condamnés à nous organiser militairement, à préparer des alliances.

La guerre de Crimée et surtout la campagne d'Italie ont trahi dans notre armée des vices d'organisation, le défaut de préparation, le décousu des opérations. Malgré tout, jusqu'à Sadowa, la confiance en nos forces reste entière. De l'Épopée révolutionnaire on n'a retenu que les dates brillantes, attribuant uniquement nos défaites finales à la trahison et à la lassitude. Journaux et discours fourmillent d'affirmations de cette sorte : « Là où est le soldat français, là est la victoire. » Les événements de 1866 ouvrent les yeux et l'on agite des projets de réorganisation. Le plus urgent paraît être d'accroître nos effectifs. Sous le régime de la loi de 1832, ils ont pu atteindre 502.000 hommes en 1848, mais on leur reproche de manquer d'élasticité. Les réserves sont numériquement insuffisantes et il est impossible de les instruire. D'ailleurs, la loi de 1832 est modifiée en 1855 par la substitution de l'exonération au remplacement. Désormais, moyennant le versement d'une somme variable entre les mains de l'État, tout appelé pourra être définitivement exempté du service. Les fonds ainsi réunis servent à payer des primes de rengagement. Mais le nombre des rengagés n'est pas toujours suffisant. En 1859, par exemple, il n'y en a que 13.713 contre 42.717 exonérés. On recourt à des « remplaçants administratifs », en rétablissant certaines formes de l'ancien racolage. Nous introduisons ainsi dans nos rangs, à côté de sous-officiers âgés, souvent usés, des éléments de valeur douteuse. En même temps, les effectifs décroissent constamment : de 480.000 hommes en 1860, ils tombent à 389.000 en 1866. En 1865, sur un total de 403.864 hommes, il y a 22.112 officiers, 58.624 engagés et rengagés sans prime, 112.889 avec prime, 53.117 remplaçants administratifs, 13.056 commissionnés et 144.066 appelés seulement, dont une deuxième portion qui fait cinq mois de service en deux ans.

Comparée au régime en vigueur dans la Confédération du Nord et qui est basé sur le service militaire obligatoire, notre loi de recrutement présente des causes évidentes d'infériorité que Sadowa met en lumière. Les projets mis en avant pour y remédier sont soumis à une grande commission qui, finalement, propose la création d'une garde nationale mobile rappelant la landwehr, la durée du service étant portée à douze ans, dont six dans la réserve.

L'opposition est très vive, pour des causes multiples. La nouvelle loi dérange les habitudes des bureaux et du haut personnel de l'armée. D'autre part, des considérations électorales font que fonctionnaires et députés répugnent à demander de nouveaux sacrifices au pays. Dans leur ensemble, les classes moyennes se voient à regret menacées de l'impôt du sang. A la Chambre, une partie de la majorité réclame bruyamment le retrait du projet. Mais ses adversaires les plus déterminés figurent à gauche, là même où l'on aurait dû saluer de ses applaudissements ce pas timide vers le service personnel et obligatoire. On y aventure les affirmations les plus osées, les plus dangereux sophismes : « Ce qui importe, dit Jules Simon, ce n'est pas le nombre des soldats, c'est la cause qu'ils ont à défendre. » Ernest Picard réclame la suppression absolue des armées permanentes et leur remplacement par des gardes nationales. Eugène Pelletan met en doute la possibilité d'une invasion. De même pour Thiers, Bethmont, Émile Ollivier, Jules Favre, Garnier-Pagès. Toute la gauche figure dans les soixante voix qui votent contre l'ensemble du projet.

Mollement défendue par le gouvernement, reçue avec défaveur par la majorité des Chambres, la nouvelle loi n'est qu'un compromis entre le service personnel et le remplacement. Elle supprime l'exonération, fixant le service à cinq ans dans l'armée active et quatre dans la réserve. Le contingent reste partagé en deux portions, dont l'une ne servira que cinq mois. La garde nationale mobile comprend tous les hommes aptes au service ne figurant pas dans les première et deuxième portions, ou qui s'y font remplacer. Le service y est de cinq ans, mais elle n'est assujettie qu'à quinze exercices par an, d'une durée de douze heures au plus, le déplacement compris. Les réserves ne peuvent être convoquées qu'en temps de guerre.

Malgré les adoucissements qui y ont été apportés, la masse de la population, comme l'armée, se montre hostile à la loi nouvelle. Après la mort du maréchal Niel, le nouveau ministre de la guerre, Le Bœuf, suspend l'organisation de la garde mobile, sous prétexte que les convocations aboutissent aux « scènes les plus scandaleuses », à « de véritables farces ». En outre, les dépenses sont relativement considérables. D'ailleurs, comme tous les compromis, la loi de 1868 donne des résultats insuffisants. Le vrai coupable est le pays qui se montre extrêmement opposé à l'accroissement de ses charges militaires. Dans cette répugnance, la confiance exagérée en nos forces et l'horreur du changement entrent chacune pour une part. Enfin l'opposition redoute de donner de nouvelles forces à l'Empire, oubliant que ce serait assurer la sécurité du pays.

Chez nous, en dehors d'une minorité, tout est à la paix. On marchande au ministre de la guerre les crédits les plus indispensables. Il demandait 1.800.000 fusils Chassepot, on lui en donne 1.200.000; 110 millions pour nos places fortes, il en reçoit 36; 15 millions et demi pour l'artillerie, il en a 2 et demi. Aux élections générales de 1869, nombre de professions de foi contiennent des promesses de désarmement. Le moment est très mal choisi. Le régime impérial et la France avec lui traversent une crise grave. Affaibli par ses fautes à l'extérieur comme à l'intérieur, le gouvernement cède d'une autorité naguère presque absolue sans se concilier de nouvelles sympathies. Amis et ennemis en sont également mécontents. L'esprit frondeur gagne chaque jour. Les journaux, devenus à peu près libres, rivalisent de violence. La *Lanterne* de Henri Rochefort porte à Napoléon III des coups irrémédiables. Même des fidèles de l'Empereur, comme le général Ducrot, s'expriment sur son gouvernement avec une extrême sévérité.

Dès la réunion de la nouvelle Chambre, une interpellation signée de cent seize députés provoque la chute du ministère. Il est remplacé par un cabinet sans signification précise, auquel succède bientôt (2 janvier 1870) un ministère libéral, celui de M. Émile Ollivier, animé comme la masse du pays de sentiments pacifiques. Mais une minorité influente, fortement représentée dans l'entourage immédiat de Napoléon III, voit dans la guerre une nécessité urgente. Le succès, qu'elle attend avec certitude, permettrait au gouvernement de ressaisir la totalité de ses premiers pouvoirs.

Au dehors, Bismarck essaie encore de nous entraîner à une aventure contre la Belgique, mais on se garde prudemment de ces incitations. On songe si peu à la guerre que le ministre des affaires étrangères, comte Daru, fait adopter par l'Empereur un programme de désarmement qu'il soumet à Berlin par l'intermédiaire du gouvernement anglais. Bismarck le rejette aussitôt, mais Daru ne se tient pas pour battu et annonce une réduction de 10.000 hommes sur le contingent. Le ministre prussien refuse encore, faisant valoir la crainte d'une alliance éventuelle de l'Autriche avec les États du Sud, les velléités agressives de la France et même les préoccupations que lui inspire la politique russe !

Malgré cet échec, le gouvernement impérial commet l'inexcusable imprudence de maintenir la réduction du contingent. Pourtant des dangers croissants le menacent. La presse, les réunions publiques, les sociétés secrètes, l'Internationale entretiennent dans les grands centres une agitation constante. En dépit de son succès, plus apparent que réel (1), le plébiscite du 8 mai 1870 révèle l'existence d'une opposition irréductible, fortement représentée dans les villes et même à l'armée.

A la fin de juin, on discute au Corps législatif la réduction du contingent. Garnier-Pagès, Ernest Picard et plusieurs autres députés voudraient le réduire davantage, en raison de l'exagération de nos charges militaires. Or, le budget de la guerre pour 1871 n'atteint pas 374 millions, dépenses extraordinaires comprises. Déduction faite de 11 millions destinés à rentrer au Trésor, les dépenses réelles sont de 363 millions seulement. Thiers est à peu près seul à proclamer l'insuffisance de nos effectifs. Quant à M. Émile Ollivier, il déclare que le gouvernement n'a aucune inquiétude, qu'à aucune époque le maintien de la paix ne lui a paru mieux assuré. Pourtant, la plupart de nos agents à l'étranger nous renseignent très exactement. Ainsi de Benedetti, du lieutenant-colonel Stoffel (2). Celui-ci fait cons-

---

(1) 7.358.786 *oui* contre 1.571.939 *non*, 1.894.681 *abstentions* et 113.978 *nuls*. Ce plébiscite est motivé par une révision partielle de la Constitution.

(2) Attaché militaire à Berlin.

tamment prévoir une guerre inévitable. De même pour
le général Ducrot. L'écho de paroles menaçantes prononcées
par Moltke, par le général von Blumenthal, parvient jusqu'en
France. Malgré les nuages qui s'amoncellent vers l'Est, la
quiétude de la nation est extrême. C'est dans cette situation
que nous surprend la candidature Hohenzollern.

III

LA CANDIDATURE HOHENZOLLERN

La révolution de septembre 1868 avait de nouveau chassé les Bourbons d'Espagne, mais, à défaut d'une république, qui présentait peu de chances de durée, le choix d'un nouveau roi n'allait pas sans de sérieuses difficultés. Dès le mois d'octobre, un Hohenzollern figurait parmi les candidats possibles et plusieurs hommes politiques s'en faisaient les promoteurs. Charles-Antoine, général prussien, était alors chef de la maison de Hohenzollern-Sigmaringen. Il avait eu cinq enfants : Charles, prince de Roumanie, Léopold, Antoine, Frédéric et Marie. La naissance du prince Léopold, qui l'apparentait aux Murat et aux Beauharnais, plus encore qu'au roi de Prusse, son mariage avec une sœur du roi de Portugal, la religion catholique qu'il professait, lui donnaient des chances très sérieuses. Toutefois, cette proposition fut froidement accueillie par la famille Hohenzollern. Elle reparut seulement en février 1870 et Bismarck affecta de n'y attacher aucune importance, tout en insistant vivement pour son acceptation. Sans grande illusion sur les résultats matériels à en attendre, il y voyait surtout un moyen de mettre le feu aux poudres quand le moment serait venu. Diverses causes le poussaient à hâter la décision. Des difficultés financières se produisaient en Allemagne ; le renouvellement du budget de l'armée, voté en 1867 pour trois ans, semblait devoir être laborieux. On signalait en Prusse un déficit assez considérable. Le parti de l'autonomie gagnait du terrain en Wurtemberg et en Bavière, ce qui menaçait de restrictions les traités d'alliance conclus avec la Confédération du Nord. D'autre part, Bismarck n'ignorait pas que notre réorganisation restait inachevée, que nous avions de sérieuses difficultés intérieures. Il estimait une guerre indispensable : elle permettrait de consolider et d'étendre les résultats acquis en 1866.

Après un premier refus et sur de nouvelles instances de lui, Léopold se déclara prêt à une acceptation définitive (4 juin). Le roi Guillaume donna aussitôt son consentement, sans que rien eût transpiré de cette affaire. Le bruit ne s'en répandit qu'à la fin de juin et le gouvernement espagnol s'efforça de faire agréer son candidat par l'Empereur. A Paris, la surprise fut doublée d'une vive irritation. On croyait la candidature tout à fait abandonnée et le secret qui avait entouré les négociations paraissait cacher de mauvaises intentions. Le nouveau ministre des affaires étrangères, duc de Gramont, et M. Émile Ollivier déclaraient hautement que la France ne saurait admettre ce candidat imprévu. A l'extérieur, on désapprouvait généralement le procédé de l'Espagne et de la Prusse. Le *Times* publiait un article sévère à leur endroit. Nous nous trouvions brusquement en face d'une question des plus délicates, que nul ne prévoyait la veille et qui avait été créée tout entière par la volonté expresse de Bismarck. D'ardentes polémiques s'engageaient dans la presse.

Nos dispositions pacifiques venaient d'être affirmées par la discussion du 30 juin et par mille autres faits. L'Empereur, vieilli et malade, ne cherchait plus les aventures. Mais l'Impératrice, mère plutôt qu'épouse, voyait avec anxiété s'approcher le règne de son fils. Elle eût voulu que le pouvoir lui fût remis dans son intégrité, que l'on réparât au préalable le malheur de Sadowa. Elle était entourée d'une camarilla hostile au cabinet libéral et de tendances belliqueuses. De là vint qu'elle contribua, au moins indirectement, à rendre la situation plus menaçante, tout en éprouvant des instants d'incertitude et d'angoisse. Son influence était très grande sur l'Empereur, qui s'était efforcé d'accroître son prestige personnel et y était parvenu.

Sur les entrefaites, une demande d'interpellation était déposée le 5 juillet par un député de la gauche, Cochery, sans doute sous l'influence de Thiers. La réponse écrite que devait lire le duc de Gramont, d'abord conçue en termes modérés, fut modifiée en conseil et devint presque une déclaration de guerre. D'après M. Émile Ollivier, l'Empereur et les ministres auraient été d'accord pour trouver la dernière phrase « trop étriquée ». On la rendit « plus vigoureuse ». Quoi qu'il en soit, ce document, lu à la Chambre, le 6 juillet, y fut accueilli par des applaudissements presque unanimes, confinant à l'enthousiasme. La presse le reçut de même et l'effet produit ne tarda pas à dépasser les vœux du ministère. Il avait surexcité les passions nationales au lieu de les calmer.

Benedetti fut envoyé à Ems, pour obtenir que le roi Guillaume conseillât au Prince de revenir sur son acceptation. Mais la dépêche du duc de Gramont était accompagnée d'une lettre particulière, en termes beaucoup moins mesurés. Il semblait vouloir intimider la Prusse. Dès le premier moment, un malentendu commençait entre lui et Benedetti. Pour celui-ci, il s'agissait d'obtenir le désistement du Prince et l'acquiescement explicite du Roi; le duc de Gramont entendait que Guillaume intervînt au moins par ses conseils.

En lisant la déclaration du 6 juillet, le premier mouvement de Bismarck avait été pour une guerre immédiate. Il se ravisa en songeant que l'effet de l'incident Hohenzollern n'avait été rien moins que favorable à la Prusse. Hors de France, on blâmait la forme et non le fond de cette déclaration. Il fallait donc jouer serré, tout en faisant vivement attaquer par les journaux la politique française. D'ailleurs, le roi Guillaume n'était pas disposé à la guerre, comme le montre sa correspondance intime.

Benedetti arrivait à Ems le 8 juillet et entamait aussitôt ses négociations. Le souverain ne laissait voir aucune disposition à céder aux exigences de Gramont, sous ce spécieux prétexte qu'il avait approuvé la candidature comme chef de famille et non comme roi de Prusse. Il agréerait d'ailleurs la renonciation comme il avait accepté la candidature. Rien de plus.

Dans l'intervalle, chez nous, les esprits fermentaient de plus en plus et Gramont réclamait une réponse décisive. D'autre part, sous l'influence de renseignements venus de Paris, où les préparatifs avaient commencé ostensiblement, les dispositions de Guillaume devenaient moins pacifiques. Le ton de Gramont était toujours plus provoquant : « Il nous faut commencer; nous n'attendons plus que votre réponse pour appeler les 300.000 hommes. Si le Roi ne veut pas conseiller au Prince..... de renoncer, eh bien, c'est la guerre tout de suite, et dans quinze jours nous sommes au Rhin..... » (10 juillet.) Ce n'est pas le souci de nos intérêts, la justice de notre cause qui orientent notre action diplomatique, c'est l'opinion publique, cet avis anonyme, si difficile à saisir, si peu responsable de ses brusques revirements, de ses emportements passagers, de ses abandons, de ses erreurs constantes.

Dès le 11 juillet, la tension est extrême. On est à la veille d'une rupture. L'Angleterre, qui a nettement blâmé la forme de notre protestation, fait pourtant les plus grands efforts pour clore cette aventure à notre avantage. D'ailleurs, elle désapprouve la candidature Léopold et surtout les conditions dans lesquelles on l'a vue surgir. Elle conseille à l'Espagne son retrait. De même pour le comte de Beust en Autriche-Hongrie. L'Italie se prononce moins nettement.

A l'ambassadeur d'Angleterre, lord Lyons, Gramont affirme que la renonciation volontaire du Prince serait une heureuse solution (8 juillet). Le 10, cette condition se nuance de réserves. Il faut que le retrait soit prononcé sur l'avis du roi de Prusse. L'arrière-pensée est visible et lord Lyons doute qu'il y ait intérêt à continuer les négociations. Devant notre parti-pris, il ne cache pas la surprise et le mécontentement du cabinet britannique. Gramont essaie d'obtenir les bons offices de la Russie, mais, sans doute pour ne pas s'aliéner l'Angleterre, il ne répond pas tout d'abord aux ouvertures du chancelier Gortschakof, en vue de la dénonciation du traité de Paris. En Espagne, après un moment de mauvaise humeur, on ne songe qu'à sortir honorablement d'une affaire aussi délicate. Enfin, la famille de Léopold se rend compte des difficultés que cause sa candidature. Dès le 11 juillet, elle en laisse prévoir le retrait par un avis officieux à l'Empereur. Celui-ci ne dissimule pas sa joie.

Entre temps, l'agitation continue à la Chambre, où Jules Favre réclame une discussion, et dans les journaux qui publient les plus sottes fanfaronnades. Il semble qu'ils prennent à tâche d'affoler l'opinion.

Le 12 juillet, le retrait de la candidature est officiellement annoncé par le prince Antoine à l'ambassadeur d'Espagne à Paris. C'est un succès inespéré, après tant de rodomontades. Mais Gramont n'en juge pas ainsi. Il recommande à Benedetti d'employer toute son habileté à obtenir que la renonciation du Prince soit « annoncée, transmise ou communiquée par le roi de Prusse ou son gouvernement ». Au contraire, M. Émile Ollivier ne cache pas sa satisfaction, donnant à qui veut l'entendre connaissance du télégramme d'Antoine, et annonçant hautement que l'incident est clos. Mais, la première surprise passée, on blâme son indiscrétion et sa légèreté, on discute le texte de cette dépêche, on accuse les ministres de naïveté, sinon de sottise. On trouve la satisfaction obtenue dérisoire. Un député, qui passe pour la « plume de l'Empereur », Clément Duvernois, dépose une interpellation sur les garanties que le cabinet a stipulées ou qu'il compte obtenir, afin d'éviter un retour des complications avec la Prusse. En dépit des apparences, Napoléon III n'y est pour rien.

Quant à Gramont, après avoir froidement accueilli la notification de l'ambassadeur d'Espagne, il prétend suggérer au baron de Werther que le Roi écrive à l'Empereur une sorte de lettre d'excuses, dont il donne le libellé par écrit. M. Émile Ollivier croit devoir s'associer à sa proposition. Dans les conditions présentes, pareille demande confine à la folie.

Napoléon III, plusieurs ministres dont le maréchal Le Bœuf, croient à la paix. Mais l'agitation ne cesse de croître à la Chambre et dans la presse. Celle-ci, presque entière, est à la guerre, et les journaux bonapartistes surtout, tels que le *Pays*, se signalent par leurs invectives contre le « ministère de la honte ». D'ailleurs, l'Empereur ne tarde pas à modifier sa manière de voir pour abonder dans le sens de Duvernois. Il réclame une déclaration catégorique du roi Guillaume, s'engageant à ne pas permettre à Léopold d'accepter de nouveau cette candidature. Le ministre des affaires étrangères en informe aussitôt Benedetti. Par la seule volonté de Napoléon III et de Gramont, l'affaire prend un nouvel aspect. Il n'y a pas eu délibération du conseil et M. Émile Ollivier n'y est pour rien. L'outrecuidance, la légèreté de son collègue, ainsi que la faiblesse de l'Empereur, ont tout fait. Enfin, la Chambre et l'opinion se sont laissées entraîner par la griserie de mots sonores. Dans ces tristes heures, aucun des acteurs ne fit son devoir, sauf Thiers. Dès le 12 juillet, il essaie de convaincre plusieurs ministres que la paix est indispensable.

Devant nos nouvelles exigences, l'Angleterre ne cache pas sa surprise et ses regrets, faisant observer que la renonciation du Prince a entièrement modifié notre position. Si la guerre survient, déclare lord Lyons, toute l'Europe dira que c'est la faute de la France. Ainsi, grâce à l'incohérence de notre politique, nous avons refroidi nos amis, effrayé les indifférents, irrité nos futurs adversaires et tous ceux qui leur sont sympathiques.

Cependant les événements se précipitent. Le 13, Benedetti cherche à obtenir du roi Guillaume la déclaration réclamée par Gramont, en s'efforçant de l'atténuer. L'insistance de l'ambassadeur mécontente vivement le Roi, qui n'est nullement disposé à une amende honorable. Sur les entrefaites, il reçoit le rapport du baron de Werther et son irritation est extrême. Néanmoins, il communique à l'ambassadeur les dépêches qu'il a reçues de Sigmaringen et fait connaître qu'il approuve la renonciation, en refusant, comme c'est son droit, de prendre aucun engagement pour l'avenir. Sans Bismarck, l'affaire se terminerait d'elle-même : il va intervenir pour la compliquer à nouveau et rendre inévitable une guerre qui comble ses vœux. Il a refusé de quitter Varzin pour se rendre à Ems, croyant préférable d'embrouiller les choses, ce qui ne se peut que de loin et par des procédés subreptices. Il ne veut pas laisser échapper « la seule solution honorable », la guerre. En arrivant à Berlin, le 12, il apprend la renonciation de Léopold et son abattement est extrême. Il parle même de donner sa démission. Mais, le 13, il se ravise et fait insérer dans les journaux une note très agressive pour notre pays. Vis-à-vis de l'ambassadeur d'Angleterre, il se prononce énergiquement dans le même sens, menaçant d'exiger satisfaction de la France. Il est décidé, dit-il, à se retirer s'il ne peut convaincre le Roi. Dans un dîner avec Moltke et Roon (1), il ne cache pas cette résolution, que lui reprochent ses convives. A ce moment, il reçoit une dépêche chiffrée, par laquelle le Roi l'informe des nouvelles exigences de Benedetti et de leur rejet, le laissant libre de communiquer ce renseignement aux représentants de la Confédération et à la presse, s'il le juge à propos. Pour lui et les deux généraux, « l'affaire se perd dans les sables »; leur accablement est profond. Mais Bismarck relit la dépêche, en pèse les termes. Puis, s'adressant à Moltke : « La guerre peut-elle se faire avec toute chance de succès ? » Le général répond très affirmativement, ainsi que Roon. Bismarck change alors en quelques coups de crayon l'aspect du télégramme, qui se termine désormais par une phrase blessante pour notre orgueil national. Le Roi paraît avoir brutalement clos les négociations, alors que sa dépêche laissait prévoir qu'elles continueraient à Berlin. « C'était une chamade, c'est maintenant une fanfare, un appel de guerre. » Moltke en semble tout rajeuni. Quant à Bismarck, il est persuadé que la dépêche ainsi modifiée fera « sur le taureau gaulois l'effet d'un manteau rouge ». Il faut, pour la réalisation de ses desseins, que la guerre ait lieu. Il est essentiel aussi que la

---

(1) Général von Roon, ministre de la guerre prussien.

Prusse paraisse être attaquée. Notre présomption lui donnera cet avantage. Ainsi l'échec diplomatique de Bismarck devient le nôtre. Nous perdons le rôle de provoqués, pour celui de provocateurs. Nous sommes acculés, sans l'avoir aucunement prévu, à une guerre que Bismarck souhaitait passionnément et que Moltke a patiemment préparée. Dès le premier jour, nous avons joué leur jeu.

Bismarck ajoute encore à la dépêche un commentaire savamment calculé, accusant Benedetti d'avoir manqué publiquement de respect au Roi, et accentuant le refus de ce dernier. Dans cette insulte à son plus haut représentant, l'Allemagne entière voit pour l'orgueil national une blessure, qui provoque contre « l'ennemi héréditaire » l'explosion d'une colère longtemps contenue. En se rendant d'Ems à Berlin, le Roi est salué par des acclamations unanimes. Néanmoins, il n'est pas encore décidé à la guerre. C'est Bismarck qui enlève sa décision, en lui communiquant une déclaration lue par M. Émile Ollivier à la Chambre le 15 juillet. Un cri du Prince Royal : « Guerre ! Mobilisation ! » court comme une traînée de feu dans toute l'Allemagne. Avant même qu'une goutte de sang ait été répandue, les incidents d'Ems ont achevé l'unité nationale. Elle sera bientôt cimentée sur les champs de bataille. Dès le 16 on dispose, à Berlin, des contingents du Sud.

En résumé, Guillaume ne voulait pas la guerre. Il ne la prévoyait même pas. Si sa dignité royale lui tient fort à cœur, il est indifférent à la candidature Léopold en elle-même. Mais la guerre lui aurait été imposée par le sentiment national, même si M. Émile Ollivier ne l'avait virtuellement déclarée le 15 juillet. Par légèreté, par infatuation, par ignorance de l'étranger, nous avons su grouper contre nous, en un formidable faisceau, toutes les forces de l'Allemagne.

Dans l'intervalle, à Paris, la lutte continue entre les partisans de la paix et ceux de la guerre immédiate, ceux-ci de plus en plus nombreux et surtout plus bruyants. L'Impératrice se prononce vivement pour la guerre, en évoquant l'honneur de la France. Un bonapartiste influent, Jérôme David, dépose une nouvelle demande d'interpellation, accusant le ministère de porter, par ses négociations, atteinte à la dignité nationale. Une autre interpellation est déposée au Sénat. Le 13 juillet, une tentative de conciliation est pourtant faite par lord Granville, avec le consentement de Gramont. Bismarck la rejette sans ménagement. Le 14, on reçoit, à Paris, communication de l'article inspiré par le chancelier et paru dans la *Gazette de l'Allemagne du Nord*. D'autre part, le baron de Werther annonce que son gouvernement l'a blâmé pour l'accueil fait à nos suggestions et lui a prescrit de prendre un congé immédiat. Au conseil des ministres, la délibération est longue. On décide le rappel des réserves à titre de précaution, puis l'on se ravise; on proposera la réunion d'un congrès auquel serait soumise la question de l'élévation à un trône étranger de membres d'une famille régnante. Comme en 1867, l'affaire prendrait une portée générale et cesserait de se débattre entre la France et la Prusse.

Mais des nouvelles graves surviennent. On est informé du langage tenu par Bismarck le 13 à l'ambassadeur d'Angleterre et de l'attitude nouvelle prise par le cabinet de Berlin. On sait la communication faite aux puissances étrangères, sous la forme la plus blessante, du refus opposé par le Roi à la dernière demande de Benedetti. La nuit même, Gramont et M. Émile Ollivier décident le maintien du rappel des réserves. Une déclaration belliqueuse sera faite aux Chambres. Le Conseil réuni le matin du 15 confirme ces décisions à l'unanimité.

Lue dans l'après-midi, la déclaration reçoit un accueil enthousiaste au Sénat, plus froid à la Chambre. Mais seize députés seulement affirment une opposition irréductible à la guerre. Thiers prononce un courageux discours, haché d'interruptions et d'insultes. M. Émile Ollivier déclare qu'il accepte « d'un cœur léger » la responsabilité de ses actes. Après une discussion incohérente, quatre projets de loi, relatifs à la mobilisation, sont votés dans la nuit. L'opposition de Thiers, de Gambetta, de Jules Favre, d'Emmanuel Arago vient trop tard. Si la Chambre ne suivait pas le Cabinet, Bismarck saurait bien nous contraindre à la guerre. Ces protestations inopportunes ne peuvent plus qu'entamer la confiance de la nation dans ses forces.

La déclaration de guerre est notifiée le 19 juillet à Berlin, après une nouvelle tentative de conciliation faite par le gouvernement britannique, dont l'attitude dans toute cette affaire mérite d'être hautement louée. Bismarck est arrivé à ses fins. Il n'a reculé devant rien, pas même « l'invention gratuite et la publication d'un esclandre imaginaire à Ems ». Il est le seul et véritable auteur de la guerre.

IV

Si le duc de Gramont paraît accepter aisément la pensée d'une guerre inévitable, c'est qu'il compte sur l'alliance de l'Autriche et de l'Italie.

Avant même la conclusion du traité de Prague, Bismarck affecte une attitude conciliante vis-à-vis de l'Autriche, sans réussir à la gagner à sa politique. Il faut dire qu'il commet des infractions répétées à cette convention; en outre, le premier ministre autrichien est le comte de Beust, naguère au service du roi de Saxe, que Bismarck honore de son inimitié constante et dont il a provoqué la chute.

L'entrevue de Salzbourg, 18 août 1867, le voyage de l'empereur François-Joseph, en France, lors de l'Exposition (octobre), lient plus étroitement les deux cours. Un memorandum consacre même leur entente. Napoléon III voudrait davantage, mais l'Autriche n'entend pas s'engager d'une manière absolue, craignant de courir des risques graves en cas d'échec de notre part. Entre les deux gouvernements, il y a d'ailleurs une méfiance réciproque, pleinement autorisée par le passé.

Pour l'Italie, il en est à peu près de même. Une fraction notable de la population nous est résolument hostile et cela depuis des années. Professeurs et militaires s'accordent à nous reprocher de détenir des pays d'origine italienne; leur antipathie se manifestera hautement à l'occasion de nos désastres. Le Roi est moins oublieux du passé, ainsi qu'une partie des éléments influents, et les liens de la reconnaissance ne l'enchaînent pas à la Prusse, qui n'a pas toujours su ménager l'amour-propre de ses alliés.

De notre côté, Napoléon III est resté fidèle à ses sympathies italiennes. Il cherche constamment les moyens d'évacuer Rome et de revenir à la convention du 15 septembre 1864. Mais il craint l'influence du clergé français et n'ose s'exposer à son mécontentement. L'Impératrice, espagnole et catholique fervente, est toute-puissante sur lui. Il se croit engagé, au moins vis-à-vis de Pie IX, et compte vaguement sur l'avenir pour l'aider à sortir de cette impasse. L'affaire de Mentana (octobre 1867) menace un moment de nous séparer définitivement de l'Italie. Bismarck, dans cette vue, a encouragé sous main l'invasion des États pontificaux. Le contraire se produit. Vers la fin de 1867, il serait facile, dit-on, de sauver provisoirement des convoitises italiennes Rome avec une partie de son territoire, en obtenant par surcroît un traité d'alliance. Des démarches significatives sont faites dans ce but. Mais, en décembre, Rouher prononce son fameux « Jamais l'Italie n'ira à Rome », et l'Italie officielle revient à une attitude plus sympathique à la Prusse.

En 1868, de nouveaux pourparlers ont lieu entre l'Autriche et la France, sans qu'on parvienne à s'entendre. C'est l'Italie qui prend l'initiative de négociations plus sérieuses vers la fin de l'année. Elle cherche surtout à obtenir Rome, le but constant de ses ambitions présentes, et l'Autriche, mise au courant, paraît favorable. François-Joseph veut relever son prestige; le parti militaire souhaiterait effacer l'affront de Sadowa; Beust aspire à jouer un grand rôle et le prince de Metternich rehausserait volontiers sa situation personnelle à Paris, déjà très belle.

Napoléon III et Victor-Emmanuel échangent leurs vues sur un traité d'alliance défensive pouvant prendre une autre forme. L'Autriche est tenue au courant de ces pourparlers. Jusqu'en juin 1869, ils continuent par des intermédiaires officieux, sans que notre ambassadeur à Vienne en soit instruit. C'est même au dernier moment que le ministre des affaires étrangères en a connaissance.

Du côté de l'Autriche, ces essais de négociation ne vont pas sans arrière-pensée. Elle craint de voir la France s'entendre à son détriment avec la Prusse, ou précipiter la guerre contre celle-ci sans tenir compte des convenances de ses alliés éventuels. Le principal obstacle réside dans Rome. La cour de Florence réclame formellement son évacuation par nos troupes, le retour à la convention de Septembre et le droit pour les Italiens d'occuper la Ville Éternelle, sous prétexte de protéger le Saint-Père. L'Autriche appuie ces demandes, peut-être dans la pensée qu'elles seront repoussées et le projet d'alliance par surcroît.

En effet, Napoléon III les rejette obstinément, sacrifiant la raison d'État aux scrupules de sa conscience et surtout aux passions de son entourage. Finalement tout se borne à un échange de lettres personnelles entre les trois souverains. Ils se promettent un appui réciproque, dont ils évitent de préciser la nature, et s'engagent à ne pas négocier avec une puissance tierce sans s'en avertir réciproquement. Dans ces engagements vagues, Napoléon III voit la certitude d'une alliance à bâcler en quelques jours, quand le moment sera venu (novembre 1869).

Au printemps de 1870, l'archiduc Albert vient en France sous prétexte d'études et agite avec l'Empereur la possibilité de cette entente. Sur son incitation, Napoléon III envoie en Autriche le général Lebrun pour arrêter les grandes lignes d'un plan de campagne. Il s'agirait d'assurer la coopération des armées autrichienne et française renforcées de 100.000 Italiens. Pour des raisons évidentes, l'Empereur juge indispensable que nos alliés déclarent la guerre et mobilisent à la même date que nous. Lebrun entame avec l'Archiduc des entretiens confidentiels qui se prolongent du 7 au 14 juin. Mais le Prince déclare impossible que l'Autriche et l'Italie commencent les opérations actives le quinzième jour, ainsi que nous croyons pouvoir le faire. Il leur faut au moins six semaines, et Lebrun en devine aisément les motifs. L'Autriche ne veut risquer une nouvelle guerre qu'avec des chances de succès. Elle mettra nos victoires à profit, rien de plus.

Au cours de ces entretiens, l'Archiduc établit un projet d'opérations dont Napoléon III n'est pas satisfait. La len-

teur de la mobilisation austro-italienne lui paraît constituer un grave danger. D'ailleurs ce plan ne tient pas un
compte suffisant des forces de nos adversaires. On peut
douter du sérieux apporté à sa préparation.

Au début de l'incident Hohenzollern, la question des
alliances n'a pas fait un pas. La diplomatie autrichienne
intervient activement pour nous déconseiller la guerre. De
plus, dans une dépêche du 11 juillet au prince de Metternich, Beust s'attache à dissiper les illusions du cabinet
français, insistant sur ce fait que seul le concours diplomatique de l'Autriche nous est acquis. Elle n'a pris aucun
engagement d'intervention armée et n'est pas disposée à
en prendre, puisqu'elle blâme le ton pris dès le début par
notre diplomatie. Évidemment le ministre autrichien entend réserver sa liberté d'action. Il n'est même pas entièrement rassuré sur nos dispositions à son égard et craint
de faire les frais d'une réconciliation éventuelle de la France
avec la Prusse.

Sans doute Metternich ne communique pas cette dépêche au duc de Gramont et se borne à des indications
vagues. Pendant quelques jours, il se fait entre eux et Beust
un échange d'explications verbales ou écrites qui paraît
dissiper tous les malentendus, mais aucune décision ferme
n'est prise.

Sur les entrefaites, Napoléon III se préoccupe (15 juillet)
de rappeler la brigade qui occupe Civita-Vecchia, en confiant le sort du Pape à l'honneur et à la loyauté de Victor-
Emmanuel. Celui-ci fait attendre sa réponse. Dans toute
l'Italie, un fort courant se manifeste en faveur d'une neutralité nuancée d'hostilité contre la France. C'est le 21,
seulement, que le Roi s'engage à revenir comme nous à la
convention de Septembre. Entre temps, les pourparlers
continuent en vue d'une alliance, par l'intermédiaire de l'attaché militaire italien, Vimercati, et d'un diplomate autrichien, Vitzthum. L'Autriche adopte, le 17, le principe d'une
neutralité armée qui se transformerait plus tard en alliance
offensive et défensive. Du moins c'est ce qu'annonce Met-

ternich le 19 juillet, et cette déclaration est loin de cadrer avec celles de Beust le 11. C'est que la guerre a été déclarée et que Beust n'est nullement rassuré sur ce qui peut en résulter pour l'Autriche. Il juge prudent de donner à Napoléon III des satisfactions platoniques, tout en réservant l'avenir. Le 20 juillet, il écrit à Metternich : « ...Veuillez donc répéter à Sa Majesté et à ses ministres que, fidèles à nos engagements tels qu'ils ont été consignés dans les lettres échangées l'année dernière entre les deux souverains, nous considérons la cause de la France comme la nôtre et que nous contribuerons au succès de ses armes dans les limites du possible... » Ce possible est très limité. L'Autriche sait, en effet, que son entrée en ligne entraînerait aussitôt celle de la Russie contre elle. Il y a donc lieu de maintenir la neutralité autrichienne, au moins jusqu'à ce que la saison interdise toute concentration aux Russes. L'action de l'Autriche serait combinée avec celle de l'Italie, mais il faut que nous quittions Rome et que les Italiens puissent y entrer avec l'assentiment de leurs alliés.

Le 26 juillet, Victor-Emmanuel écrit à l'Empereur que l'Autriche propose un traité de neutralité austro-italienne, destiné à se transformer, le cas échéant, en une alliance effective. Mais Beust soulève un incident qui trahit ses arrière-pensées. Il propose que les Italiens soient autorisés à entrer dans Rome du jour de notre départ. C'est Victor-Emmanuel qui a pris l'initiative de cette demande dans une conversation avec l'ambassadeur de France, et le ministre autrichien saisit volontiers ce prétexte à discussions. Le duc de Gramont n'entend pas renoncer de la sorte à la convention de Septembre. De nouvelles négociations officieuses commencent, auxquelles participe un Hongrois, le général Türr. Il demande que le gouvernement français prenne des engagements secrets avec l'Italie, en vue d'une solution définitive de la question romaine après la guerre. Aux Tuileries, on est loin d'une pareille concession, et des fanatiques vont jusqu'à dire : « Plutôt les Prussiens à Paris que les Italiens à Rome ! » Gramont

répond au général Türr : « Il nous est impossible de faire
la moindre chose pour Rome; si l'Italie ne veut pas marcher, qu'elle reste ! »

Cette réponse hautaine ne clôt pas les négociations. L'é-
vacuation des États romains est décidée pour le 5 août.
Le 1er, le comte Vimercati revient de Vienne à Paris avec
un projet de traité en quatre articles, comportant une neutralité armée destinée à devenir une coopération effective.
L'Autriche s'engagerait à obtenir des conditions meilleures
pour l'Italie, lors du règlement de la question romaine.
Mais ni l'Empereur ni Gramont n'acceptent ce dernier
article. Napoléon III voudrait que le moment du concours
effectif fût fixé à bref délai et non à la première quinzaine
de septembre. En outre, il trouve le traité mal rédigé.
Vainement le prince Napoléon le presse d'accepter, même
par le télégraphe, de façon à engager ses nouveaux alliés.
Il ne se laisse pas convaincre et, le 3 août, Vimercati part
de Metz pour Florence avec le traité modifié. La longue suite
de nos revers commence dès le lendemain et il n'est plus
question, naturellement, d'alliances avec des vaincus.

En résumé, l'Italie aurait été disposée à nous prêter un
concours tardif, malgré les dispositions hostiles d'une partie
de la nation et contre la promesse de l'abandon de Rome.
Quant à l'Autriche, son rôle dans ces négociations est beaucoup plus équivoque. Elle est prête à profiter de l'occasion, si elle survient, au besoin en arrêtant notre invasion
en Allemagne. L'année ne se terminera pas sans une entente
complète entre elle et la Prusse.

Une autre grande puissance, la Russie, a paru plusieurs
fois disposée à établir des liens d'intimité avec le gouvernement impérial. Elle en est détournée par diverses circonstances. Les sympathies d'Alexandre II sont très vives
pour la famille royale de Prusse et surtout pour le roi Guillaume auquel il est apparenté. L'insurrection polonaise crée
un nouveau lien entre les deux cours, grâce à l'habileté de
Bismarck qui conclut avec la Russie la convention du 8 février 1863. Enfin, la visite d'Alexandre II à Paris, en 1867,

et les déplorables incidents qui la marquent contribuent encore à éloigner de nous le souverain russe. De peur de mécontenter l'Angleterre, nous nous décidons trop tard à accepter la revision des traités de 1856, qui tient fort au cœur des Russes. Il en résulte entre nos deux pays, au début de la guerre de 1870, une extrême froideur. Loin de nous être favorable, le gouvernement russe détourne l'Autriche et le Danemark de nous venir en aide. Il va même jusqu'à prévenir la première que, si elle entrait en scène, les Russes ne seraient pas inactifs. Un moment, il se rallie à une proposition d'accommodement faite par l'Angleterre et basée sur la revision des traités de 1856. Mais il est trop tard; la guerre est déjà déclarée.

En somme, l'idée arrêtée du gouvernement russe est d'empêcher l'Autriche d'intervenir à nos côtés. Si ce cas se produisait, il entraînerait une alliance russo-prussienne, et le gain serait moindre que la perte. Nous ne pouvons donc désirer que le *statu quo*. Il est bon d'ajouter que, en favorisant la réalisation de l'unité allemande, Alexandre II et le prince Gortschakof commettent une lourde faute, qu'ils déploreront lors du congrès de Berlin. Ils obéissent uniquement à des considérations de personnes, de relations familiales, à leurs rancunes ou à leurs antipathies. Il faut des vues plus larges et plus lointaines pour gouverner une grande nation.

V

La France en 1870

Le Français de 1870 présente encore les principaux traits indiqués par César pour les Gaulois et notamment leur légèreté native. Il traite sérieusement les petites choses et légèrement les grandes. En dépit d'apparences démocratiques, il a le respect du protocole et de l'apparat. Quand il parle du sens commun, c'est sans doute par antiphrase, car rien n'est plus rare chez lui. Il a plus de vanité que d'orgueil, plus d'amour-propre que de vanité. Son intelligence est vive, mais superficielle. Il est nerveux, accessible à toutes les influences, difficile à conduire. Depuis plus d'un siècle, il oscille constamment de la licence au despotisme, sans être bien fixé sur ses préférences. Il souhaite un gouvernement fort, sans pouvoir le supporter. Il unit l'amour de l'ordre à la haine du gendarme. Il se lasse aussi vite de la liberté que de la compression. Les phrases, les idées générales sont toutes-puissantes sur lui, ce qui vaut à la parole et au journal une influence excessive. Il allie une extrême crédulité à une méfiance instinctive, le goût du changement à celui de la routine.

A ces défauts, il joint des qualités. Il est brave, enthousiaste, généreux dans la victoire, reconnaissant du bien, oublieux du mal. Ses rancunes sont vives, mais ne durent pas. Il est peu discipliné, mais son entrain se plie aux situations les plus difficiles. Très médiocre soldat quand il est mal commandé, il vaut dix fois son nombre avec un chef qu'il estime et qu'il aime, selon le mot de Marmont. Mais l'action du commandement sur lui tend à devenir toujours plus difficile. Si l'instruction est plus largement répandue, l'éducation morale est de plus en plus négligée. On entretient le citoyen de ses droits, jamais de ses devoirs. Les liens se détendent dans la famille; dans le pays le sens du respect va s'affaiblissant. Le scepticisme gagne chaque jour et il s'étend aussi bien aux croyances religieuses qu'à l'idée de patrie, aux traditions jadis respectées.

Le goût du plaisir, le luxe font des progrès inquiétants et la conquête de l'or devient la grande affaire, sous l'influence du besoin universel de paraître. La natalité diminue constamment depuis 1861. Les intérêts individuels priment de plus en plus les intérêts communs; la nation tend à devenir un groupement d'individualités. Les caractères s'affaiblissent.

Malgré ses aspirations démocratiques, le pays, dans son ensemble, est hostile à l'égalité devant l'impôt du sang. Quand on discute la constitution de 1848, le service militaire obligatoire et la suppression du remplacement sont rejetés par 663 voix contre 140. Nous avons vu à quelles difficultés se heurte le vote de la loi de 1868. On trouve naturel que l'obligation de servir soit réservée aux plus pauvres.

Le rôle joué par l'armée au coup d'État contribue à l'isoler du pays. D'incessants changements de garnison, onéreux pour tous, l'État compris, ont pour résultat le plus clair de développer l'oisiveté intellectuelle chez les officiers, de détendre pour eux les liens de la famille et du pays natal. L'armée est devenue une petite nation dans la grande, adulée, exaltée en temps de guerre, en butte aux vexations et aux avanies durant la paix. L'aisance générale, les progrès du luxe la font dédaigner. Partout on la tourne en ridicule, on l'attaque au théâtre, dans le roman, à la tribune. Les classes aisées s'en désintéressent. Vienne la mobilisation et des milliers d'hommes valides se déroberont par tous les moyens à l'obligation de porter les armes. Le nombre des engagés volontaires sera d'abord très restreint. D'ailleurs, on affecte de ne plus croire à la possibilité d'une guerre; on célèbre l'avènement prochain de la paix perpétuelle, de la république universelle. On décide que, la guerre étant absurde par essence, il ne doit plus y en avoir.

Il faut ajouter qu'au début, les circonstances ne sont pas pour exciter notre enthousiasme guerrier. La masse de la nation ignore pourquoi elle se bat. Les raisons alléguées sont bien maigres pour de si graves conséquences. Les causes profondes échappent, parce que le gouvernement n'a garde d'y insister. Dès lors, le patriotisme des masses se traduit à Paris par des cris, par des chants, du tapage; dans l'Est, par l'accueil fait aux soldats qui vont à la frontière. Mais, trop souvent, il cédera la place aux sentiments les plus égoïstes.

L'Empereur n'a rien de ce qu'exigerait la conduite d'une grande guerre. Son autorité va diminuant de 1860 à 1870. A mesure que les difficultés s'amoncellent, il cède peu à peu une grande partie des pouvoirs qu'il avait assumés. Son prestige a beaucoup baissé, même dans l'armée. A Paris, il est très froidement accueilli, et cet accueil contraste avec l'idolâtrie de surface que lui prodiguent les ministres, les Chambres, les fonctionnaires et la presse officielle.

Sa santé décline à dater de mai 1861. En 1864, puis en 1865, son état devient grave et l'on parle d'une opération nécessaire qu'il ajourne. A partir de 1866, il ne peut rester en selle qu'au prix de douleurs aiguës. En octobre 1869, il prend ses dispositions pour la constitution éventuelle d'un conseil de régence. Le 1er juillet 1870, une consultation permet de conclure qu'il a la pierre, en attendant un examen approfondi qui est renvoyé à septembre. Il semble, contre toute vraisemblance, que l'Impératrice ait ignoré la gravité de cet état, destiné à empirer dès les premiers jours de la campagne. L'Empereur n'a plus la force de donner des ordres; il risque tout au plus des conseils. De ce fait, les responsabilités de son entourage, déjà si lourdes, deviennent écrasantes. Comment a-t-il pu négliger l'état de Napoléon III, puisque des étrangers ont au moins le soupçon de la vérité?

Dans les dernières années de l'Empire, l'Impératrice joue un rôle considérable que les circonstances vont encore accroître. Son mariage a été un roman. Son instruction première, fort négligée, la préparait mal au premier rang. Elle a plus de passion que de jugement, plus de volonté que d'intelligence, plus de hauteur que de fierté, plus d'obstination que de persévérance. Elle sait, à l'occasion, faire preuve de courage et grandira dans l'adversité, en forçant l'estime de ses ennemis. Sa conduite privée est très correcte, mais sa légèreté va jusqu'à l'étourderie et lui fait oublier parfois le souci de sa dignité. Elle encourage autour d'elle le luxe, le recherche passionnée du plaisir ; elle s'entoure volontiers d'étrangers. Elle a voulu la guerre du Mexique, dans une chimérique pensée de restauration et d'union des races latines. Elle contribue par son attachement au pouvoir temporel du Pape et par sa haine de l'Italie révolutionnaire aux embarras que cause la question romaine. On lui prête en général un rôle prépondérant dans les incidents qui provoquent la guerre de 1870.

Le gouvernement impérial est atteint dans son principe, incohérent dans ses résolutions et ses actes, indécis dans sa politique. Il obéit à deux influences, celles de Napoléon III et de l'Impératrice, la dernière grandissante. Aux derniers jours de 1869, une évolution transforme en monarchie parlementaire le régime d'absolutisme césarien créé par la Constitution de 1852. De la part de l'Empereur, c'est moins affaire de conviction que de lassitude, de crainte pour l'avenir. Le cabinet du 2 janvier soulève une violente opposition. Si M. Émile Ollivier est regardé comme un transfuge par ses anciens amis, les bonapartistes l'accusent de préparer la ruine de l'Empire. Le plébiscite, « ce Sadowa français », suivant le mot malheureux de cet homme d'État, a pour but de faire face à cette double opposition. Il n'a que de fâcheux résultats, en accroissant mal à propos la confiance du gouvernement impérial. Vis-à-vis de la Chambre, après le 8 mai, la situation du cabinet est compromise. Napoléon III en est réduit à faire prier Thiers de défendre la nécessité d'un fort contingent. Une partie de la droite regarde la candidature Hohenzollern comme une occasion inespérée de renverser le ministère. Des influences s'agitent dans le même sens autour de l'Impératrice, qui n'a aucune sympathie pour M. Émile Ollivier et pour ses collègues.

Si l'autorité centrale est affaiblie, le pays est dans une excellente situation financière. Le budget de 1870 atteint 2.222.331.878 francs en dépenses et 2.223.588.878 en recettes. Le ministère de la guerre en absorbe 373.001.182; la marine et les colonies, 162.845.022. Les dépenses de l'armée ne sont que de 341.984.544 francs, sans la gendarmerie, les invalides et les secours. La dette en exige 490.462.297, dont 70 millions pour les pensions civiles et militaires. Nous vivons sous le régime de la paix désarmée, selon le mot de Thiers. L'opposition de gauche n'en reproduit pas moins, constamment, ses protestations passionnées contre l'excès des dépenses militaires.

Si les ressources du pays sont immenses, il recèle en lui de nombreux germes de faiblesse. Les fonctionnaires, très nombreux, y jouent un rôle excessif en paralysant les initiatives locales. Toutes les affaires, même les plus insignifiantes, aboutissent à Paris, et ce grand centre souffre de pléthore, tandis que les extrémités sont en proie à une anémie mortelle. Partout ailleurs le Français n'est qu'un administré. La France nourrit une armée de bureaucrates routiniers et enclins à l'arbitraire. Leur grande préoccupation est d'éviter les affaires, de ne pas troubler la somnolence des populations.

La justice rend parfois des services et non des arrêts. Le magistrat tend à être un simple fonctionnaire et le sens du juste disparaît dans les masses. La police joue un rôle excessif, qui n'exclut pas l'emploi d'agents provocateurs et même du cabinet noir.

Les rapports de l'Empereur et du clergé catholique, d'abord très bons, changent complètement après la campagne d'Italie. Une sorte de petite guerre commence entre eux et provoque des mesures contre des desservants dans plusieurs départements. D'autres visent la Société de Saint-Vincent-de-Paul, association laïque dont les allures inquiètent le gouvernement. Les rédemptoristes de Douai, les capucins d'Hazebrouck sont dissous. Il en résulte de la part du clergé une grande froideur et parfois une hostilité déclarée qui se manifeste lors des élections de 1869 et du plébiscite.

A la Chambre, une opposition toujours plus active s'attache à faire ressortir l'échec subi par notre influence en 1866, non sans l'exagérer. Outre les républicains hostiles par essence à l'Empire, elle comprend des libéraux qui le sapent en faisant des vœux pour sa durée. Au départ pour la frontière, l'armée laisse derrière elle des hostilités déclarées ou secrètes auxquelles l'Internationale sert de lien, toute prête à fournir les cadres d'une nouvelle révolution.

L'aristocratie, la bourgeoisie aisée perdent chaque jour de leur influence, parce que le goût du plaisir, le désir de paraitre tiennent dans leur vie journalière une place prépondérante. La presse aide activement à notre décomposition sociale. Elle ignore l'étranger, à de rares exceptions près, et les débats de l'affaire Troppmann ont pour elle plus d'intérêt que ceux de la Chambre des communes ou du Reichstag. Elle traite de toutes les questions, surtout de celles qu'elle connait le moins. Émile de Girardin a créé le journal à bon marché et décuplé ses moyens d'action. La presse d'opposition est beaucoup plus influente que celle du gouvernement, malgré la diffusion artificielle de certaines feuilles officieuses. Néanmoins, quand la candidature Hohenzollern survient, la grande majorité des journaux de Paris est nettement belliqueuse.

Si la capitale partage cette opinion, autant qu'on en peut juger d'après des démonstrations plus bruyantes que sérieuses, la province est beaucoup plus réservée. Les rapports des préfets montrent que dix-huit départements seulement désirent la guerre; cinquante-trois se déclarent plus ou moins nettement en faveur de la paix; le reste est hésitant. En somme, l'enthousiasme tapageur de Paris n'est nullement partagé par la grande masse de la population.

La loi de 1868 maintient deux catégories parmi les jeunes gens susceptibles de porter les armes, l'une ayant des obligations en paix comme en guerre, l'autre n'en ayant à peu près aucune en temps normal, et cette dernière est surtout accessible aux privilégiés de la fortune. L'armée n'est donc pas démocratique ainsi qu'en Prusse, pays pourtant aristocratique par essence. Le contingent annuel est habituellement de 100.000 hommes, mais, déduction faite des non-valeurs, des recrues affectées à la marine, il en reste environ 70.000. Le budget ne permet d'en incorporer qu'une faible proportion pour cinq ans et le reste constitue la deuxième portion.

Sur un effectif budgétaire de 400.000 hommes, dont 24.012 officiers et assimilés, il y en a 60.000 en Algérie. De plus, un grand nombre sont en congé; il y a 20.243 gendarmes, 300 vétérans, 5.466 enfants de troupe, sans tenir compte des corps disciplinaires, des compagnies de remonte, des compagnies et pelotons hors rang qui constituent autant de non-valeurs au point de vue de la guerre. Lors du plébiscite, il n'y a que 299.528 votants sur 300.684 inscrits (1).

L'infanterie compte 360 bataillons, sans ceux d'infanterie légère d'Afrique, la cavalerie 350 escadrons, l'artillerie 164 batteries de campagne et 60 batteries à pied. Il y a en outre, au 1er juillet 1870, 250 bataillons et 125 batteries à pied de la garde mobile, presque tous sans cadres ni matériel. Il n'existe ni corps d'armée, ni divisions, ni brigades permanentes, sauf dans la Garde et les « armées » de Paris ou de Lyon. Les sept corps d'armée régionaux ne correspondent à aucune réalité; ils groupent un certain nombre de *divisions militaires,* dont le chef n'a qu'une autorité restreinte sur les troupes de son commandement. Les changements de garnison sont ordonnés, sans aucune règle permanente. Les armes spéciales, qu'aucun lien ne rattache aux autres, les ignorent complètement. A la mobilisation, généraux, états-majors, services administratifs, régiments, batteries, s'acheminent de toute la France vers la zone de

---

(1) Au 1er janvier 1870, l'effectif est de 434.356 hommes dont 365.179 pour l'intérieur, 63.925 pour l'Algérie, 5.252 pour les États romains; il y a environ 108.000 hommes en congé et 325.525 présents.

concentration, sans avoir entre eux aucun lien. A l'arrivée ils forment un pêle-mêle sans nom.

L'Empereur n'est que le chef nominal de l'armée, qu'il ignore à peu près complètement. Il ne voit guère les troupes qu'au camp de Châlons, dans des manœuvres d'apparat, et son prestige auprès d'elles est moindre que celui de certains généraux.

Le ministre de la guerre est surtout un administrateur, qui n'exerce aucune direction effective sur l'armée, soumise uniquement à l'action indécise, pleine de contradictions, de bureaux, de comités d'armes. Il n'y a pas d'unité de vues entre ces divers organes, auxquels nul ne songe à imprimer une action d'ensemble, l'Empereur moins que tout autre.

En grande majorité, les généraux vivent à l'écart de la troupe et perdent l'habitude du commandement. La plupart ne sont que des colonels de telle ou telle arme. Les manœuvres consistent en des évolutions de parade aux camps de Châlons et de Sathonay, en de prétendus simulacres de siège ou de « petite guerre » aux abords des grandes places. Les inspections sont interminables, mais l'inspecteur ne garde aucun lien avec les troupes qu'il a vues. L'étude de la carte et du terrain n'est jamais pratiquée et moins encore celle de l'histoire militaire. L'initiative est chose inconnue; on redoute les responsabilités. L'extrême centralisation qui prévaut dans l'armée comme dans l'administration conduit à répandre la théorie de l'obéissance passive, souvent inintelligente. On attend constamment des ordres. C'est du ministère de la guerre seul que partent tous ceux relatifs à la mobilisation et à la concentration. Or, il n'a rien prévu. On juge de la quantité de dépêches, de télégrammes, de questions, d'explications qui viennent des différents bureaux ou y affluent, compliquant à l'infini des opérations déjà délicates.

La loi de 1832 sur l'avancement consacre les droits de l'ancienneté pure et simple, c'est-à-dire de la paresse et de l'incapacité. Quant au choix, il n'est entouré d'aucune garantie. D'ordinaire, il sert à récompenser des services de guerre. C'est donc en Algérie que se sont formés la plupart de nos généraux. Or, les campagnes d'Afrique, excellentes pour les soldats et les officiers subalternes, sont une mauvaise école pour les échelons plus élevés qu'elles ne préparent pas à celles d'Europe. Elles répandent la funeste théorie du « débrouillez-vous ».

Les commandements sont donnés au favoritisme beaucoup plus qu'au mérite. Sur huit des corps de l'armée du Rhin, cinq seront commandés par des généraux ayant été ou étant aides de camp de l'Empereur. Deux autres aides de camp recevront des commandements de ce genre avant la fin de l'Empire.

La préparation en vue de la guerre est à peu près nulle. Depuis Sadowa, nous avons des tendances marquées à la défensive, à la recherche des positions. Nous revenons inconsciemment à la tactique antérieure à Frédéric II. Le maréchal Bazaine voudrait « faire la guerre méthodiquement comme au dix-septième siècle ». Nous ne savons même pas procéder de la sorte, car les ordres, touffus, pleins de détails inutiles, sont en même temps vides et peu précis. Les troupes ignorent en général où elles vont, ce qu'elles font, où est l'ennemi.

Il n'y a pas d'état-major général appelé à préparer et à diriger les opérations. Le « dépôt de la guerre » est un institut géographique, un dépôt d'archives. Le corps spécial d'état-major renferme nombre d'individualités distinguées, mais les utilise très mal. Dès la fin de ses stages régimentaires, l'officier d'état-major cesse de mener une existence militaire, pour s'occuper à peu près uniquement de levés topographiques, de travaux de bureau ou d'un service personnel auprès des généraux.

L'intendance a su acquérir une indépendance à peu près absolue. Ses fonctionnaires sont des délégués du ministre, c'est-à-dire autonomes. Leurs fonctions de contrôle et de surveillance administrative les absorbent au détriment de leur rôle essentiel, qui est d'assurer les besoins des corps.

Ils n'ont fait preuve d'aucune initiative en Crimée et en Italie.

Le service de santé est tiraillé en tous sens par l'intendance, par le train, par les médecins et par les pharmaciens. Toute direction effective lui fait défaut, au grand détriment des malades et des blessés. Son personnel est très insuffisant, le matériel lourd, mal approprié, encombrant. Son instruction technique laisse à désirer, au point que la Convention de Genève est généralement ignorée dans ses rangs.

Les écoles militaires sont en nombre insuffisant et la qualité n'y supplée pas à la quantité. A Saint-Cyr, l'instruction est d'une insigne faiblesse, le personnel du cadre plus que médiocre. C'est un collège mal tenu plutôt qu'une grande école militaire. L'École polytechnique est un contresens en tant que préparation au service de l'armée. A l'École d'état-major, les études sont très faibles.

Les officiers sortis du rang ont souvent une éducation médiocre et leur instruction laisse grandement à désirer, mais ils y suppléent par une connaissance approfondie des détails, par un grand sens du devoir. Malgré la diversité des origines, la camaraderie est très grande dans les corps d'officiers; souvent le régiment est une vraie famille. L'ensemble, inférieur aux officiers allemands comme connaissance théorique de la guerre, ne leur cède en rien au point de vue du commandement.

L'instruction tactique est très incomplète, car nos règlements sont formalistes et rétrogrades. L'infanterie pratique presque uniquement la manœuvre à rangs serrés; elle ne sort pas du terrain d'exercices. La cavalerie est moins encore préparée à la guerre. Le règlement de 1829, revu en 1866, est inférieur à celui de 1788; il serait inapplicable en campagne.

Les armes savantes vivent à l'écart du reste de l'armée et combattent pour leur compte. Dans l'artillerie, la préparation au combat est nulle. Le génie vit de souvenirs; il est hostile à toutes les nouveautés.

L'état moral des rangs inférieurs de l'armée laisse à désirer. Sur 75.000 appelés de la classe 1869, il y a 42.000 remplacés, plus de moitié. Les rengagés et les remplaçants administratifs n'ont ni le désintéressement ni le patriotisme des appelés. Ils entretiennent des traditions d'ivrognerie et de débauche; beaucoup n'ont aucun esprit militaire. Dans l'ensemble, la discipline s'est affaiblie. Elle est encore basée sur des moyens matériels beaucoup plus que sur le ressort moral. La justice militaire fonctionne aux armées avec une lenteur excessive, ce qui émousse l'effet du châtiment et rendra bien vite nécessaire l'institution illégale des cours martiales. Le relâchement général de la discipline est favorisé par l'insouciante bonté de l'Empereur, par l'influence des agitations politiques, de la presse révolutionnaire, des clubs. Le soldat reste celui de jadis, avec ses qualités et ses défauts; un jour audacieux jusqu'à l'héroïsme et le lendemain prêt aux pires défaillances. Il peut rendre beaucoup entre les mains d'un artiste et se brise très vite entre celles d'un maladroit.

Le fusil Chassepot est très supérieur au Dreyse, mais 1.037.555 seulement ont été fabriqués au 1er juillet 1870. L'approvisionnement en cartouches est insuffisant, le fusil transformé destiné à la garde mobile, très médiocre.

Notre canon de 4 est aisément maniable, mais sa portée, sa précision, très restreintes. Le 12 vaut mieux, quoique encore inférieur à la pièce prussienne. L'organisation de leurs projectiles laisse beaucoup à désirer. Les mitrailleuses, dont on s'exagère la valeur, ne peuvent remplacer les canons qui nous manquent. L'artillerie de siège et de place est entièrement démodée, les approvisionnements de tout genre, très insuffisants. Équipement, habillement, chaussure, harnachement, sont mal conçus en vue de la guerre; le fantassin, le cheval de cavalerie ou le porteur de l'artillerie sont trop lourdement chargés.

Aucune règle n'a été adoptée pour la mobilisation et la concentration. Ces deux opérations, confondues, s'effectuent simultanément à l'entrée du territoire ennemi. Comme en 1854 et en 1859, la mobilisation de 1870 va s'effectuer dans un désordre extrême. Les dispositions préliminaires sont prises le 7 juillet. Le 15, on prescrit l'appel des réservistes et de la deuxième portion, on donne les premiers ordres relatifs aux transports par voie ferrée. On constitue les quatrièmes bataillons et les dépôts, on dirige les unités sur la zone de concentration; des arsenaux et des magasins on fait des expéditions dans tous les sens. Les ordres nécessaires, partis du ministère en même temps que ceux relatifs au personnel qu'il faut désigner pour le moindre emploi, se croisent avec des demandes de tout genre. Puis il s'agit de l'appel des gardes mobiles, pour lesquels il faut improviser cadres, équipement, habillement, en attendant la distribution des armes et des munitions.

Nous n'avons en 1870 que 173.507 hommes des réserves et de la deuxième portion. On suppose qu'ils auront rejoint les bataillons de guerre dans un délai maximum de quinze jours. Mais ces prévisions sont déçues; le total est inférieur de 10.487 aux chiffres prévus. En outre, certains départements mettent très tard leurs réservistes en mouvement, les Côtes-du-Nord le 28 juillet seulement. Enfin ces anciens soldats restent affectés aux corps où ils ont servi. Tel régiment stationné à Tarbes en 1868, peut être à Dunkerque en 1870. Il en résulte des voyages interminables. Plus de 2.000 petits détachements traversent la France dans toutes les directions. Enfin les dépôts sont parfois très éloignés de leurs portions actives, ce qui impose de nouveaux transports, les réservistes étant habillés, équipés et armés au dépôt avant de rejoindre les bataillons de guerre, qui sont souvent partis pour la frontière dans l'intervalle. Bon nombre ne pourront jamais rallier leur corps. Le 30 juillet, l'armée n'a encadré que 36.678 réservistes; le 6 août, moitié au plus de ce qu'elle doit recevoir. L'effectif de la compagnie n'atteint d'abord que 75 à 80 hommes et celui de l'escadron 100 chevaux. Quant à la garde mobile, son organisation se heurte à toutes sortes de difficultés, comme il était à prévoir.

Depuis 1868, d'après un projet arrêté par l'Empereur,

on prévoit la constitution de trois armées, l'une à Metz, l'autre en Alsace et la troisième, dite de réserve, au camp de Châlons. Il y aurait en outre trois corps de réserve : la Garde et deux autres constitués à Belfort ou à Paris. Les premiers ordres sont donnés dans ce sens, du 7 au 11 juillet. A cette date, changement complet : on va former une seule armée que l'Empereur commandera lui-même, ainsi qu'en Italie, et qui comprendra huit corps, dont la Garde ; Napoléon III aura comme major général Le Bœuf que rien ne désigne pour cette tâche écrasante. On ne sait à qui attribuer cette funeste décision. Est-ce à l'influence de l'archiduc Albert, qui aurait préconisé l'organisation autrichienne de 1866 ? Est-ce à celle de l'Impératrice, désireuse de voir l'Empereur garder la responsabilité directe comme la gloire de conduire les opérations ?

On a fait, en 1869, par ordre du maréchal Niel, quelques études en vue des transports de concentration. La guerre survenant, ces travaux sont oubliés. Les compagnies de chemins de fer reçoivent à la fois de l'intendance, de la Direction des mouvements, de l'artillerie, du génie, des ordres indépendants. Chacune des huit directions agit pour son compte. Il en résulte une extrême confusion. L'inexpérience et l'indiscipline des troupes sont d'autres causes de désordre. Malgré tout, en moins de onze jours, la compagnie de l'Est met en marche 594 trains, transportant 186.620 hommes, 32.410 chevaux, 2.162 canons ou voitures, 995 wagons de munitions. Mais le déchargement est mal réglé par l'autorité militaire, ainsi que l'ordre des transports. Sur la frontière, l'encombrement prend vite des proportions inquiétantes, surtout à Metz. L'armée est constituée, fort incomplètement, le 6 août, au lieu de l'être le 31 juillet, comme on l'espérait. Au début des opérations elle a six corps sur une longue ligne, de Thionville à Belfort par Strasbourg, plus de 250 kilomètres. La gauche, 2e, 3e, 4e corps, forme un groupe relativement compact, de Saint-Avold à Thionville ; deux autres, la Garde et le 6e corps sont, en arrière, à Metz et au camp de Châlons.

Le reste, trois corps d'armée, les 7e, 1er, 5e, est épars en Alsace ou à l'ouest des Vosges. Ces troupes sont, sans couverture, au voisinage immédiat de la frontière, mais non à portée de leurs lignes de marche éventuelles. Elles n'ont pas de zone de manœuvres devant elles, pas même de facilités d'alimentation, car, si les corps d'armée sont séparés par de larges intervalles, chacun est étroitement groupé sans nécessité. C'est un dispositif d'attente dicté par des considérations géographiques, par la configuration du réseau ferré, peut-être par de vagues réminiscences de la campagne de 1815, des guerres de l'Épopée révolutionnaire ou même du dix-huitième siècle. On y a retrouvé l'influence de l'archiduc Albert, conseillant de former deux masses, l'une en Alsace, de Haguenau à Belfort, l'autre en Lorraine, de Thionville à Sarreguemines. Nous obéissons au désir d'interdire à l'ennemi, le plus possible, l'accès du territoire national et nous croyons avoir sur lui une avance marquée. C'est le contraire qui se produit; d'ailleurs, l'effectif mobilisé est sensiblement inférieur aux prévisions. Le Bœuf comptait mettre en ligne 350.000 hommes, déduction faite de 142.585 laissés en Algérie, dans les États romains ou à l'intérieur. L'effectif au 1er août n'est que de 264.010 rationnaires et les non-valeurs sont nombreuses.

La formation de huit corps d'armée absorbe presque toutes nos ressources. Il ne reste à l'intérieur du pays ou dans les États romains que six régiments d'infanterie, un bataillon de chasseurs, deux régiments de cavalerie, deux batteries. Il serait imprudent de dégarnir davantage l'Algérie pour l'instant. Les 4es bataillons et la garde mobile sont en formation. Nous allons paraître devant l'ennemi avec une très grande infériorité numérique, laissant derrière nous des forces insuffisantes pour garder le territoire national ou parer aux cas imprévus.

Sous aucun rapport notre infériorité n'est plus sensible qu'en ce qui concerne les places fortes. Un très grand nombre couvrent nos frontières; plus de moitié auraient dû être démolies et le reste reconstruit ou réorganisé. Aucune n'a de garnison constituée, même Metz et Strasbourg; aucune n'a de gouverneur permanent. L'armement, les approvisionnements sont plus qu'insuffisants. A la mobilisation, les petites places d'Alsace et de Lorraine, Thionville, Schlestadt, Neuf-Brisach, Bitche seront à l'abandon.

Un travail, rédigé en 1867 par le général Frossard, exerce une influence majeure sur le début de nos opérations. Il prévoit quatre armées, dont l'une de 60.000 hommes en Alsace, l'autre de 140.000 en Lorraine, devant le débouché de Sarrebruck. Une première armée de réserve, 120.000 hommes, se formerait sur la base Reims—Châlons; une deuxième, 90.000 hommes, sous Paris. On compterait surtout, pour arrêter une invasion éventuelle, sur de « belles positions » dont plusieurs seront réellement utilisées par nos troupes.

Le plan de l'archiduc Albert et du général Lebrun inspire un autre projet à l'Empereur. Il hésite entre ces dispositifs et ne parvient pas à arrêter une décision. Le 29 juillet, il n'a que des intentions vagues, tenant de la chimère et ne reposant que sur des illusions. Cette incertitude tient surtout à ce qu'il ignore l'adversaire.

VI

L'ALLEMAGNE EN 1870

Malgré certaines affinités de race, il y a des différences essentielles entre le Français et l'Allemand. Celui-ci, lent et réfléchi, raisonne ses impressions, creuse ses passions. Il vise au complexe et obéit volontiers à des idées confuses qui le mènent où il ne veut pas aller. Son pays est celui des systèmes, de la critique audacieuse, des longues patiences et des folies froides, suivant l'expression de Victor Cherbuliez, mais aussi celui de la réalité, du sens pratique le plus aigu. L'Allemand possède une grande force de volonté, une persévérance singulière dans ses desseins, une foi toute-puissante dans ses croyances religieuses ou politiques, un dévouement naïf et sincère à la cause embrassée. Il marche lourdement, patiemment, jusqu'au bout du sillon. Malgré son calme apparent, c'est l'homme des rancunes longuement caressées, des vengeances froidement accomplies. Il n'a pardonné aux Français ni l'incendie du Palatinat, ni la mort de Conradin. En 1870, il fait encore la guerre à Louis XIV, au propre dire de Ranke.

Il aime à se mouvoir par masses et a le sens de l'association; la discipline, l'esprit de solidarité lui sont familiers. Il confond aisément le devoir et la consigne. Servile à l'égard de plus fort que lui, il est arrogant pour les faibles. A une hypocrisie innée il allie un manque absolu de générosité. Il met la plus haute culture au service du patriotisme le plus étroit. Sa religion, rude, jalouse, empreinte d'orgueil, n'a rien d'évangélique.

Aux premiers jours de l'été de 1870 toute l'Allemagne est dans une paix profonde, le roi Guillaume aux eaux, Bismarck et Moltke dans leurs terres; beaucoup de généraux font des cures ou des voyages. La déclaration du 6 juillet et les événements qui suivent changent brusque-

ment ces dispositions. Le pays entier est en proie à la
« fureur teutonique ». L'ordre de mobilisation fait l'effet
d'un calmant. Chacun voit ce que veut le gouvernement,
chacun sait ce qu'il doit faire. L'enthousiasme est immense,
mais contenu dans de justes limites. L'Allemagne croit à une
provocation préméditée, à la volonté arrêtée de lui faire la
guerre. L'élan est unanime comme en 1813. Le sentiment
général est que le moment vient de réaliser le rêve si longtemps caressé de l'unité nationale. On entend clore pour
jamais la période pendant laquelle l'Allemagne n'était
qu'un champ clos livré à toutes les armées de l'Europe.

De 1815 à 1859, l'armée prussienne avait subi peu de
modifications. A part des accroissements d'effectifs, elle
restait la même dans ses grandes lignes. La mobilisation de
1859 mit au jour de graves défauts et le prince régent, futur
roi Guillaume, jugea une réorganisation indispensable. Il en
arrêta personnellement les traits principaux, avec une sûreté
de main qui montrait une connaissance parfaite des nécessités à satisfaire. Malgré l'opposition persistante de la
Chambre prussienne, l'armée active fut dotée d'une réserve
et la landwehr attribuée à la garde du territoire.

En 1870, la Prusse applique rigoureusement le principe
du service personnel et obligatoire. Tout sujet prussien est
astreint à servir de dix-sept à quarante-deux ans, dont trois
ans dans l'armée active, quatre dans la réserve, cinq dans la
landwehr, treize dans le landsturm. Le reste de l'Allemagne
du Nord est soumis aux mêmes exigences. Y compris la
Prusse, elle entretient treize corps d'armée et une division
indépendante. L'unité des divers contingents est presque
absolue; une partie des États a même abdiqué toute préro-
gative militaire en faveur de la Prusse. Le roi Guillaume
exerce les fonctions de généralissime, non pour la forme, mais
d'une façon effective. Il a pris une part directe, prépondérante, à la fabrication du formidable outil qu'est l'armée
prussienne. Il possède à un degré rare beaucoup des qualités
du chef d'armée et du souverain : une grande force d'âme,
une tranquillité d'esprit étonnante dans les circonstances

les plus heureuses comme dans les plus alarmantes. Il règne autour de lui un calme singulier, même en campagne. Sa simplicité de vie est très grande. Il couche sur un lit de camp et pousse fort loin l'esprit d'ordre et d'économie.

Soldat de la tête aux pieds, il porte à l'armée une affection infinie. Il a exercé les fonctions de tous les grades jusqu'à celui de commandant de corps d'armée. Par l'intermédiaire de son cabinet militaire, il s'occupe directement du personnel entier. Le ministre de la guerre et le chef d'état-major travaillent sous sa direction effective, l'un à l'organisation et à l'administration de l'armée, l'autre à la préparation de la guerre. Par suite, aucun conflit ne les divise.

Sous des dehors bienveillants, avec une patience inépuisable, il possède un caractère ferme, une décision prompte. Son prestige maintient chacun à sa place. Il se considère comme le premier serviteur de l'État, ou mieux comme le plus élevé en grade des officiers prussiens. Rien ne lui coûte pour accomplir ses devoirs en toute circonstance. Sa tenue est la correction même. Il a le sentiment profond de sa responsabilité. Il n'a ni confident, ni favori.

Il travaille beaucoup, s'occupant à peu près uniquement de questions militaires. L'usage des cartes, la lecture du terrain lui sont familiers. Sans grande ouverture d'esprit, il écrit pourtant comme il pense, clairement et simplement. Il apporte le même soin à régler les plus minces détails et les questions les plus importantes. Il a le don si rare chez les souverains de discerner le mérite et de lui servir d'appui. Il s'entoure ainsi d'hommes de premier ordre, auxquels il reste fidèle, sans jamais leur abandonner aucun de ses droits. Il est le Louis XIII d'un autre Richelieu, mais un Louis XIII conscient de sa valeur propre et ne nourrissant pas d'arrière-pensée à l'égard de son ministre.

Les scrupules ne le gênent en rien quand il s'agit d'arrondir son territoire. Il professe volontiers cette théorie commode : ce qui est bon à prendre est bon à garder. Il irait même au delà de ce que lui conseillent ses intérêts bien entendus, comme en 1866. Il allie cette rapacité à une piété ardente, mais totalement dépourvue de modestie. Il se considère comme le fondé de pouvoirs du Dieu des Armées. Il a sa Bible et son Décalogue à lui. Tout ce qui le concerne ou lui profite est licite. Il fait profession d'aimer la paix et mène à bien trois guerres en sept ans.

Son chef d'état-major est Moltke, Danois d'origine que le souvenir de son ancienne patrie n'embarrasse guère. Chez lui le caractère est d'accord avec le physique. A son visage ascétique, fortement accusé, à son profil coupant d'oiseau de proie correspond un manque absolu de générosité, une parfaite sécheresse de cœur pour ce qui n'est pas son entourage. Dans l'intimité, en effet, il témoigne d'un calme parfait, d'une très grande simplicité sans la moindre trace d'égoïsme.

Très froid, très maître de lui, ayant une grande force de volonté, c'est un silencieux; « il sait se taire en plusieurs langues ». Ce n'est pas l'homme des hautes aspirations, des combinaisons géniales. Il se laisse souvent surprendre par les événements et n'a rien du pouvoir de divination qui marque les grands capitaines. Mais il est circonspect dans la préparation et n'abandonne qu'un minimum au hasard. Il fait de la guerre affaire de raisonnement, presque de calcul. Comme préparation, en tant que mobilisation, concentration, déploiement stratégique, il a dépassé tout ce qui s'était fait avant lui. Sans doute, il dispose de moyens d'action bien supérieurs à ceux de Napoléon qui mit dix-huit semaines en 1800 à mobiliser l'armée de réserve, alors que les Allemands consacrent dix-huit jours à leur mobilisation générale de 1870. Mais il possède des qualités incomparables comme chef d'état-major, sachant s'entourer de collaborateurs de premier ordre, tels que jamais, sans doute, n'en a compté un état-major. Maniant sans effort des masses supérieures à tout ce qu'on a vu jusqu'alors, il sait trouver la formule de la guerre d'armées opposée à la guerre de masses telle que la pratiquait Napoléon. Il ne procède pas, comme lui, par ordres précis, positifs, mais par directives, laissant à ses lieutenants une part considérable d'initiative dont ils n'abusent pas et qui leur permet de le suppléer, s'il est besoin.

S'il mûrit ses projets dans tous leurs détails, il est audacieux à l'extrême dans l'exécution. Sa devise est : « D'abord peser, puis oser. » C'est un offensif à outrance ; il a la ferme volonté de vaincre, si puissante à la guerre. Toutefois, la meilleure part de ses succès revient aux adversaires que lui donne la fortune. Loin de le punir de ses fautes, ils travaillent pour lui, s'offrant à ses coups. Il en arrive ainsi à risquer des mouvements d'une suprême imprudence.

Le ministre de la guerre, Roon, est un administrateur de premier ordre. Il occupe sa charge de 1858 à 1878, pendant vingt ans. Fortement soutenu par son souverain, il n'a pas, comme d'autres, à lutter contre ses subordonnés, contre un Parlement omnipotent, fantasque et ignorant, toujours prêt aux expériences ruineuses et tenant pour rien l'intérêt général. Grâce à sa persévérance et à son esprit de suite, il parvient à donner une grande cohésion à l'armée de la Confédération du Nord. Organisation et instruction y sont très en avance sur les forces voisines.

Le commandement est le principal élément de supériorité des troupes prussiennes, non que les individus y vaillent davantage, mais parce qu'ils sont animés d'un même esprit, que la discipline y est parfaite du haut en bas de l'échelle et qu'ils obéissent à un sentiment très vif du devoir. Les princes exercent des fonctions effectives et sont les premiers à donner l'exemple. Beaucoup de généraux sont âgés, mais l'exécution régulière et constante de leurs obligations les a maintenus moralement et physiquement aptes à conduire des troupes.

L'état-major, corps ouvert, recruté dans toutes les armes, est l'œuvre personnelle de Moltke, qui, pendant de longues années, s'est efforcé d'en éliminer les médiocrités, de le doter de l'unité de doctrine, de fortes méthodes de travail. Il est de taille à suppléer aux défaillances du commandement.

L'ensemble du corps d'officiers est remarquable par sa cohésion. Recruté parmi la noblesse et la haute bourgeoisie, sortant d'écoles où les études sont surtout pratiques, où l'on s'attache de préférence à former le caractère, à développer l'esprit militaire et les qualités de commandement, il professe un vrai culte pour la carrière des armes. Des prérogatives enviées en font une caste privilégiée, qui porte jusqu'à l'abus le sens de la dignité et du devoir. Son instruction technique est l'objet de soins éclairés et constants. On s'attache à développer l'initiative, les moyens d'exécution étant laissés à la discrétion du subordonné; on ne juge que des résultats.

Les sous-officiers, sortis en grande partie d'écoles spéciales, sont confinés dans leur situation par la tradition plutôt que par la règle écrite. Mais on leur accorde une considération et un bien-être inconnus chez nous. Leur part d'autorité est très appréciable et le rengagement de règle pour eux.

Le soldat n'a ni l'entrain, ni la souplesse, ni la résistance aux privations et aux fatigues du nôtre. Il a moins que lui le sens du combat individuel et sa valeur dépend davantage de ses cadres. Mais il se plie mieux à la discipline, au respect de l'autorité et de la hiérarchie. Il est plus malléable, d'un commandement moins délicat. Les divisions politiques n'ont pas entamé son patriotisme, son dévouement natif au Roi. Il est beaucoup plus accessible que le nôtre aux idées religieuses, qui aident à le soutenir dans les souffrances et les privations de la guerre. En somme, c'est un excellent outil de combat. Toutefois, il y a des différences marquées entre les contingents prussiens et ceux de l'Allemagne du Sud. Les Bavarois, en particulier, montrent moins de solidité au feu, moins d'exactitude dans le service.

L'infanterie de la Confédération du Nord compte 118 régiments (350 bataillons), 17 bataillons de chasseurs et 216 bataillons de landwehr. L'instruction du tir y est très solide, mais la tactique, rigide, se plie mal au terrain; elle admet trop aisément les formations denses sous le feu. Le règlement d'exercices est moins arriéré que le nôtre, la troupe plus manœuvrière et mieux instruite; elle sort plus volontiers du champ de manœuvres.

La cavalerie, forte de 76 régiments (380 escadrons), est

beaucoup mieux préparée à la guerre que la nôtre, n'ignorant pas comme elle le terrain varié et le service en campagne. L'artillerie compte 234 batteries, dont 39 de dépôt, et 176 compagnies de forteresse. La portée et la précision de ses pièces dépassent largement celles des nôtres. Sa tactique a fait de grands progrès depuis 1866. Elle est prête à agir en masse, à préparer et à soutenir l'action de l'infanterie. Sa supériorité sera l'un des éléments essentiels des succès allemands.

Les pionniers ne sont pas, comme chez nous le génie, tenus à l'écart des autres armes. L'administration est subordonnée au commandement. Le service de santé, fortement constitué, jouit d'une autonomie à peu près complète. La landwehr comprend surtout des hommes instruits sortant de l'armée active, à l'inverse de la garde mobile. Elle est astreinte à des appels en temps de paix.

La Bavière a modelé depuis 1868 son organisation sur celle de la Prusse. Toutefois, la durée du service y est moindre dans l'armée active et la réserve. Le fusil Werder, supérieur au Dreyse des Prussiens, n'est pas encore distribué à toute l'armée. Celle-ci comprend deux corps d'armée, avec dix régiments de cavalerie.

Le Wurtemberg n'a qu'une forte division à trois brigades ; le grand-duché de Bade en possède à peu près autant.

L'effectif de paix total des Allemands, 382.568 rationnaires, se rapproche du nôtre, mais nous avons à garder l'Algérie et nos réserves sont loin d'avoir la valeur des leurs. En outre, à la veille de la guerre, la confiance est extrême parmi eux ; leur sentiment unanime est pour l'offensive.

Le premier plan de mobilisation des Prussiens date de 1809 et a été soigneusement perfectionné depuis. Contrairement à nous, ils établissent une distinction très nette entre cette opération et la concentration. Le Roi lance l'ordre de mobilisation dans la nuit du 15 au 16 juillet et son exemple est suivi avant le 18 par les États du Sud. L'armée de campagne compte 474 bataillons, 382 escadrons, 264 batteries ; les troupes de garnison et de remplacement 328 bataillons,

145 escadrons, 82 batteries. Le total des rationnaires en août représente 1.183.389 hommes, chiffres qui sans doute n'ont jamais été atteints depuis les temps légendaires. C'est plus du double de ce que nous mettons sous les armes, sans la garde mobile.

Les plans d'invasion en France ont fait l'objet des études de l'état-major prussien depuis 1815. Moltke poursuit et précise ces travaux de 1857 à 1870, développant ses combinaisons à mesure que s'accroissent les forces dont il dispose.

Il a l'intention de concentrer trois armées sur la rive gauche du Rhin, d'où elles pourront prendre l'offensive dans toutes les directions, même si nous violons la neutralité belge. Elles protègeront efficacement le sud de l'Allemagne, car notre attaque leur prêterait nécessairement le flanc. En dehors de ces trois armées, il restera trois corps d'armée disponibles, environ 100.000 hommes.

Le vingt et unième jour de la mobilisation, elles prendront l'offensive en formant deux masses, l'une principale, les Ire et IIe armées, sur la Sarre, l'autre, secondaire, la IIIe en Alsace. La dernière est destinée à renforcer ultérieurement les Ire et IIe armées. Au cas d'une attaque française, la IIe armée accepterait la bataille sur la frontière ou en avant du Rhin, les Ire et IIIe agissant aux ailes. Le premier objectif des Allemands sera le gros de nos forces; puis ils marcheront sur Paris, en cherchant constamment à nous déborder par le sud, de façon à nous refouler vers la frontière belge.

En résumé, au milieu de juillet 1870, l'Allemagne est unie par la haine et la crainte de la France, par la passion de l'unité et de la grandeur nationales. Elle va jeter contre nous des forces supérieures en nombre, comme en valeur technique, mieux conduites, et dont la préparation dépasse de beaucoup celle de l'armée française. L'impitoyable logique des faits nous condamne à un écrasement que nul ne soupçonne devoir être aussi complet.

DESTRUCTION DES ARMÉES IMPÉRIALES

I

WISSEMBOURG

(4 août 1870)

La concentration allemande ne s'opère pas sans de sérieux mécomptes. Moltke n'a pas prévu la rapidité avec laquelle nous jetons des troupes sur la frontière, sans avoir, il est vrai, achevé leur mobilisation. Il a insuffisamment assuré la couverture. Il est donc obligé de changer sa zone de concentration au moment où les transports vont commencer, au prix d'inconvénients sérieux (23 juillet).

De notre côté, les véritables préparatifs ont commencé le 15 juillet, en avance d'un jour sur ceux de la Prusse. Le 16, à 6 heures du soir, les premiers éléments du 2e corps sont dirigés du camp de Châlons sur Sarreguemines, Forbach et Saint-Avold. Mais des retards, des difficultés sans nombre surviennent. Les troupes manquent de tout, ce qui conduit Bazaine, leur chef provisoire, à prescrire le 20 juillet de garder la défensive, l'Empereur ne voulant pas commencer la campagne avant que l'armée soit complètement constituée. Peu à peu nous glissons à l'idée d'établir un cordon défensif le long de la frontière, pour couvrir et surtout rassurer les populations, déjà effrayées par l'apparition de quelques patrouilles ennemies. On recommande constamment la prudence à nos reconnaissances et à la cavalerie, tout en se rendant compte de la nécessité de brusquer l'offensive. Le 26, le major général la fait prévoir pour le 30 ou le 31 juillet. Ce qui l'arrête est uniquement notre défaut de préparation et les lenteurs qu'il entraîne. L'arrivée de l'Empereur à Metz, le 27, ne change rien à cette situation. Nous sommes entrés dans une période d'incertitude, d'hésitations, de tâtonnements qui ne finira qu'avec l'Empire. Le 29, Le Bœuf télégraphie au maréchal de Mac-Mahon : « L'Empereur n'a pas l'intention de vous faire mouvoir avant huit jours..... » Napoléon III s'imagine avoir ce temps devant lui, bien loin de croire la concentration des Allemands aussi avancée qu'en réalité. Il n'a sur eux que des renseignements vagues, mais indiquant qu'ils sont en force dans notre voisinage. Ses intentions se modifient peu à peu. Au lieu de prendre hardiment l'offensive rêvée, il cherche des atermoiements et finira par subir en plastron les coups de l'adversaire.

Le 31, il décide d'enlever Sarrebruck en y faisant concourir trois de nos corps d'armée, les 3e, 2e, 5e. Nous opérerons au préalable un timide essai de concentration portant sur dix divisions d'infanterie qui, le soir du 1er août, seront disposées de Bouzonville à Forbach. L'attaque n'aura lieu que le 2, mettant en mouvement sept de ces divisions contre un bataillon et trois escadrons prussiens, le tout pour une simple reconnaissance.

Ces préparatifs donnent l'éveil à Moltke, qui prévoit une offensive prochaine contre les Ire et IIe armées. Il décide qu'elles l'attendront dans une position défensive, tandis que la IIIe attaquera sur la Lauter, de façon à venir menacer nos derrières sur la Sarre (30 juillet). Mais la concentration de cette armée est inachevée et ses opérations ne pourront commencer que le 4 août. Il nous reste encore trois jours pour rallier les troupes éparses de Bitche à Belfort; nous n'en saurons pas profiter.

De notre côté, on espère entamer les opérations sérieuses du 4 au 5 août. Mais il faudra bientôt reculer cette date devant les nouvelles difficultés qui surviennent chaque jour.

Déjà l'état moral de l'armée est atteint; les doutes du commandement gagnent les troupes. Le Bœuf commence à craindre (1er août) que nous n'ayons pas l'honneur et les avantages de l'offensive.

L'attaque de Sarrebruck est préparée avec un luxe excessif de prescriptions, dont l'ensemble donne l'impression d'une extrême timidité, que la journée du 2 août ne dément pas. L'Empereur a voulu assister au combat, croyant que trois corps d'armée seraient engagés. Sa déception est grande; elle est encore accrue par l'absence de Bazaine, qui aurait dû diriger l'opération et met en avant un prétexte pour justifier son abstention. Le petit détachement prussien se défend habilement, avec peu de pertes. Quant aux démonstrations des corps d'armée voisins du 2e, elles ne sont d'aucun effet. Le résultat final est négatif.

La situation est donc sérieuse dès les premiers jours d'août. Notre défaut de préparation est visible pour les moins prévenus, entraînant constamment des réclamations, des difficultés de toute nature. Ordres et contre-ordres s'enchevêtrent. Corps d'armée, divisions avancent, reculent, oscillent au gré du moment. Chaque avis est admis et c'est d'ordinaire le dernier qui prévaut. La direction suprême est flottante, indécise, comme la pensée du César vieilli, aux prises avec une maladie grave, qui voit depuis des années pâlir peu à peu son étoile.

Les troupes sont parties pleines d'ardeur, débordant d'un enthousiasme bruyant, mais sincère, auquel ajoutent les démonstrations et la générosité des populations frontières. Les hésitations du commandement produisent vite leur effet ordinaire. Il en résulte un certain malaise, de nombreux signes d'une indiscipline dont les échelons supérieurs ne sont pas exempts. Équipement, subsistances, munitions, armes, cartes topographiques, tout manque ou du moins n'est pas réparti selon les exigences du moment. Le 24 juillet, Metz, qui alimente quatre corps d'armée, n'a ni biscuit, ni avoine. Le service de santé est dénué du strict indispensable. Le 27, personnel et matériel d'une ambulance divisionnaire tiennent dans un fiacre. Comment la confiance de tous ne serait-elle pas ébranlée?

Les déceptions constantes qu'il éprouve n'agissent pas moins sur l'Empereur, dont l'incertitude est extrême.

Pour faire quelque chose, il projette une nouvelle reconnaissance offensive, cette fois vers Sarrelouis. Elle doit être effectuée le 4, mais on y renonce avant même d'avoir ébauché l'exécution.

La division Abel Douay du 1er corps a reçu le 2, de Mac-Mahon, l'ordre de se porter de Haguenau sur Wissembourg, malgré la présence signalée de masses considérables vers Landau. Sans indication précise sur son rôle, elle est répartie de Wissembourg au col de Pfaffenschlick. Quant à la division Ducrot, elle est vers Lembach, mal reliée à la précédente et isolée du reste du 1er corps, réparti entre Reichshoffen, Haguenau et Strasbourg.

Le matin du 4 août, les onze bataillons, les trois batteries et la faible brigade de cavalerie du général Douay sont, sans le savoir, à proximité immédiate de la IIIe armée concentrée au nord de la Lauter. Ils s'affaiblissent encore de trois bataillons détachés à Climbach.

Pour les Allemands, les renseignements recueillis semblent indiquer que nos troupes d'Alsace se sont déplacées vers la Sarre. Comme Moltke, le prince royal de Prusse croit urgent d'acquérir une certitude à cet égard. Le soir du 3, il ordonne à la IIIe armée de se porter sur la Lauter, en jetant des avant-gardes au sud. On nous refoulera partout où il se pourra.

Les idées de Mac-Mahon ne sont pas encore arrêtées sur le rôle que doit jouer Douay. D'autre part, les instructions données à ce dernier par Ducrot semblent indiquer qu'il est d'une haute importance de conserver Wissembourg. Cette division va donc être entraînée à accepter un combat tout à fait inégal dans cette ville et sur les hauteurs du Geissberg, à l'ouest.

Une reconnaissance, envoyée au nord de la Lauter, vient de rentrer sans renseignement positif, quand le premier coup de canon est tiré par les Bavarois. La surprise est complète. Malgré tout, nos troupes prennent rapidement position et se défendent avec une grande énergie. Mais elles sont attaquées par trois corps d'armée, IIe bavarois, V^e et XIe prussiens. Douay est mortellement blessé; les débris de sa division se retirent vers Lembach. Un bataillon du 74e, cerné dans Wissembourg, y est pris.

Le 78e, qui était entre le Pigeonnier et le col de Pfaffenschlick, n'est pas intervenu dans le combat, malgré sa proximité. Le 96e, qui était à Climbach, a imité cette inaction. Quant au maréchal et à Ducrot, avertis tardivement, ils arrivent au Pigeonnier quand la division Douay est déjà en pleine retraite. Mac-Mahon se rend compte de la force de nos adversaires et prescrit au 1er corps de se concentrer sur la position de Frœschwiller, qui commande les routes de Bitche et de Saverne. Il va y être renforcé des cuirassiers du général de Bonnemains et de la division Conseil-Dumesnil, du 7e corps.

L'importance du combat de Wissembourg est toute morale. Malgré des côtés brillants, cette affaire d'avant-postes soulève un douloureux émoi dans toute la France. Notre ordinaire nervosité nous porte à en exagérer les conséquences. D'ailleurs nous ne sommes pas en situation d'opérer un retour offensif. Le soir du 4 août, le 1er corps est épars de Seltz à Lembach et du Pigeonnier à Haguenau, sur un front de 30 kilomètres et une profondeur à peu près égale. Le 7e, beaucoup moins concentré encore, s'étend de Colmar à Belfort par Mulhouse, près de 80 kilomètres. Nos trois divisions de cavalerie sont disséminées dans les bivouacs du 1er corps, au lieu de les couvrir.

Au contraire, l'ennemi, concentré, débouche en masse au sud de la Lauter, le IIe corps bavarois, les Ve et XIe prussiens vers Wissembourg; le corps Werder (Badois-Wurtembergeois) vers Lauterbourg. Le Ier corps bavarois est en seconde ligne au nord; le VIe corps prussien commence de débarquer à Landau.

Pour l'état-major de l'armée du Rhin, le 4 août est un

jour de crise. Les renseignements inquiétants affluent de tous côtés. De 80.000 à 150.000 hommes se rassembleraient le long de la Forêt-Noire, menaçant de passer le Rhin. Une forte concentration, signalée vers Sarrelouis, fait craindre une offensive ennemie par cette place. Pour parer à cette double attaque, l'Empereur se décide à constituer deux masses distinctes, l'une en Lorraine, l'autre en Alsace. Il a déjà le 4e corps vers Boulay, le 3e vers Saint-Avold, le 2e au sud de Sarrebruck, le 5e à Sarreguemines et à Bitche. Il porte le 6e corps du camp de Châlons à Metz et la Garde de Metz vers Saint-Avold. Il hâte la concentration du 7e corps en Alsace.

Les premiers bruits d'un échec à Wissembourg accroissent son indécision. Il arrête un mouvement commencé vers notre gauche, suspend celui du 6e corps, renvoie la Garde à Metz et donne l'ordre de concentrer le 5e corps à Bitche, moins une brigade qui occupera provisoirement Sarreguemines. A la réception du télégramme de Mac-Mahon, l'émotion est très vive. Un moment on songe à faire acte d'audace, après tant de timidité. On voudrait jeter deux ou trois corps d'armée sur Homburg par Sarreguemines. Des difficultés qu'on exagère y font renoncer presque aussitôt. Le soir même du 4, l'Empereur décide que la Garde ne retournera pas à Metz, mais s'arrêtera sur la Nied, à l'est de la Moselle. Le 3e corps se répartira entre Saint-Avold et Sarreguemines, au sud du 2e.

Dans les dispositions prises, il est impossible de démêler une idée d'ensemble. L'armée de Lorraine ne se retire pas immédiatement sur la Moselle, comme on y a songé, mais reste constituée en deux groupes à plus de 20 kilomètres de distance, de Saint-Avold à Brettnach. Le 2e corps, à droite, est à 15 kilomètres au moins du 3e, égrené de Sarreguemines à Saint-Avold, sur près de 30 kilomètres. Le 4e s'étend de Brettnach à Sierck, 25 kilomètres environ. Entre ces deux groupes, la Garde, à 18 kilomètres en arrière, ne peut établir la liaison. Ce dispositif n'est fait ni pour l'offensive ni pour la défensive. En outre, toute l'armée ressent les incertitudes du commandement. Plus encore que les jours précédents, ordres et contre-ordres se suivent et s'entrecroisent; les corps d'armée s'usent dans des marches sans utilité.

Les Allemands croient à un mouvement au sud-est, que celui vers Thionville servirait à dissimuler. La Ire armée marche donc à l'est, venant, le VIIe corps au sud d'Ottweiler et de Tholey, le VIIIe de Lebach à Neunkirchen, la 3e division de cavalerie vers Saint-Wendel. Quant à la IIe armée, couverte par les 5e et 6e divisions de cavalerie entre Völklingen et Pirmasens, elle est, le IVe corps à Homburg, le IIIe à Neunkirchen. La Garde, les IXe, X^e et XIIe corps suivent en deuxième ligne, de Frankenstein à Lauterecken. La profondeur est de 60 kilomètres, non compris les trains, et le déploiement ne pourra se faire avant le 8 août. Au cas où nous prendrions l'offensive dès le 5 avec le gros de l'armée de Lorraine, 140.000 hommes environ, Frédéric-Charles ne disposerait que de 120.000 hommes et les risques seraient sérieux. Mais les renseignements recueillis rendant ce mouvement de jour en jour plus improbable, le Prince a toute liberté de porter la IIe armée sur la Sarre. Il attendra que le Prince royal puisse effectuer une attaque dans notre flanc droit, tandis que les Ire et IIe armées nous aborderaient de front, selon les intentions de Moltke, qui fixe au 9 août cette bataille décisive.

Mais ses combinaisons vont être déjouées par le commandant de la Ire armée, Steinmetz. C'est un offensif à outrance, de l'école du vieux Blücher, le maréchal *Vorwärts* (*En avant!*). Il imagine que son rôle d'attente tient au désir de lui enlever les lauriers qu'il compte cueillir et proteste vivement auprès de Moltke, puis du Roi.

Le 5 août, tous les renseignements nous montrent que la crise approche. Napoléon III a le sentiment que la concentration immédiate s'impose en Lorraine comme en Alsace, mais il s'en tient, une fois de plus, à des velléités. Au lieu de concentrer quatre corps d'armée autour de Boulay, comme il en marquait l'intention le 4, il les laisse dans une dangereuse dispersion. Le soir du 5 août, les 2e, 3e, 4e corps sont répartis de Sarreguemines à Kirschnaumen par Saint-Avold, sur 55 kilomètres en ligne droite, la Garde derrière leur gauche. Même le 3e, le plus proche du 2e, est encore disséminé de Saint-Avold à Sarreguemines.

L'Empereur prescrit un nouveau mouvement du 6e corps, cette fois du camp de Châlons sur Nancy; le matin du 6, Frossard reportera son quartier général à Forbach, prêt à gagner Saint-Avold, plus à l'ouest. Se rendant enfin compte de la lourdeur d'une armée de huit corps, Napoléon III la partage en deux masses : les 1er, 5e et 7e corps aux ordres de Mac-Mahon; les 2e, 3e, 4e sous ceux de Bazaine. Mais la Garde, le 6e corps, une partie des réserves générales restent en dehors de ces groupements. De plus l'autorité des deux maréchaux est limitée aux opérations militaires. Dans ces conditions, Bazaine n'exerce aucun commandement effectif sur les 2e et 4e corps. Mac-Mahon fait à peu près de même pour les 5e et 7e. D'ailleurs Napoléon III continue d'envoyer des ordres directs aux corps d'armée. Il reconnaît les avantages d'une organisation moins lourde, mais craint peut-être de grandir les maréchaux à ses dépens. C'est ainsi qu'il se rallie à un système bâtard qui leur laisse un minimum d'initiative, c'est-à-dire de responsabilité.

Le soir du 5, comprenant le danger de sa situation, Frossard change d'emplacements sans retard, au lieu d'attendre le matin du 6. Ce mouvement rétrograde, exécuté à une heure tardive, par un violent orage, contribue à entamer le moral de ses troupes. Sur plusieurs points, elles prennent les armes et restent ainsi, toute la nuit, dans l'attente d'une attaque.

Du côté des Allemands, les données recueillies jusqu'à l'après-midi du 5 montrent notre armée de Lorraine opérant un déplacement général vers l'est. Pour les contrôler, Moltke invite Frédéric-Charles à jeter une masse de cavalerie vers la ligne de Sarreguemines à Bitche. Quant à Steinmetz, il conservera ses emplacements les 5 et 6 août. Le 7, il se portera sur Sarrelouis et Völklingen, de façon à passer la Sarre le 9 et à attaquer notre flanc gauche, tandis que Frédéric-Charles nous abordera de front. Le général reçoit mal ces instructions qui brident son désir forcené d'offensive. Il se décide même à les tourner en invoquant de prétendues nécessités. Le 6 août, la Ire armée opérera au sud-est un mouvement qui la rapprochera de la Sarre, en gênant la marche de la IIe. Pour enfreindre ainsi l'ordre du Roi, Steinmetz obéit à la crainte de voir Frédéric-Charles attaquer avant lui; de plus, il nous croit déjà en retraite.

Quant à la IIe armée, elle doit continuer le 6 vers la Sarre, et cette circonstance rend inévitable son enchevêtrement avec les troupes de Steinmetz.

En Alsace la concentration du 1er corps s'effectue le 5 août (1). Mac-Mahon n'a donné aucun ordre général d'opération après le combat de Wissembourg, en sorte que les troupes ne connaissent ni ses intentions, ni ce qu'il sait de l'ennemi. Leur répartition sur la position de Frœschwiller ne résulte pas d'un plan arrêté, mais des circonstances locales. Elles couvrent un front de six kilomètres parallèle à la Sauer, trois divisions en première ligne, deux en réserve derrière le centre, avec deux divisions de cavalerie et une réserve d'artillerie. Les ailes n'ont aucun appui naturel et il n'est pas fait de travaux de défense.

Dans la journée, le commandant du 5e corps, général de Failly, a porté la division Goze, son artillerie de réserve et une brigade de la division L'Abadie vers Bitche, la brigade Lapasset restant seule à Sarreguemines. Malgré les dépêches pressantes de Mac-Mahon et un ordre de Le Bœuf, ces troupes demeurent échelonnées de Rohrbach à

____

(1) La division Ducrot entre Frœschwiller et Nechwiller, la division Pellé (ancienne division Douay) au sud-ouest de Frœschwiller avec la brigade de cavalerie Septeuil; la division Raoult entre Frœschwiller et Wœrth et la division Lartigue au nord de Gunstett, pour se porter finalement entre Elsasshausen et Morsbronn; la réserve d'artillerie à l'est de Reichshoffen, la division de cavalerie Duhesme au nord-ouest d'Eberbach, derrière Lartigue, la division Bonnemains à Reichshoffen. La division Conseil-Dumesnil, du 7e corps, atteint Elsasshausen et Reichshoffen sans son artillerie, qui la rejoindra après la bataille.

Bitche. Par suite des distances, une partie serait incapable d'intervenir le 6 en soutien du 1er corps.

De son côté, Mac-Mahon se propose de tenir à Frœschwiller, se croyant même en mesure de reprendre l'offensive avec avantage, s'il était rallié par un des corps de la Moselle. Dans la situation présente, étant donnée notre grande infériorité numérique, la seule solution serait de préparer une retraite pied à pied vers Saverne, en faisant usage des petits affluents du Rhin comme lignes successives de défense. Les renforts attendus pourraient ainsi rallier le 1er corps et lui permettre un retour offensif.

Malgré les efforts de Ducrot, le maréchal persiste à tenir derrière la Sauer. Il ne croit pas une bataille imminente, comme l'indique un ordre pour le 6, qui prévoit seulement des dispositions de détail. De fausses indications envoyées par Le Bœuf lui font penser que le 5e corps tout entier est à Bitche. Il invite son chef, général de Failly, à le rejoindre aussitôt que possible et cet ordre est confirmé par le major général. Pourtant, de Failly ne juge pas à propos d'abandonner les points sur lesquels il a égrené ses troupes. Sarreguemines, Rohrbach, Freudenberg, les abords nord de Bitche ne seront évacués qu'après l'arrivée d'autres fractions des 3e et 5e corps. La division Lespart partira pour Reichshoffen dès qu'elle aura été relevée autour de Bitche par celle du général Goze. Celle-ci attendra la division L'Abadie qui devra la relever à son tour. Qu'elle résulte de l'impéritie ou de la mauvaise volonté du commandant du 5e corps, sa lenteur aura les conséquences les plus graves. Au lieu d'être renforcé, en temps opportun, d'une grande partie de ce corps d'armée, le maréchal le sera, et trop tard, par une seule division.

Quant au 7e corps, auquel manquent encore divers éléments, dont une division entière d'infanterie, après avoir envoyé à Mac-Mahon celle de Conseil-Dumesnil, le général Félix Douay fait osciller le reste durant plusieurs jours de Colmar à Belfort, le tout sans raison sérieuse. Finalement, il le concentre à Mulhouse (6 août).

Du côté de nos adversaires, faute d'un emploi judicieux de sa cavalerie, la IIIe armée a perdu le contact le soir du 4 août. Le Prince royal décide de s'éclairer tout d'abord par une grande reconnaissance; l'armée entière, faisant serrer sa gauche encore en arrière, continuera vers Strasbourg, de façon à se concentrer face au sud ou à l'ouest, selon les circonstances. La 4e division de cavalerie reconnaîtra la plaine du Rhin et la direction de Reichshoffen. Vers les Vosges, le IIe corps bavarois couvrira le flanc droit jusqu'à Lembach. Le Ve corps ira à Preuschdorf, prêt à faire l'avant-garde sur Wœrth, en cas de changement de direction à l'ouest. Le XIe corps et le corps Werder (1) iront au sud, à Soultz et Aschbach; le Ier corps bavarois, à Ingolsheim, sera en deuxième ligne.

Dans la journée du 5, la 4e division ne peut dépasser Haguenau, que nous occupons; mais, vers l'ouest, elle constate la présence de troupes nombreuses le long de la Sauer. Le Prince royal en déduit que le gros de nos forces est derrière ce ruisseau; par suite, il décide de concentrer l'armée sur sa droite le 6 août, de manière à préparer pour le 7 une attaque générale. Pas plus que Mac-Mahon, il ne veut livrer bataille le lendemain.

Le IIe corps bavarois et le Ve prussien garderont leurs emplacements du 5; le XIe corps devra venir à la gauche du Ve, prêt à combattre vers l'ouest ou le sud. A gauche, le corps Werder fera face à cette dernière direction; le Ier corps bavarois sera en réserve derrière le Ve corps, prêt à s'intercaler dans le large intervalle entre ce dernier et le IIe bavarois. La 4e division de cavalerie restera face à l'ouest, sur les derrières de l'armée, disposition au moins singulière et dont on verra les conséquences.

----

(1) Badois-Wurtembergeois.

II

FROESCHWILLER

(6 août 1870)

De la part du Prince royal, l'ajournement de la bataille au 7 août ne paraît pas justifié. Notre concentration n'est pas terminée, comme l'indiquent les mouvements observés par la cavalerie. Il y aurait tout intérêt à en devancer l'achèvement. De plus, le Prince ne fait pas connaître ses intentions au Ve corps et au IIe corps bavarois, qui sont au contact et pourront être aisément entraînés à s'engager sans retard.

Quant au maréchal, il est persuadé que l'ennemi n'attaquera pas le 6 août. Des renseignements inexacts, fournis par de Failly, lui font admettre que le 5e corps a encore deux divisions vers Sarreguemines. Sa coopération lui paraît être devenue moins indispensable, comme l'indique une lettre qu'il adresse au général dans la matinée du 6, l'invitant à porter le plus tôt possible une division entre Bitche et Reichshoffen, les deux autres étant prêtes à marcher. C'est qu'il ignore si les Allemands attaqueront par la plaine du Rhin ou par la crête des Vosges. Quoique cette dernière combinaison soit fort invraisemblable, il entend se prémunir contre une double éventualité. D'ailleurs, il se croit sûr, dans sa forte position, d'arrêter un ennemi très supérieur en nombre.

Pourtant, il a un instant d'hésitation. Les généraux Ducrot et Raoult, joints à un député du pays, insistent de la façon la plus pressante pour une retraite sur Lemberg. Après une longue discussion, Mac-Mahon cède et donne des ordres qui reçoivent un commencement d'exécution. Mais le canon retentit et cette décision est aussitôt ajournée.

Malgré une fusillade intermittente qui avait duré toute

la nuit, nos troupes étaient au repos dans leurs bivouacs. Vers 4 heures du matin, le commandant des avant-postes du Ve corps, général von Monbary, croit remarquer dans nos lignes des préparatifs de départ. Il ordonne une reconnaissance offensive sur Wœrth. C'est sortir de ses attributions, car, dans la situation présente, le moindre incident peut entraîner une action générale, contre les intentions manifestées par le commandement. Son excuse est qu'il entretient ainsi dans ses troupes le sentiment de l'offensive, d'où dépendent, pour une grande part, la supériorité morale et la victoire.

Quoi qu'il en soit, un combat s'engage aux abords de Wœrth. Monbary constate aisément la présence de fortes masses et rompt le combat. A peu près au même instant, un autre engagement a lieu vers le sud, à Gunstett, cette fois sur l'initiative du général de Lartigue, aussi peu justifiée que celle de Monbary. Mais le canon a donné l'alarme à nos bivouacs. Les troupes prennent leurs positions de combat : Ducrot à gauche, sa droite à Frœschwiller; Raoult en échelon avancé à droite de Ducrot; Conseil-Dumesnil à la droite de Raoult, bien que sans artillerie et affaibli de deux bataillons. Lartigue tient l'extrême droite, entre le Nieder-Wald et Morsbronn. Enfin la division Pellé, qui a beaucoup souffert à Wissembourg, est en réserve au sud-ouest de Frœschwiller, ainsi que la réserve générale d'artillerie. La division de cavalerie Duhesme est entre Pellé et Lartigue; les cuirassiers de Bonnemains, en arrière de la ligne Frœschwiller—Elsasshausen.

L'armée est donc répartie suivant un dispositif à peu près linéaire, presque partout exposé aux projectiles. Sa cavalerie n'est pas à la droite, où elle trouverait à s'employer utilement. Le maréchal, qui croit à une simple reconnaissance ennemie, n'a donné aucun ordre d'ensemble. Mais le bruit du combat provoque l'intervention du IIe corps bavarois. La veille, le Prince Royal lui prescrivait de tenir une division prête à combattre vers Langensoultzbach, si le canon retentissait au sud, le reste demeurant face à Bitche.

Le général von Hartmann est donc conduit à prendre l'offensive contre la division Ducrot.

Cette attaque ne réussit pas. D'ailleurs un officier apporte l'ordre de cesser le combat et il en résulte une accalmie assez longue. Puis le commandant du Ve corps fait savoir qu'il a décidé d'attaquer les hauteurs à l'ouest de Wœrth et qu'il compte sur la coopération des Bavarois. Elle lui est d'abord refusée. Peu après, le canon retentit plus violemment que jamais. Cette fois Hartmann se reporte en avant.

En effet, après avoir cessé le feu à Wœrth, le Ve corps a entendu la canonnade au nord vers Langensoultzbach et au sud vers Gunstett. Son chef d'état-major juge à propos de reprendre l'offensive pour nous empêcher de porter l'ensemble de nos forces contre l'une des ailes allemandes. Cette décision est contraire aux ordres antérieurs de Kirchbach et du Prince royal, mais le colonel von der Esch est persuadé que des circonstances nouvelles réclament de nouvelles dispositions, dont il prend la responsabilité. Preuve d'initiative hardie autant que justifiée, contrastant avec notre inertie. Elle tient à l'unité de doctrine qui existe dans les rangs ennemis et nous fait entièrement défaut.

Le combat acquiert rapidement une grande vivacité au Ve corps. Toute son artillerie est en jeu et révèle une irrésistible supériorité. Wœrth est occupé sans difficulté par les Prussiens, qui échouent ensuite dans plusieurs tentatives pour déboucher à l'ouest de la Sauer. Nous ne parvenons pas davantage à reprendre Wœrth, malgré d'énergiques contre-attaques. Longtemps la situation reste stationnaire.

Sur les entrefaites, la 41e brigade, avant-garde du XIe corps, s'est engagée vers Gunstett contre la division Lartigue, et son artillerie lui a donné rapidement l'avantage. Mais l'infanterie prend inutilement l'offensive vers Spachbach et Gunstett. Elle est rejetée à l'est de la Sauer.

Entre 11 heures et midi, il se produit un arrêt général. L'offensive prise par les Allemands sur quatre points différents a partout échoué, faute de direction supérieure, de préparation et d'effectifs suffisants. Nous ne cherchons pas à tirer parti de ce quadruple échec. Visiblement, la défensive pure est l'idéal que nous caressons; notre ambition se limite à garder les positions occupées. Nous laissons fuir ainsi l'heure où il serait possible de refouler sur le gros de la IIIe armée les avant-gardes risquées à notre attaque.

Avant de reprendre l'offensive, Kirchbach a prévenu les deux corps voisins de ses intentions. On a vu la réponse d'Hartmann. Quant au commandant du XIe corps, von Bose, il répond que son avant-garde a dû repasser la Sauer après un violent combat. Les porteurs de ces réponses surviennent au moment où la brigade Monbary se maintient avec peine, bien que renforcée de trois nouvelles batteries. D'autre part, le Prince royal vient d'envoyer l'ordre de ne pas accepter le combat et d'éviter tout ce qui pourrait en amener la reprise. Mais Kirchbach estime qu'une retraite du Ve corps, coïncidant avec celle de ses voisins, serait pour nous un sérieux succès. Différer l'offensive en accroîtrait les difficultés. Il est vrai que l'on s'assurerait la coopération du reste de la IIIe armée. L'effet moral sur les deux adversaires n'en serait pas moins considérable, surtout au début d'une campagne. Kirchbach fait connaître sa décision à ces deux corps, en réclamant leur coopération, et prie le Prince royal de donner des ordres en conséquence. Il est écouté.

Au XIe corps, après l'échec de la 41e brigade, la 42e se porte en avant pour la soutenir; puis la 22e division et l'artillerie de corps. Cette division doit agir contre notre flanc droit, disposition qui sera la cause déterminante du succès des Allemands, le maréchal ayant ses réserves au centre et non derrière l'aile menacée. Vers midi, 72 pièces sont au nord de Gunstett, tirant sur le bois du Nieder-Wald ou ses abords et préparant la voie à l'infanterie. Bientôt celle-ci prononce une double attaque de front vers Spachbach et Gunstett, engageant un violent combat pour la possession du Nieder-Wald. Le mouvement débordant de la 22e division sur Morsbronn ne tarde pas à rendre difficile la situation de Lartigue. Il prévient le maréchal que toutes ses réserves sont engagées et qu'il ne peut arrêter l'ennemi. Mac-Mahon se borne à répondre qu'une division du 5e corps marche vers le champ de bataille; l'espoir d'être soutenu encourage Lartigue à tenir encore.

Mais nous avons dû évacuer Morsbronn, où l'ennemi prend pied, menaçant notre droite de front et à revers. Les cartouches commencent à manquer et nos rangs s'éclaircissent rapidement. Pour permettre à l'infanterie de se dégager et de traverser le ruisseau de l'Eberbach, Lartigue demande au général Duhesme un régiment de cuirassiers : la brigade Michel s'ébranle tout entière vers Morsbronn. Le terrain est coupé de fossés profonds, de rangées d'arbres, de houblonnières qui le rendent très défavorable. En outre, l'infanterie et l'artillerie prussiennes couvrent de feux le régiment de tête, 8e cuirassiers, lui infligeant dès son apparition des pertes considérables. Une partie contourne Morsbronn, mais pour tomber aussitôt sous les balles de compagnies ennemies. D'autres cuirassiers pénètrent dans le village, par une rue longue et étroite, où ils sont fusillés à bout portant, puis arrêtés par une barricade qui les oblige à faire demi-tour sous les projectiles.

Le 9e cuirassiers charge à son tour, ainsi que deux escadrons du 6e lanciers qui suivent de leur propre initiative. Les cuirassiers tourbillonnent dans Morsbronn à la recherche d'une issue. Quelques-uns ont traversé ou contourné le village et remontent le long de l'Eberbach, quand ils sont chargés par trois escadrons de hussards qui les dispersent. Les lanciers ne sont pas plus heureux.

Cet héroïque sacrifice nous coûte de très grosses pertes, mais du moins il permet à la droite de Lartigue de gagner Eberbach et le Nieder-Wald. Le même résultat eût pu être obtenu à moins de frais, par un meilleur emploi de la cavalerie et du terrain. Après la charge, l'infanterie opère un retour offensif et refoule un instant l'ennemi. L'intervention de l'artillerie prussienne et de bataillons frais décide la retraite. Il n'y a plus aucune réserve à la droite. Tous les efforts tentés au centre seront paralysés par la menace qui pèse sur cette aile et sur nos derrières. Avant 2 heures, la bataille, jusqu'alors indécise, est définitivement perdue. La retraite, qui était relativement facile, devient impossible sans les plus lourds sacrifices.

Le Prince royal, arrivé sur le champ de bataille entre midi et 1 heure seulement, se rend compte de l'impossibilité de rompre le combat et décide de le pousser à fond. Après quelques tâtonnements, il prescrit au IIe corps bavarois d'attaquer notre gauche en marchant sur Reichshoffen; le Ier corps bavarois, laissant une division en réserve, se portera entre le précédent et le Ve corps prussien. Le XIe poussera énergiquement sur Frœschwiller par Elsasshausen et le Nieder-Wald; les Wurtembergeois suivront; les Badois iront à Surbourg, face au sud. Quant au Ve corps, il devra tenir ferme pendant ce double mouvement enveloppant, que seule la grande supériorité numérique de l'ennemi rend possible.

Ce programme est rempli. Le Ve corps s'engage tout entier pour résister aux retours offensifs de notre centre. Ses propres attaques sont refoulées, non sans qu'il gagne peu à peu du terrain. Le IIe corps bavarois met une certaine lenteur à reprendre son attaque, qui échoue encore devant la division Ducrot. L'intervention du Ier corps bavarois change la situation. Après un premier échec dans un combat de front, l'ennemi opère vers 3^h 15 un mouvement débordant contre notre gauche, comme le XIe corps contre notre droite.

Lartigue vient de perdre le Nieder-Wald, malgré l'héroïque résistance du 3e zouaves, qui a plus de 1.600 hommes hors de combat sur 2.100 environ. Il essaie de tenir encore à l'ouest de l'Eberbach, sans y parvenir. Désormais les attaques des Ve et XIe corps sont liées, au lieu d'être séparées par le Nieder-Wald. Notre centre, pris entre les mâchoires d'une tenaille qui se resserre peu à peu, s'épuise en tentatives inutiles pour arrêter le Ve corps, en négligeant les progrès de l'ennemi sur son flanc droit. La division Conseil-Dumesnil entame une série de retours offensifs, que l'ennemi repousse, non sans s'astreindre aux derniers efforts. Quatre bataillons de Ducrot, restés en réserve, tentent inutilement d'arrêter la tête du XIe corps.

Vers 3h 30, la droite est en pleine retraite; la gauche conserve la majeure partie de ses positions; le centre est menacé par des forces très supérieures. Il n'y a plus à l'est de Frœschwiller que des débris des divisions Raoult et Ducrot; ceux des bataillons de Conseil-Dumesnil combattent aux abords d'Elsasshausen, pressés à l'est par une brigade du Ve corps, au sud par le XIe. Une grande partie de nos troupes est fortement compromise.

Le hameau ne tarde pas à être enlevé par les Prussiens qui menacent la route de Reichshoffen. Le maréchal n'a plus que de la cavalerie et sa réserve d'artillerie. Il les jette dans la fournaise. La brigade de cuirassiers Girard reçoit la première l'ordre d'attaque. Le terrain est très défavorable; des fossés, des carrières, des vignes, des houblonnières, des haies, des clôtures et des bouquets de bois le rendent à peu près impraticable. Formé en colonne par escadron, le 1er cuirassiers esquisse deux charges successives au nord d'Elsasshausen, vers Wœrth, sans se laisser arrêter par le feu de l'ennemi, mais aussi sans lui faire le moindre mal. Le 4e cuirassiers, dans la même formation, charge au sud du hameau, avec aussi peu de résultats.

A son tour, la brigade Brauer attaque en colonne par demi-régiment, le 1er cuirassiers en tête, suivi de deux escadrons du 3e. Les deux derniers vont charger quand le maréchal prescrit la retraite. Le 2e lanciers et la brigade Septeuil se replient également.

Si ces charges témoignent hautement de la bravoure de nos cavaliers, elles ne sont pas du ressort de la tactique. Elles constituent un acte de désespoir plutôt qu'une action raisonnée. La division Bonnemains a subi des pertes considérables, moindres toutefois que celles de la brigade Michel. Pour le 4e cuirassiers, elles dépassent le tiers de l'effectif.

Les huit batteries de la réserve d'artillerie viennent successivement se déployer sur la crête entre Elsasshausen et Frœschwiller. Malgré leur élan, elles n'arrêtent qu'un instant les tirailleurs prussiens et se retirent en perdant des pièces, avec quantité d'hommes et de chevaux.

La division Pellé a encore sept bataillons non engagés. Le 1er tirailleurs est porté en avant peu après la réserve d'artillerie et opère un admirable retour offensif qui lui permet de reprendre quelques-unes de nos pièces, d'envahir Elsasshausen et même de pousser jusqu'auprès du Nieder-Wald. Trois fois il se jette sur sa lisière, sans pouvoir l'atteindre. Finalement il se replie, ayant perdu près de moitié de son effectif, mais inspirant encore un respect salutaire à l'ennemi.

Celui-ci reçoit des renforts, la division wurtembergeoise qui marche par Gunstett sur Reichshoffen. En cours de route, elle est dirigée par son chef sur Elsasshausen, où la résistance paraît faire échec à l'attaque. Elle n'atteint donc pas Reichshoffen, c'est-à-dire la seule ligne de retraite de notre centre. Cette fois, l'initiative est peu justifiée.

Sur le front de Ducrot, malgré les ordres pressants du Prince royal, les Bavarois ont d'abord gardé une attitude passive après un échec vers Neehwiller. Un instant le général prend l'offensive dans la forêt de Soultzbach. Mais il est fort affaibli par l'envoi de renforts au centre et ses progrès sont bientôt arrêtés. Cinq bataillons bavarois entreprennent un nouveau mouvement débordant, dont les progrès deviennent sensibles. Le bois de Frœschwiller est enlevé et le 2e tirailleurs, à peu près cerné, perd 93 % de son effectif. Le désordre est déjà complet au centre; des bandes de fuyards gagnent les bois. De l'Eberbach au sud-est de Neehwiller, toute la ligne allemande marche sur Frœschwiller, encore occupé par de petites fractions ou des isolés de divers corps. Elle ne tarde pas à y pénétrer et s'en empare après une résistance acharnée. Mais elle est dans un tel désordre que la poursuite en sera fort ralentie.

D'ailleurs, les quatre derniers bataillons de la division Pellé reçoivent de Ducrot l'ordre de tenter un retour offensif sur Frœschwiller. Tout se borne à une démonstration. La division Ducrot opère une retraite par échelon, avec un ordre admirable en ce qui concerne le 1er zouaves. Elle retarde ainsi l'ennemi et permet aux débris du 1er corps de traverser Reichshoffen pour gagner le pied des Vosges.

La division Lespart n'est partie de Bitche que vers 8 heures. Elle met plus de huit heures à parcourir 22 kilomètres, en sorte qu'il est 4 heures quand elle atteint Niederbronn. Malgré son arrivée tardive, elle arrête la poursuite des Allemands et sauve les débris du 1er corps en prenant position aux abords de Niederbronn. Dans la soirée la brigade Fontanges se retire sur Saverne ; la brigade Abbatucci gagne Bitche, puis Phalsbourg.

Mac-Mahon a fait choix de Saverne comme objectif. Il espère tenir quelque temps sur la ligne de Strasbourg à Paris, ralentir ainsi l'ennemi, et permettre d'approvisionner Strasbourg tout en ravitaillant ses propres troupes. D'autres directions lui seraient ouvertes. Se retirer sur Bitche, au-devant du 5e corps, aurait l'inconvénient de nous placer entre les masses allemandes d'Alsace et celles signalées au nord de Sarrebruck. La retraite sur La Petite-Pierre nous permettrait de marcher sur Saint-Avold ou sur Fénétrange et Dieuze, tout en appelant à nous le 5e corps. Le mieux serait de se replier au sud-ouest, parallèlement aux Vosges, en faisant porter sur Épinal le reste du 7e corps. On concentrerait ainsi nos troupes d'Alsace, en menaçant le flanc gauche et les derrières de la IIIe armée. Ce serait gêner de la façon la plus efficace sa marche sur Paris. On disposerait de toutes les ressources du bassin de la Saône ; on opérerait dans une région montagneuse, facile à défendre. Enfin on pourrait au besoin transporter l'armée vers Paris, comme on le fera plus tard pour le 7e corps. Cette retraite latérale dérouterait les projets de l'ennemi, puisqu'elle tendrait à l'écarter de sa ligne de marche.

En réalité nos troupes d'Alsace prennent plusieurs directions : Ducrot atteint Sarrebourg par Lichtenberg, La Petite-Pierre et Phalsbourg ; le gros du 1er corps marche sur Saverne ; quelques centaines d'hommes gagnent Strasbourg par Haguenau.

La poursuite est peu active, car la seule division de cavalerie de la IIIe armée, la 4e, a été maintenue à grande distance du champ de bataille. Elle n'est mise en mouvement que dans la soirée et entame la poursuite seulement le matin du 7, laissant aux cavaliers bavarois et wurtembergeois l'honneur de nous porter les derniers coups. Mieux employée, la cavalerie allemande eût capturé tout notre matériel. Elle ne parvient même pas à établir la direction principale de la retraite et la croit dirigée vers Bitche, croyance qui est jusqu'au matin du 8 celle de l'état-major prussien.

Nous avons engagé le 6 août 48.000 combattants au plus contre des forces doubles en infanterie et en artillerie, un peu supérieures en cavalerie. Nos pertes dépassent 20.000 hommes, dont 9.000 prisonniers. L'ennemi a perdu près de 11.000 hommes. L'un des faits saillants qui le concernent est le manque de direction et de coordination. Il tient à la personnalité du Prince royal autant qu'aux circonstances dans lesquelles s'est engagée l'action. Sans ce vice du commandement, il est à supposer que Mac-Mahon aurait éprouvé une catastrophe presque aussi complète que celle de Sedan, selon l'expression du général de Woyde.

En attaquant le matin du 6, les lieutenants du Prince obéissent à une idée juste. Ils se substituent à lui et prennent une décision qu'il aurait dû prendre lui-même, s'il eût été sur place. Un retard d'un jour lui permettrait d'opérer avec toutes ses forces, dix divisions d'infanterie au lieu de sept. Mais Mac-Mahon recevrait des renforts lui aussi : la division Lespart, l'artillerie de Conseil-Dumesnil, peut-être la division Gorze et la réserve d'artillerie du 5e corps. Le gain serait plus considérable pour nous, proportion gardée. En outre, les Allemands ont intérêt à ne pas nous laisser ressaisir après l'échec de Wissembourg.

L'honneur d'avoir discerné notre point faible et provoqué le mouvement décisif appartient au commandant du XIe corps. La meilleure part de la victoire revient, non à la direction suprême, mais à l'initiative, au mordant des subordonnés, à leur camaraderie de combat.

Si les Allemands ont tout avantage à nous attaquer dès le 6 août, le devoir du maréchal est inverse; il doit refuser le combat et manœuvrer jusqu'à l'achèvement de sa concentration. Il dispose de cinq divisions d'infanterie seulement, auxquelles il pourrait en ajouter trois autres. La nécessité de couvrir la ligne ferrée de Strasbourg à Bitche et les routes des Vosges ne saurait justifier une bataille contre des forces aussi supérieures. Le soir du 5, il se sait en présence de 80.000 Allemands. Comment compenser cette infériorité?

Il fait des efforts insuffisants pour appeler à lui, en temps opportun, le 5e corps et surtout la division Lespart. Ajoutons que celle-ci, même arrivée plus tôt, n'eût sans doute pas assuré la victoire, surtout si, comme il est probable, elle avait été portée au centre de notre ligne et non à l'extrême droite. Après une journée indécise, l'arrivée de nouvelles forces allemandes nous aurait obligés le 7 à la retraite, dans des conditions moins favorables que le matin du 6. Il y aurait donc eu avantage à se replier dès la première heure sur Reichshoffen—Gundershoffen, puis à longer le pied des Vosges jusqu'à Ingwiller. Là, Mac-Mahon aurait pu rallier le 5e corps et partie du 7e; il aurait eu les cols de La Petite Pierre et de Saverne à sa portée. Il eût ainsi gagné aisément un jour ou deux, fait capital en vue de sa concentration.

Même en admettant la nécessité d'une bataille sur la position de Frœschwiller, la répartition de nos troupes est vicieuse. Leur droite est très exposée par suite de la nature du terrain, de l'absence de points d'appui, de la direction de notre ligne de retraite. Elle n'a d'autre réserve qu'une brigade de cuirassiers; au centre sont entassées les divisions Conseil-Dumesnil, Pellé, Bonnemains, la brigade Septeuil et la réserve d'artillerie. En outre, la défense est trop prolongée après la retraite de Lartigue. A ce moment un mouvement rétrograde d'ensemble pourrait être opéré sans trop de difficultés : la gauche est intacte, le centre a refoulé plusieurs attaques du Ve corps et nous disposons de fortes réserves. Mais le combat du centre, qu'il a sous les yeux, fait négliger à Mac-Mahon celui de sa gauche. Il y jette l'une après l'autre toutes ses réserves, les usant dans une série de combats de front sans probabilité de succès. Il ne fait rien pour préparer sa retraite. Durant toute l'action, sa conduite semble dictée uniquement par le fameux : « J'y suis, j'y reste », qui a tant fait pour sa gloire. On ne peut donc approuver sa ténacité au 6 août, car elle aboutissait nécessairement au suicide. Sa responsabilité est lourde dans ce premier désastre. Plus que le Prince royal et ses lieutenants, il a contribué à faire de la bataille du 6 août un échec irréparable.

Chez lui, il faut noter l'absence de toute idée de manœuvre ; il livre une bataille parallèle dans toute sa simplicité. Notre artillerie est aussi insuffisante que mal employée. La cavalerie n'affirme que sa bravoure et son dévouement, sans plus. Quant à l'infanterie, elle abuse des formations denses et se montre peu manœuvrière, malgré son entrain. Toutes les armes font preuve d'une énergie à laquelle l'ennemi rend hommage, mais qui ne suffit pas à leur donner la victoire. Au jeu sanglant de la guerre, a dit le général Bonnal, l'organisation et le commandement priment tout.

Dans la journée du 6 août, le 5e corps est réparti sur un front très étendu de Sarreguemines à l'est de Bitche. Il reste inactif, sauf la division Lespart, ne prenant aucune part aux deux batailles engagées le même jour à ses ailes. Ce fait est surtout imputable à son chef, qui ne met aucun empressement à obéir aux ordres du maréchal. Mais ce dernier a aussi sa part de responsabilité, car il aurait pu donner des ordres plus précis et surtout veiller davantage à leur exécution. Bien qu'en relation télégraphique avec Bitche jusque vers 5 heures du soir, il ne fait parvenir aucun avis, aucun ordre au 5e corps. Enfin l'Empereur n'a jamais su délimiter exactement les commandements des deux armées d'Alsace et de Lorraine. Il a paru les constituer à regret, avec des hésitations constantes.

En recevant les premières nouvelles du désastre, de Failly

réunit un conseil de guerre qui décide que le gros du 5e corps se portera rapidement sur La Petite-Pierre pour rallier le maréchal. La retraite s'opère la nuit même, avec de graves difficultés qu'il eût été facile d'éviter. Dans la matinée du 7, nos troupes atteignent La Petite-Pierre, sans laisser voir aucun signe de découragement ni d'indiscipline. Quant à la brigade Abbatucci, venue de Niederbronn, elle atteint Phalsbourg dans la soirée du 7, ayant parcouru plus de 100 kilomètres en trente-six heures, à travers les montagnes.

III

SPICHEREN

(6 août 1870)

Pendant que la petite armée d'Alsace subit une défaite complète, l'un de nos corps d'armée de Lorraine est battu au sud de la Sarre.

L'ensemble des renseignements reçus au quartier impérial le 5 août fait prévoir l'offensive prochaine des Allemands. Un instant l'Empereur songe à réunir le maréchal Bazaine, les généraux Frossard et de Ladmirault afin de régler leur coopération. Il y renonce bientôt, se bornant à prier chacun de se tenir sur ses gardes, en prévision d'une attaque qui pourrait avoir lieu le 6. Pourquoi ne pas prescrire la concentration des 2e et 3e corps sur la position bien connue de Cadenbronn, au sud de Forbach, en faisant appuyer à droite le 4e corps? Trois de nos corps d'armée sont répartis de Sarreguemines à Kirschnaumen, sur plus de 55 kilomètres. Il serait urgent de les grouper. On s'en tient à des velléités dictées par un projet mal défini d'offensive dans la Bavière rhénane.

C'est sur les entrefaites que les Allemands attaquent le 2e corps. D'après les ordres de Steinmetz, le 6 août, ses quatre divisions d'infanterie vont être déployées sur une seule ligne, trois face à Sarrebruck, la quatrième poussée jusqu'à la Sarre à Völklingen, la division de cavalerie à la droite, au nord de Sarrelouis. La Ire armée sera ainsi en avant de la droite de la IIe, sa gauche au contact de notre 2e corps.

La division Kameke se met en marche sur Sarrebruck par Lebach. En cours de route, elle reçoit de la cavalerie plusieurs rapports d'après lesquels nous avons évacué nos positions au sud de Sarrebruck, à l'abri de faibles arrière-gardes. Kameke a aussitôt la pensée de franchir la Sarre et de prendre possession des hauteurs qui la commandent, quoique l'ordre de Steinmetz indique nettement qu'on ne doit pas dépasser cette rivière. Sans attendre l'autorisation du commandant du VIIe corps, il marche sur Sarrebruck et porte son arrière-garde au sud de la Sarre. Dès qu'elle apparaît, elle est saluée par des obus venant d'un éperon très dominant, le Rother Berg. Persuadé qu'il a une arrière-garde seulement devant lui, Kameke prend aussitôt ses dispositions d'attaque.

De notre côté, l'occupation des hauteurs au sud de Sarrebruck serait justifiée, si le 2e corps couvrait les rassemblements de l'armée de Lorraine sur le front Sarreguemines—Saint-Avold, en formant avant-garde générale. Mais le 3e corps s'étend encore de Sarreguemines à Saint-Avold, le 4e de Boulay à Kirschnaumen; la Garde est fort en arrière à Courcelles-Chaussy. Rien ne ressemble moins à une concentration. L'emplacement du 2e corps s'explique donc uniquement par la nécessité de garder des approvisionnements entassés à Forbach, en prévision d'une offensive, que nous avons dû ajourner. Nouvelle preuve que tout s'enchaîne à la guerre : une faute initiale entraîne des conséquences jusqu'au dernier jour de la campagne.

Le 2e corps est ainsi réparti : à gauche la division Vergé entre les forges de Stiring et le Kaninchen Berg au nord-ouest de Forbach; la division Laveaucoupet aux abords immédiats de Spicheren; la division Bataille en réserve au sud-est de Forbach; la cavalerie entre Forbach et Spicheren ou répartie dans les divisions Vergé et Laveaucoupet; la réserve d'artillerie à Forbach. Nous faisons face à Sarrelouis plutôt qu'à Sarrebruck. Notre installation s'est terminée très tard le 5 août et quelques travaux de défense seulement ont été ébauchés. Toute la droite de nos positions reste inoccupée.

Contre notre habitude, nous ne montrons pas d'abord d'infanterie, en sorte que les Allemands ne croient pas à un combat sérieux. Kameke entend mener vivement une affaire d'arrière-garde et lance à l'attaque la brigade François. Bientôt celle-ci est fortement engagée contre les avant-postes de Laveaucoupet et de Vergé, tant au Gifert-Wald que vers Stiring. Ne gardant qu'un bataillon en réserve, le général Bataille porte le reste de ses troupes en renfort des précédentes. Ainsi nous allons engager trois divisions contre moins d'une brigade. Aucune vue d'ensemble n'a réglé notre répartition : c'est affaire des divisionnaires et du terrain.

La brigade François aborde par les deux ailes une position tenue par des forces très supérieures et cette double attaque enveloppante est des moins rationnelles. Kameke la complique encore par un troisième mouvement offensif, celui-ci de front sur le Rother Berg. Il serait plus à propos de porter tous les efforts vers Forbach, en menaçant notre ligne de retraite. Le seul avantage que présente l'attaque du Rother Berg est d'ordre moral. Quelle apparence qu'une division se lance ainsi contre des forces aussi considérables ? Ce mouvement contribue à nous persuader de la supériorité numérique de l'ennemi, en sorte que, presque partout, nous gardons une attitude passive.

Sur les entrefaites, la brigade Woyna a traversé la Sarre, longé le chemin de fer et s'est engagée contre notre flanc gauche. Mais cette attaque, fort décousue, donne de médiocres résultats. François combattait sur un très grand front, sans projet arrêté, avec une seule pensée : frapper vite et fort. Ses forces s'étant révélées insuffisantes, la brigade Woyna doit courir au plus pressé en se répartissant, elle aussi, sur un front très étendu. Leur mélange est complet, ce qui complique encore la direction.

Par contre, Frossard ne dispose plus d'aucune réserve. Ses bataillons sont au combat ou en marche pour s'y rendre. Il serait incapable de passer à l'offensive, s'il en reconnaissait enfin la nécessité. Il n'y a devant lui qu'une ligne mince, sans réserves. Un faible effort la romprait. Mais il faudrait sortir de la défense passive, cesser d'attribuer aux « belles positions » une valeur qu'elles n'ont jamais eue. Il faudrait aussi que Frossard fût présent sur le champ de bataille et il est encore à Forbach.

Entre 3 et 4 heures, les Prussiens s'emparent du Rother

Berg sans difficulté sérieuse, mais ne peuvent en déboucher au sud. Dans le Gifert-Wald, au contraire, l'intervention de bataillons frais amène la retraite de la gauche prussienne qui est chassée du bois. L'ennemi prévoit une attaque générale qui refoulera ou enfoncera sa faible ligne. Mais nous gardons la même attitude passive. Frossard laisse passer l'heure de jeter Kameke dans la Sarre.

De tous côtés, des renforts prussiens accourent vers le champ de bataille, attirés par le canon. Grâce à l'unité de doctrine, il n'y a nulle hésitation. La division Barnekow du VIIIe corps porte vers 3^h 30 son avant-garde sur le Rother Berg et le Gifert-Wald, le gros suivant à grande distance.

La division Stülpnagel, du IIIe corps, débouche à peu près simultanément de Sarrebruck pour soutenir Kameke. Le reste du corps d'armée suit, sous l'énergique impulsion de son chef, Alvensleben. Vers 3^h 30, deux des bataillons de Stülpnagel marchent sur le Gifert-Wald ; puis trois autres interviennent aussi contre notre droite. Bien que des fractions de trois corps d'armée et de deux armées soient mélangées sur la ligne de feu, l'accord se fait vite en vue du but commun. Malgré l'arrivée de Zastrow, plus ancien que lui, et ensuite de Steinmetz, Alvensleben conserve jusqu'au bout la direction effective. Après une courte reconnaissance, il modifie ses intentions premières et décide qu'il faut avant tout s'emparer du Forbacher Berg, au centre de notre ligne. Il va le faire attaquer, après avoir conquis définitivement les abords sud du Rother Berg, où se portent ses premières troupes. Leur intervention marque le début d'un nouveau combat, des plus confus, dans le Gifert-Wald et au sud du Rother Berg. Malgré des retours offensifs vigoureux, mais inhabiles, nous ne parvenons pas à reprendre cet éperon, tout en conservant la partie ouest du Gifert-Wald. A la longue, les Prussiens gagnent du terrain, sous la pression continue des bataillons accourant de Sarrebruck. Vers 6 heures, ils bordent presque toute la lisière sud du Gifert-Wald.

Leur droite est moins bien partagée vers Stiring, où ses mouvements offensifs aboutissent à des succès passagers ou à des échecs. Nous avons là trois brigades engagées contre huit bataillons environ, entrés isolément en ligne à mesure de leur apparition sur le champ de bataille. Frossard a porté vers Stiring la brigade Letellier-Valazé, restée jusqu'alors au nord-ouest de Forbach. Il sait une forte colonne ennemie en marche sur cette ville, mais il espère que Letellier-Valazé aura le temps de dégager Stiring, puis de revenir à Forbach. La droite prussienne est donc tenue en échec, tandis que les renforts survenus au centre et à gauche ont changé la situation sans exercer l'effet attendu. Le moindre mouvement en avant coûte aux Allemands de gros sacrifices et nos retours offensifs constamment renouvelés, bien qu'à courte portée, montrent que nous n'avons pas renoncé à reprendre le terrain perdu. Dans ces conditions, Alvensleben consacre à la prise du Forbacher Berg toutes les troupes disponibles : six bataillons, deux escadrons, trois batteries. En dépit d'une résistance énergique, nous sommes refoulés, perdant de nombreux prisonniers.

Si cette attaque n'a rencontré qu'une opposition relativement faible, c'est que Frossard est inquiet pour ses derrières. Il sait depuis une heure une colonne ennemie en marche de Sarrelouis sur Forbach. Sa gauche va être tournée. En outre, vers 7 heures, la division Laveaucoupet et les renforts envoyés par le général Bataille ont dirigé sur le Gifert-Wald et le Rother Berg un dernier retour offensif, qui échoue comme les précédents. A 9 heures du soir, la division est rassemblée auprès de Spicheren; deux heures après, elle se retire sur l'ordre de Frossard, sans un coup de fusil. Ce qui provoque la décision n'est pas la prise du Forbacher Berg, mais bien la menace sur notre ligne de retraite. Sans cette circonstance, l'issue de la bataille serait encore indécise.

Notre gauche a dû également se retirer, pour la même raison. Lorsque, vers 7 heures, les Prussiens reprennent l'offensive aux abords de Stiring, la résistance est peu marquée. Le village n'est pourtant évacué que deux heures après et des combats isolés se prolongent jusqu'à 11 heures.

C'est la division Glümer, du VIIe corps, qui a exécuté le mouvement décisif. Arrivée à Völklingen vers midi, son avant-garde marche au canon, elle aussi, et atteint, vers 4 heures, Grande-Rosselle. La canonnade s'est tue à l'est, ou du moins son bruit s'est assourdi dans ces grands bois. Glümer sait que Steinmetz ne projette pas une affaire sérieuse pour le 6 août. Il arrête son avant-garde au nord de Grande-Rosselle et fait bivouaquer le gros à Völklingen. Au bout de deux heures seulement, sur de nouveaux renseignements, le général von der Goltz remet l'avant-garde en marche, formant trois colonnes. Aux abords de Forbach, la cavalerie fait connaître que le Kaninchen Berg est retranché et fortement occupé, bien qu'il soit tenu seulement par une compagnie du génie, deux escadrons de dragons et une compagnie de pontonniers. L'obscurité commençante aide ce petit groupe à tromper les Prussiens par un feu violent. Avec le concours de 200 réservistes récemment débarqués, il parvient à les arrêter jusqu'à la nuit. Remontés à cheval, nos deux escadrons chargent alors pour couvrir la retraite et y réussissent. Les défenseurs se retirent aux abords de Forbach, derrière un remblai, où, aidés de deux batteries, ils arrêtent de nouveau les Prussiens. Un peu avant 9 heures, ils se retirent vers Sarreguemines, tandis que l'ennemi regagne le Kaninchen Berg.

Dès 6[h] 30, Frossard a prescrit la retraite sans y être aucunement forcé. Il gagne d'abord le plateau d'Oeting, dans la pensée de se retirer vers Saint-Avold. Mais il apprend que cette direction est menacée et que la division Montaudon, du 3e corps, la seule dont il connaisse l'emplacement, est à Grosbliederstroff, vers Sarreguemines. Il décide, vers 9 heures, de s'y porter, au prix d'inconvénients évidents : le 2e corps va s'éloigner de la masse de l'armée, laissant à l'ennemi la possibilité de nous couper en deux tronçons, l'un vers Saint-Avold et Boulay, l'autre vers Sarreguemines et Bitche. Il serait plus naturel de se rallier sur la position de Cadenbronn, naguère tant vantée par Frossard. On éviterait une retraite de flanc, dangereuse en soi; on se rapprocherait de trois divisions du 3e corps. On pourrait grouper le 7 août, au nord de Puttelange, six divisions d'infanterie, de façon à reprendre l'offensive ou à opérer une retraite pied à pied.

La vraie raison de Frossard pour aller sur Sarreguemines paraît être qu'il entend s'éloigner de Bazaine, dont il supporte mal l'autorité, si peu gênante qu'elle soit. En outre, il garde un souvenir amer de l'inaction du 3e corps, malgré ses demandes répétées, et ne s'en cache guère. La division Vergé et la réserve d'artillerie prennent la tête, suivies de la division Laveaucoupet. Bataille ne quitte Oeting qu'au petit jour, sans que les Prussiens fassent mine de le poursuivre, ni même de garder le contact.

Pendant une grande partie de la journée, nous avons eu sur eux une forte supériorité numérique. Le soir seulement, ils ont 30.100 fusils, 108 pièces, 4.500 sabres contre 24.000 fusils, 90 pièces ou mitrailleuses et 3.200 sabres. Les pertes diffèrent peu : 3.500 hommes environ pour le 2e corps et 5.000 pour les Prussiens. Nous laissons entre leurs mains 1.200 à 1.500 prisonniers, mais pas un canon, pas un drapeau.

Les quatre divisions du 3e corps étaient à proximité du plateau de Spicheren. Comment ne sont-elles pas intervenues ? Le premier télégramme, de Frossard à Bazaine, très confiant, ne fait prévoir aucun combat. Puis le ton change et des demandes d'intervention sont formulées, de plus en plus pressantes. Le maréchal y souscrit d'autant moins que lui-même craint des attaques contre les divisions Montaudon et Decaen, à Sarreguemines et à Saint-Avold. Il retient à Sarreguemines la brigade Lapasset du 5e corps; il rapproche de Saint-Avold les divisions Metman et Forton (1). Quant à la division Castagny, ses intentions va-

____

(1) Celle-ci de la réserve de cavalerie, que l'Empereur a mise à sa disposition, ainsi que la Garde.

rient. Après avoir voulu la rapprocher de Saint-Avold, puis de Sarreguemines, il la porte au sud de Forbach, vers Farschwiller et Theding. Au lieu de renforts, il n'envoie d'abord à Frossard que des conseils, dissimulant mal son indifférence. C'est vers 1ʰ 25 que le général insiste davantage sur ses demandes. Il voudrait que la division Montaudon allât vers Grosbliederstroff et la brigade de dragons Juniac à Forbach. Bazaine lui donne satisfaction, du moins en apparence. Mais, en acheminant Montaudon vers l'ouest, il lui rappelle que sa présence est nécessaire à Sarreguemines. Quant à la brigade Juniac, Frossard la renvoie sur ses derrières, sous prétexte qu'elle ne peut être utile dans les bois. Vers 5 heures, le combat lui paraît près de sa fin ; il espère garder ses positions, tout en estimant que la lutte pourra recommencer la nuit ou le matin, et demande à Bazaine de lui envoyer au moins un régiment d'infanterie, par voie ferrée. Quelques minutes après, le ton change brusquement : le général réclame des secours dans le plus bref délai. Puis il renouvelle encore cette demande, sans obtenir autre chose qu'un régiment, qui arrive trop tard.

La division Montaudon n'a débouché de Sarreguemines que vers 5 heures, pour marcher vers Spicheren. Des lenteurs peu justifiées font qu'elle arrive après 9 heures au sud du champ de bataille. Déjà, le 2ᵉ corps est en retraite. La nuit même, Montaudon reprend le chemin de Sarreguemines.

Dès la veille, la division Castagny a été mise, par Bazaine, à la disposition de Frossard ; au premier bruit du canon, elle marche de Puttelange sur Spicheren, où elle pourrait être vers 4 heures. Mais, après avoir perdu un temps précieux en route, Castagny, n'entendant plus le canon, fait reprendre le chemin de Puttelange. Il est à peine arrivé, qu'une violente canonnade retentit encore. Il se remet en mouvement, mais l'obscurité l'arrête à six kilomètres de Forbach, connaissant déjà la défaite de Frossard. Il ramène sa colonne à Puttelange, par une marche de nuit au moins inutile.

Quant au général Metman, il est le matin du 6 à l'est de

Saint-Avold. Vers midi, il reçoit un billet de Bazaine lui prescrivant de laisser une brigade en position et de porter l'autre à Béning-lez-Saint-Avold. Il n'atteint ce village qu'à 3ʰ 30, ayant consacré trois heures à faire sept kilomètres. Malgré la violente canonnade qui retentit vers Spicheren, il refuse de se porter dans cette direction et un télégramme de Bazaine paraît l'y encourager. Vers 7ʰ 30, sur une dépêche de Frossard, Metman se décide enfin à marcher sur Forbach, où il est à 10 heures seulement. Il y apprend que le 2ᵉ corps se retire sur Sarreguemines et le suit tout d'abord. Puis il se dirige sur Puttelange où il est dans la journée du 7, ainsi que la brigade Juniac.

Enfin, la division Decaen n'a mis en mouvement qu'un régiment. Il atteint Forbach à la nuit et contribue à couvrir la retraite de Vergé. Ainsi, la presque totalité du 3ᵉ corps a marché une grande partie de la journée et de la nuit, sans que nous ayons tiré le moindre profit de ses fatigues. Douloureux contraste avec ce qui s'est passé du côté de l'ennemi !

Dans notre échec, la part du commandement prussien est restreinte. Moltke ne voulait livrer que le 9 une action décisive. L'attaque de Kameke déroute tous ses projets. Victoire tactique pour nos adversaires, Spicheren est pour eux un échec stratégique. Bien que basée sur une fausse appréciation, l'initiative de Kameke est justifiée dans une certaine mesure. Il est naturel qu'il cherche à tenir les débouchés de Sarrebruck : l'exécution laisse à désirer, car elle aboutit à une offensive dangereuse contre un ennemi de beaucoup supérieur. L'intervention opportune des têtes de colonnes voisines sauve les Prussiens d'un échec. Mais leur succès est d'ordre moral plutôt que matériel. Si nous évacuons nos dernières positions, c'est que nous croyons être battus. Rien ne serait compromis entre des mains exercées, car on pourrait rallier, le 7, 130.000 hommes à Saint-Avold, Haut-Hombourg, Puttelange, de manière à attaquer Steinmetz avant midi avec de grandes chances de succès.

La conséquence logique de l'attaque de Kameke devrait être une défaite. C'est le contraire qui advient. Il y a deux responsables de l'erreur commise par les Prussiens : Steinmetz et Kameke; dans la situation où ils combattent, le dos à une rivière, un échec pourrait avoir les pires conséquences.

Le commandement des Allemands a donc peu de part dans leur succès. Ce qu'il faut louer sans réserve, c'est l'unité de doctrine, l'entrain, l'esprit offensif, la camaraderie de combat qu'ils affirment de tous côtés. Nos troupes en viennent à leur croire une grande supériorité numérique. D'ailleurs, ils se montrent plus manœuvriers, plus souples que nous.

Le 2ᵉ corps est depuis plusieurs semaines inactif devant un ennemi auquel sa propre faiblesse ne parvient pas à imposer pareille inaction. Rien de surprenant que notre moral ait à souffrir de cette longue immobilité. Aussi, nos pertes, comparées à celles de l'ennemi, sont-elles relativement faibles. Certains régiments sont très mollement engagés. La responsabilité en incombe pour une part à Frossard, dont l'inexpérience se trahit à de nombreux détails. Sa carrière d'ingénieur militaire l'a tenu à l'écart des troupes et l'on s'en aperçoit. Il engage ou laisse engager les siennes avec une extrême précipitation et ne dispose d'aucune réserve quand vient le moment d'en user. Il passe presque tout le jour à Forbach, n'apparaissant sur le champ de bataille qu'une fois la journée compromise. Après avoir cru longtemps qu'il s'agissait d'une affaire d'avant-postes, il estime sa situation plus grave qu'en réalité et prescrit hâtivement la retraite.

Son caractère et sa situation de gouverneur du Prince impérial lui valent beaucoup d'ennemis. On se réjouit de le voir dans une situation difficile et on se met peu en peine de l'en tirer. L'abstention de Bazaine et de ses lieutenants est d'ailleurs injustifiable. Ses quatre divisions d'infanterie sont bivouaquées à des distances du champ de bataille variant de 14 à 23 kilomètres. Aucune n'est engagée.

Divers motifs contribuent sans doute à cette inertie : le peu de sympathie de Bazaine pour Frossard; le mécontentement que lui cause la répartition des commandements. Depuis le début, les corps d'armée voisins sont, par alternance, indépendants ou sous ses ordres. Il ne peut jouir que d'une autorité précaire; enfin, et surtout, sa conduite trahit une absence totale de coup d'œil, de décision et d'initiative. Il n'a pas la compréhension nette des devoirs du commandement, sans quoi il serait à Forbach et hâterait la concentration de ses divisions. Il apporte, dans ses relations avec Frossard, des arrière-pensées qui se traduisent par des recommandations et des retards peu explicables. Sa principale idée est de ne pas se compromettre, de réserver l'avenir. Il laisse voir un caractère auquel manquent également la noblesse et la franchise. Sa responsabilité est lourde dans notre échec.

Quant à trois de ses divisionnaires, le moins qu'on en puisse dire est qu'ils montrent peu d'initiative et de camaraderie. Ils ressentent, à un faible degré, le désir de combattre, de dégager des camarades en danger, qui pousse, pêle-mêle vers Sarrebruck, les têtes des Ire et IIe armées.

RETRAITE SUR LA MOSELLE

Survenant à quelques heures d'intervalle, les nouvelles de Frœschwiller et de Spicheren atterrent littéralement l'entourage de l'Empereur. Le désordre des idées est extrême. De Strasbourg arrivent les dépêches les plus alarmantes. Verdun, Thionville réclament des vivres et des armes. Partout éclatent les résultats de notre imprévoyance. Déjà ébranlée, la confiance dans le commandement est atteinte sans remède. C'est Napoléon III dont le prestige a le plus à souffrir, comme de raison. Déjà, on lui conseille de quitter l'armée pour rentrer à Paris, où la situation politique va réclamer sa présence. L'Impératrice, sans s'y opposer nettement tout d'abord, y verrait de nombreux inconvénients. D'ailleurs, l'Empereur croit de sa dignité de ne pas abandonner nos troupes.

Des événements graves se préparent à Paris. Les premiers jours d'août se sont passés dans une attente fiévreuse. Survient l'échec de Wissembourg. On l'accueille avec une stupeur mêlée de colère. Puis, brusquement, le bruit d'une grande victoire de Mac-Mahon court comme une traînée de poudre. La joie est générale. Le soir même du 6, la fausseté du bruit est reconnue et les premiers télégrammes arrivent, annonçant une double défaite à Frœschwiller et à Spicheren. L'impression est poignante. Des cris de colère s'élèvent contre le gouvernement impérial, devenu le bouc émissaire de nos désastres. Les conservateurs eux-mêmes saisissent avec empressement l'occasion d'attaquer un ministère qui n'a jamais eu leurs sympathies. Sous la pression unanime de l'opinion, les Chambres sont convoquées pour le 9 août et l'on pose devant le conseil la question du retour de Napoléon III. Cette fois, l'Impératrice s'y oppose avec énergie. L'Empereur va donc rester à Metz, également inca-

pable d'y exercer le commandement suprême et de reprendre à Paris un pouvoir que ses mains défaillantes ont laissé
tomber.

Sa première pensée, le soir du 6 août, est de concentrer
à Saint-Avold les 3e, 4e corps et la Garde en vue d'une
offensive immédiate. Des ordres sont même donnés dans
ce sens, mais pour être presque aussitôt annulés, et l'on
songe à reporter notre concentration vers l'ouest. Il ne
s'agit même pas de la faire sous Metz, ce qui entraînerait
déjà l'abandon, sans combat, d'une grande partie de la
Lorraine. L'Empereur entend ramener l'armée au camp de
Châlons, en renonçant à tenir sur la Nied, la Moselle, la
Meuse, l'Argonne. Il livrerait à l'ennemi, sans brûler une
amorce, tout ce vaste territoire, cette Marche de l'Est, lentement conquise par les efforts de tant de générations. La
diminution morale serait pire encore que l'effet matériel.

Le 6e corps est déjà en mouvement sur Nancy; il reçoit
l'ordre de rentrer au camp. La division du Barail (réserve
de cavalerie) n'a pas achevé sa concentration à Lunévi
elle est portée sur Saint-Mihiel. Mac-Mahon doit également
se retirer sur le camp avec les débris du 1er corps. Le 5e
reçoit directement ordre de gagner Nancy. Le 2e est dirigé
sur Châlons. Quant aux 3e, 4e corps et à la Garde, l'Empereur les porte sur Metz, avec une partie de la réserve générale d'artillerie. Le reste se tiendra prêt à marcher sur
le camp.

En envoyant directement des ordres aux commandants
de corps d'armée, Napoléon III paraît ignorer la constitution récente des commandements de Bazaine et de Mac-
Mahon. Ce n'est pas sans mécontenter vivement le premier.

Des mesures sont prises pour constituer de nouvelles
forces. Les 4es bataillons disponibles, les troupes de la marine, quatre régiments d'infanterie et deux de cavalerie,
restés à l'intérieur, sont appelés à Paris. L'intention n'est
pas de porter le 7e corps au camp de Châlons. L'Empereur
recommande même au général Félix Douay de jeter, s'il
le peut, une division dans Strasbourg et de garder les au-

tres à Belfort. Or, la division Conseil-Dumesnil a été entraînée dans le désastre du 1er corps; celle du général Dumont
est encore à Lyon. Il n'y en a donc qu'une à Belfort, et
Napoléon III l'ignore évidemment.

L'idée de la retraite sur le camp n'est pas admise sans
opposition. Le gouverneur de Metz, général Coffinières,
en représente les inconvénients, demandant qu'on tente
d'arrêter l'ennemi à l'est de la Moselle. Il ne parvient pas à
convaincre l'Empereur, mais ce dernier cède devant les objections de l'Impératrice et de M. Émile Ollivier. Le 7 août,
il décide que le 6e corps va retourner à Paris, où il sera le
noyau d'une nouvelle armée; le reste de nos forces se concentrera sous Metz, moins les 1er et 5e corps, qui se diri-
geront sur le camp de Châlons, et le 7e qui restera sous
Belfort.

Évidemment, cette décision est dictée par des motifs plus
politiques que militaires. Pourquoi former notre deuxième
armée si loin de la Moselle? Pourquoi réduire l'armée du
Rhin déjà trop faible?

De plus, qu'elle soit dirigée sur Metz ou prolongée vers
Châlons, c'est la direction même de notre retraite qui est
fautive. Nous cherchons uniquement à couvrir de front
Paris, comme si la grande ville était sans défenses propres.
Pourquoi opposer uniquement à l'ennemi une résistance
passive? Pourquoi ne pas manœuvrer, ne pas menacer ses
communications, ce qui exigerait une retraite vers la
Haute-Marne ou la Haute-Saône?

Pendant que nos troupes entament leurs mouvements
rétrogrades, non sans mécontentement, ni symptômes
d'indiscipline, les Allemands utilisent mal le lendemain
de leur double victoire. Moltke est tardivement renseigné
sur la journée du 6 août. Il croit même Mac-Mahon en
retraite sur Bitche, ce qui le confirme dans l'idée que nous
tiendrons entre cette ville et Sarreguemines. Il attend
d'être fixé sur nos intentions pour arrêter ses instructions,
subordonnant ainsi sa conduite à la nôtre. La Ire armée
reste en position de Sarrebruck à Völklingen, prête à dé-

fendre les hauteurs de Spicheren. Frédéric-Charles porte vers Rohrbach une partie de sa cavalerie et son aile gauche, croyant se jeter ainsi sur la ligne de retraite de Mac-Mahon. Le reste serre sur ses têtes de colonne, se préparant à attaquer Sarreguemines, que l'on croit fortement occupé.

La poursuite, après Spicheren, est nulle ou peu s'en faut, et ce fait tient surtout à ce que les Prussiens ignorent l'étendue de leur victoire. Ils attendent même une nouvelle bataille. Le 7, leur cavalerie, bien qu'en force, n'est pas plus active que le 6. Malgré les pires maladresses, de gros convois parviennent à lui échapper. En somme, pour les Ire et IIe armées, la journée est marquée par une indécision visible. Chez nous, les hésitations de l'Empereur sont encore plus marquées; dans la nuit du 7 au 8, il revient au mouvement sur Châlons. Mais ce revirement est de courte durée et il paraît de nouveau décidé à se retirer sous Metz, croyant que l'armée y trouvera un solide point d'appui pour les opérations ultérieures. Pourtant, il devrait savoir que les forts sont inachevés, que vivres et munitions sont en faibles quantités. Comment, dès lors, faire jouer à la grande place lorraine le rôle de pivot de manœuvres?

Une autre idée domine un instant autour de l'Empereur : celle d'un arrêt derrière la Nied française, où l'on appellerait les 1er et 5e corps. On y renonce presque aussitôt, pour revenir à la retraite sur la Moselle. Le retour du corps Canrobert sous Paris est maintenu.

La dualité du commandement persiste entre Napoléon III et Bazaine. Celui-ci reste nominalement le chef de nos forces de Lorraine, bien que l'Empereur continue de donner des ordres directs aux corps d'armée, au prix d'inconvénients évidents.

Le soir du 8 août, l'armée est répartie, des Étangs à Altroff, sur un front de 37 kilomètres environ, dirigé à peu près de l'ouest à l'est, c'est-à-dire obliquement aux lignes de marche des Allemands. Aucune vue d'ensemble ne préside à nos mouvements, qui s'accomplissent dans les pires conditions, avec une lenteur désespérante, tout en imposant aux troupes des fatigues excessives, encore accrues par les pluies continuelles.

Quant aux Allemands, leurs masses, afin de marcher vers l'ouest à notre suite, doivent décrire une conversion dans laquelle la 1re armée servira de pivot. Il est donc nécessaire de la maintenir à peu près en place le 8 comme le 7 août. A la IIe armée, le IVe corps seul opère un déplacement de quelque importance, en portant une avant-garde jusqu'à Lorentzen.

Si, en Lorraine, l'Empereur est indécis, s'il hésite entre plusieurs solutions, c'est que son défaut de commandement est encore accru par le contre-coup des agitations de Paris. Plus que jamais, on y souhaite qu'il abandonne la conduite des opérations. Même, parmi les députés conservateurs, on agite l'idée d'un comité de défense émanant du Corps législatif, ce qui équivaudrait à un coup d'État. Le 8 août, une centaine de députés modérés décident de réclamer la démission du cabinet, la nomination des généraux de Palikao et Trochu au ministère de la guerre et au gouvernement de Paris.

Autour de l'Impératrice, les hostilités contre le cabinet n'ont pas désarmé. On croit le moment venu de hâter sa chute. De ces circonstances réunies, il résulte que, le 9 août, le Corps législatif se réunit au milieu d'une extrême agitation. La foule est immense autour du Palais-Bourbon et l'on peut, un instant, craindre une révolution.

La discussion est courte. Un député de la droite, Clément Duvernois, dépose un ordre du jour qui précise la pensée générale, en donnant au ministère le plus dédaigneux des congés. L'Impératrice charge aussitôt Palikao de constituer un nouveau cabinet. Ainsi, la droite bonapartiste est arrivée à ses fins, bien que sa responsabilité soit écrasante dans les événements récents. Quant à M. Émile Ollivier et à ses collègues, ils sont sacrifiés en victimes expiatoires, pour des fautes dont beaucoup leur sont étrangères. Sans doute, ils ont inconsciemment provoqué la guerre, mais aucun des partis de la Chambre, la droite moins que tout autre, n'est en droit de leur reprocher notre manque de préparation. Chacun y a contribué dans la mesure de son influence, à commencer par la nation elle-même.

La chute du cabinet n'améliorera pas la situation. Celle-ci est trop compromise déjà pour qu'une simple modification de personnes puisse y remédier. A de pareils problèmes, il faut des solutions plus énergiques. Celle-ci est au plus un palliatif. D'ailleurs, l'Empereur considère la chute de M. Émile Ollivier comme le résultat d'une intrigue orléaniste machinée par Thiers; il doute de la fidélité de Palikao. De là, entre la régence et lui, une divergence de vues qui ira s'accentuant jusqu'au dernier jour de l'Empire.

Il sent la nécessité de renforcer le commandement, tout en voulant conserver la direction suprême, en dépit des conseils de certains familiers. Combattu entre ces deux tendances, il se borne, le 9 août, à confirmer Bazaine dans le commandement des 2e, 3e, 4e corps, sans y comprendre la Garde. En réalité, elle continue d'être sous les ordres du maréchal. Mais c'est encore là une mesure plus apparente que réelle. Le rôle de Bazaine n'acquiert pas plus d'importance que par le passé. Comme précédemment, les corps d'armée reçoivent à la fois des ordres de lui et du major général. Le maréchal apporte une négligence évidente à exécuter des dispositions qu'il n'a pas conçues, et l'on n'est guère en droit de s'en étonner.

Le matin du 9, Napoléon III paraît décidé à s'arrêter sur la Nied française, mais pour un temps limité, la concentration sous Metz restant dans ses intentions. Bazaine voudrait se retirer vers Nancy et Frouard pour rallier les 1er, 5e, 6e et 7e corps. On objecte à tort que ce serait découvrir Paris. Comment l'ennemi continuerait-il sur Metz, Verdun, Reims, sans s'inquiéter d'une masse de huit corps d'armée sur son flanc?

Quoi qu'il en soit, on prend des dispositions pour livrer au besoin une bataille défensive derrière la Nied, de Pange aux Étangs et à Glattigny. En cas de retraite, on gagnerait une nouvelle position à l'est des forts de Queuleu et de

Saint-Julien, sous le canon de Metz. Nos conceptions ne vont pas au delà d'une bataille purement défensive, avec tous les dangers qu'elle comporte. En outre, on est hypnotisé déjà par le voisinage de Metz; on souhaite l'appui trompeur de ses fortifications; on croit à la nécessité de barrer la route directe de Paris; on ignore la manœuvre. On va donc se retirer sur le glacis même des forts et, peu à peu, s'accoutumer à l'idée d'y chercher une protection, puis un refuge. Nouvel et saisissant exemple des conséquences qu'entraîne l'idée de la défensive quand elle s'empare d'une armée.

Les 2e et 6e corps sont rappelés vers Metz, ce dernier sur l'incitation de l'Impératrice. Mais elle voudrait confier Paris au maréchal Canrobert, alors que de nombreuses influences s'agitent en faveur du général Trochu. Elle enverrait ce dernier à l'armée, l'y jugeant sans doute moins dangereux. Mais Canrobert ne veut pas quitter ses troupes au moment où elles vont à l'ennemi. La logique invincible des circonstances conduira bientôt Trochu à ce poste de gouverneur de Paris, où il décevra toutes les espérances mises en lui, des côtés les plus opposés.

Napoléon III a maintenu l'ordre de diriger le 5e corps vers Nancy, d'où il sera porté, soit sur le camp de Châlons, soit sur Metz. Enfin, les divisions Forton et du Barail sont également rappelées sous Metz.

Tous ces mouvements ne s'exécutent pas sans désordre, ni marques croissantes d'indiscipline. Pour alléger la fatigue de marches d'une extrême lenteur, coupées d'une infinité d'arrêts inutiles et souvent opérées de nuit, nos soldats jettent des objets d'équipement, jusqu'à des gibernes pleines de cartouches. Le découragement, la tristesse sont générales. Des négligences incroyables se produisent à tous les échelons. On en vient à confier aux paysans des environs le soin de garder les bivouacs.

Malgré l'inertie de notre cavalerie, l'état-major prussien se rend imparfaitement compte de la situation. Il ne saisit pas les causes de mouvements, d'ailleurs peu explicables, et n'est pas loin de croire à un retour offensif. Pourtant, la IIe armée ayant terminé son déploiement sur la Sarre, Moltke juge possible (10 août) d'entamer un mouvement d'ensemble vers la Moselle, la IIIe armée marchant par Sarre-Union—Dieuze, la IIe par Saint-Avold—Nomeny, la Ire par Sarrebruck—Boulay. Leur cavalerie, soutenue par de fortes avant-gardes, sera poussée à grande distance pour les couvrir. La IIIe armée ne doit border la Sarre que le 12, ce qui conduit les deux autres à ne faire au début que de courtes étapes, disposition toute à notre avantage. Non seulement il n'y a pas eu de poursuite après Spicheren, mais les Ire et IIe armées vont nous laisser toute facilité pour traverser la Moselle ou préparer une bataille défensive. Quelle nécessité que la IIIe soit à leur hauteur? La séparation des Allemands en deux masses ne correspond-elle pas à la nôtre? N'y aurait-il pas avantage, au contraire, à ce que leur droite devançât la gauche, de façon à menacer ou même à couper la retraite de Mac-Mahon?

De notre côté, le 10 août, l'Empereur caresse encore, durant quelques heures, la pensée de l'offensive. Elle n'est pas étrangère à l'appel des 5e et 6e corps, à celui de la division d'infanterie de marine, décidé un instant et abandonné pour des considérations politiques. Des renseignements inquiétants font presque aussitôt renoncer à se reporter en avant. Napoléon III s'exagère les dangers de sa situation en face de trois adversaires. Il estime que, s'il se jette sur ceux qui débouchent de la Sarre, il pourra être coupé de Metz par le Prince royal; s'il attaque ce dernier, il sera exposé à être pris de dos par Frédéric-Charles et Steinmetz. Mais la IIIe armée est encore trop loin vers l'est pour jouer le rôle que lui prête l'Empereur, ce qui exclut également la possibilité de la seconde combinaison.

A défaut d'une offensive limitée contre les têtes des Ire et IIe armées, nous pourrions du moins tenir dans nos emplacements du 10. Notre retraite sur Metz serait assurée, quoi qu'il arrivât, et nous éviterions d'abandonner toute la Lorraine allemande sans brûler une amorce. Enfin, il serait également possible de nous replier derrière la Moselle en amont de Metz, vers Pont-à-Mousson. Couverte par cette rivière, protégée sur ses deux flancs par Metz et Toul, l'armée serait à portée de rallier les 5e et 6e corps. Ce projet ne paraît pas avoir été même examiné. Par contre, sous l'influence de Bazaine, on en étudie un autre, de plus grande envergure, consistant à porter l'armée jusqu'à la forêt de Haye, au confluent de la Meurthe et de la Moselle. Il n'améliorerait pas sensiblement la situation.

De toutes ces solutions, c'est la plus timide qui prévaut. L'Empereur décide que, le 11 août, l'armée prendra position sous le canon de Metz, de la Seille à la Moselle, le 2e corps à la droite.

Le major général apprend que le 5e corps va marcher directement sur le camp de Châlons, au lieu de Nancy. Il invite de Failly, par télégramme, à rallier Metz et envoie un officier pour confirmer cet ordre. Au lieu d'obéir, de Failly porte son corps d'armée au sud-ouest.

Quant à la masse du 7e corps, répartie entre l'Alsace et Lyon, l'Empereur décide qu'elle sera concentrée à Belfort, sans doute dans la pensée que les Allemands menacent d'envahir le Haut-Rhin, comme certains renseignements l'indiquent.

Nous perdons encore la journée du 11 août, ou peu s'en faut, dans un temps où les heures même sont sans prix. L'armée n'opère qu'un petit déplacement pour se rapprocher de Metz. Le mouvement du 6e corps continue, non sans difficultés. Finalement, il n'aura sous Metz que deux divisions d'infanterie complètes, une autre sans artillerie, la quatrième forte d'un régiment et d'une batterie seulement. Sa réserve d'artillerie et sa cavalerie feront partie de l'éphémère armée de Châlons. Au lieu d'être, comme les 1er et 3e corps, constitué d'une façon particulièrement forte, il sera l'un des plus faibles.

Si l'arrivée du 5e, sous Metz, devient de plus en plus problématique, nous n'en allons pas moins grouper autour de cette grande place une force compacte de 16 divisions d'infanterie environ, la plus belle armée que la France ait jamais réunie. Mais, à l'est de Metz, notre première ligne dessine un demi-cercle à quatre kilomètres au plus des forts, eux-mêmes très près de l'enceinte. Notre capacité de manœuvre est donc étroitement bornée. Évidemment, l'armée obéit à l'attraction de ces murailles, derrière lesquelles nous abdiquerons bientôt toute liberté d'action.

L'inertie de notre cavalerie fait que nous avons uniquement sur l'ennemi des renseignements vagues, dus à des espions ou à des correspondants occasionnels. D'autre part, l'armée est concentrée; il devient urgent d'arrêter enfin des décisions fermes et d'en poursuivre l'exécution avec énergie. Pourtant, rien n'indique cette pensée chez l'Empereur. Une idée nouvelle a germé dans ce cerveau affaibli : rester avec l'armée sous Metz. Il s'y croit en sûreté; il pense que nous pourrons attendre la constitution, au camp de Châlons, de forces nouvelles. Il agite la chimérique pensée d'y faire venir en masse des gardes nationaux qui n'ont même pas un semblant d'organisation. Il ne veut plus se retirer sur le plateau de Haye, ni sur Châlons, et à plus forte raison sur Paris. Il compte livrer sur place une bataille défensive. Si l'ennemi nous déborde, on se jettera sur son flanc et l'on coupera sa communication.

Ce projet n'a rien d'irréalisable. Il serait possible de manœuvrer autour de Metz, d'utiliser cette grande place comme un point d'appui, une protection pour l'un de nos flancs ou de nos derrières. On pourrait mettre à profit les fautes inévitables de l'adversaire. Certes, Bazaine ne fera rien de pareil, mais de ce que l'armée du Rhin, entre des mains pour le moins inhabiles, ne tirera aucun parti de ce camp retranché, on ne peut déduire qu'il en serait de même sous une autre direction.

Du côté des Allemands, le commandement suprême n'est exempt ni de tiraillements, ni d'incertitudes. Ni Moltke, ni les chefs des Ire et IIe armées n'ont pris pour l'exploration des dispositions suffisantes. Le matin du 11 août, on continue de nous croire en pleine retraite. Presque aussitôt, l'opinion de Moltke se modifie. Il admet qu'une partie de nos forces borde la Nied; le gros serait derrière la Moselle. Au contraire, Frédéric-Charles croit que nous avons de grandes masses sur la Nied. Il n'est pas loin de penser que nous y préparons une attaque et juge utile de faire serrer ses colonnes, en attendant les ordres du Roi pour une conversion autour de leur droite. Moltke finit par donner des ordres basés sur cette hypothèse. Les Ire et IIe armées vont resserrer leur dispositif, le IIIe corps, à Faulquemont, servant de base; au besoin, les trois corps de gauche pourront continuer sur Nancy. Moltke compte avoir l'après-midi du 12 concentré six corps d'armée, dont deux en réserve; le 13, il en aura dix. Il ne s'en est pas moins exposé à un échec. Mais il aurait fallu que nous fissions acte d'initiative et d'énergie, au lieu de subir constamment les volontés de l'adversaire. D'ailleurs, le chef d'état-major du Roi prend des mesures pour que la cavalerie allemande joue un rôle plus actif et les renseignements recueillis dès le 11 prouvent qu'il est obéi.

V

BORNY

(14 août 1870)

Nos échecs, l'indécision constante que trahissent nos dispositions ont porté un coup irréparable au prestige déjà chancelant de l'Empereur. On s'accorde à souhaiter qu'il soit au plus vite remplacé par Bazaine. Malgré les bruits fâcheux qui ont couru sur le maréchal, au Mexique, malgré son inconcevable inaction du 6 août, il est l'homme de la situation. A l'armée, dans la presse, dans les salons, au Parlement, l'avis est identique. Comme Benedeck en 1866, le sentiment unanime le porte à la tête de nos troupes. L'opposition partage cet engouement et certaines démarches du maréchal n'y sont pas étrangères.

Autour de l'Impératrice, son élévation ne rencontre aucun obstacle. On considère volontiers l'Empereur comme un embarras et le ministère du 10 août le pousse énergiquement à ce commencement d'abdication. Il ne s'y résigne pas sans un déchirement profond. Il y a même de sa part hésitation visible à accepter une situation aussi difficile et l'on ne saurait s'en étonner.

Dans la journée du 12, Bazaine est nommé au commandement en chef de l'armée du Rhin, avec le général Jarras comme chef d'état-major. Les fonctions de major général sont supprimées, ce qui laisse Le Bœuf sans emploi. En abandonnant la direction suprême, Napoléon III devrait mettre Bazaine au courant de la situation, de ses intentions. Il n'en est rien. Le maréchal ne reçoit aucun renseignement sur nos effectifs, sur l'état des subsistances, et il ne songe pas à en réclamer.

La présence de l'Empereur va être l'origine de graves difficultés, en privant l'armée d'une part de sa liberté d'action. Bazaine n'aura qu'un désir, celui de se soustraire à une sorte de tutelle. D'ailleurs, Napoléon III ne facilite pas sa tâche; il s'efforce de garder une influence directe, cachant mal le désir de commander encore. Il voudrait exercer la direction suprême comme le roi de Prusse et ne se rend pas compte de ce qui lui manque. Guillaume, généralissime universellement respecté des forces allemandes, impose par un état-major très fortement constitué son autorité à trois armées distinctes, tandis que Napoléon III, sans état-major sérieux, est rivé comme un boulet à une armée qui embrasse la presque totalité de nos forces. D'ailleurs ses illusions ne tardent pas à se dissiper devant les déclarations un tant soit peu brutales de Palikao. Il décide de rentrer à Paris, mais seulement après que l'armée aura quitté Metz.

Désormais le principal rôle revient à Bazaine. Sa vie a été celle d'un soldat de fortune, presque un aventurier. Né en 1811, engagé volontaire en 1831, il passe à la Légion étrangère où il est sous-lieutenant en 1833. Il est quelque temps avec ce corps au service de l'Espagne, puis se rend en Algérie, où il reste jusqu'en 1854 et où il conquiert tous ses grades, de capitaine à général de brigade. Nommé divisionnaire en Crimée, il dirige l'expédition de Kinburn. En Italie, il se distingue à Melegnano. En 1862, il part pour le Mexique et prend, en 1863, le commandement du corps expéditionnaire. Rentré en France, il commande la Garde impériale au moment de la guerre.

Son extérieur est dépourvu de distinction et même peu sympathique, mais on lui prête volontiers une intelligence que ne confirment ni sa correspondance, ni ses ouvrages. Il a de la finesse sous un masque de bonhomie, mais il est moins fin que retors. Très brave à l'occasion, il sait montrer un sang-froid rare dans les circonstances les plus critiques. Il ne connaît de sa profession que les petits côtés. Il est de ceux que le « coup de tonnerre de Sadowa » a profondément atteints et conçoit dès lors une opinion exagérée des Prussiens. Tout ce qu'il écrit laisse une piètre idée de son jugement et de son coup d'œil. La défensive surtout paraît lui sourire; il prête aux places fortes une importance qu'elles n'ont plus. Il fait preuve de qualités secondaires, développées par une longue série de campagnes, par son séjour en Algérie. Sa mémoire est étonnante, mais les grandes opérations de la guerre lui sont inconnues, et la conduite d'une armée est au-dessus de ses forces. Ni par l'activité physique, ni par le savoir, il n'est à la hauteur de sa situation. Au camp de Châlons, on l'a vu très embarrassé pour mouvoir 30.000 hommes de toutes armes.

Le caractère lui manque plus encore que le savoir. Il est avant tout indécis et irrésolu. Sa tendance constante est de rejeter sur ses subordonnés la responsabilité des événements fâcheux. Il les accuse volontiers de négligence, de défaut de coup d'œil. Il n'a pas assez de confiance en lui-même pour exercer un commandement réel. Écrasé par une responsabilité trop lourde, il va chercher à la faire partager de ses inférieurs, tout en les dépréciant. Il croit ainsi se grandir. Il voudrait être populaire et voit avec dépit tout ce qui attire l'attention sur d'autres. Il est jaloux d'une autorité qu'il ne sait pas exercer.

Sa valeur morale est des plus minces. Son profond égoïsme lui fait tout subordonner à ses intérêts; sa sécheresse de cœur, sa cupidité, la petitesse de ses vues percent à mille détails. Il dit rarement la vérité et, quand il la dit, il ne la dit pas entière. Il trompe par habitude, inconsciemment, amis et indifférents. Les hommes ne sont rien pour lui.

Son premier mariage lui a fait peu d'honneur. Au Mexique, il joue le rôle le plus équivoque vis-à-vis de l'infortuné Maximilien et aussi de Napoléon III. Ses vues ambitieuses, son hypocrisie, ses mensonges continuels sont sévèrement appréciés. L'Empereur, mis au courant, envoie à Mexico l'un de ses aides de camp, Castelnau, avec pleins pouvoirs. La crainte du scandale décide le général à laisser les choses en l'état et, dans son insouciante bonté, Napoléon III paraît oublier rapidement ce fâcheux passé.

Les inconvénients du choix de Bazaine sont encore accrus pas la désignation de son chef d'état-major. Le premier mouvement du général Jarras est de refuser ces fonctions délicates : il craint surtout de n'avoir pas la situation qu'elles exigeraient. Sans doute, le maréchal verra en lui l'ancien aide-major général, c'est-à-dire un témoin, un critique incommode, toujours prêt à empiéter sur ses prérogatives. De plus Jarras manque de foi en lui-même. Il ne sait de la situation que ce qui a été communiqué à l'état-major général. Un grand nombre de renseignements importants lui sont inconnus; il connaît certaines décisions, mais non les motifs qui les ont dictées. Il est aussi mal préparé que Bazaine à son nouveau rôle.

Le maréchal n'a pas été consulté, lui non plus, sur le choix de Jarras. Il l'apprend en même temps que sa propre nomination, et cette désignation lui semble à bon droit marquer un premier empiètement sur ses fonctions les plus essentielles. A Jarras il préférerait les généraux de Cissey et Manèque, circonstance qui est une nouvelle cause de tiraillements. Il se peut que l'Empereur, qui voit chanceler son trône, redoute une trop complète entente entre le chef d'état-major et l'homme dont il a pu mesurer l'ambition au Mexique. A l'impeccable honneur de Manèque, à la souple habileté de Cissey, sa méfiance préfère la sèche droiture de Jarras. Mais ce dernier n'a rien de la vivacité de conception et de la souplesse d'esprit nécessaires à un chef d'état-major.

Si Jarras nourrissait des illusions sur ses rapports avec le maréchal, elles sont bientôt dissipées. Le jour même de sa prise de commandement, Bazaine marque vis-à-vis de lui et de l'état-major général l'indifférence la plus dédaigneuse. La suite ne démentira pas ce début. Le chef d'état-major est tenu constamment à l'écart. Il ne connaît les projets du maréchal qu'au moment de rédiger les ordres d'exécution. Il ne peut ni les étudier, ni proposer les mesures de détail voulues. Son autorité est précaire parce que, visiblement, il n'a pas la confiance du commandant en chef. Il cherche en vain à la conquérir, au prix de cuisants sacrifices d'amour-propre. Son caractère anguleux ne lui facilite pas la tâche. Il croit pourtant devoir accepter jusqu'au bout cette situation fausse, avec une abnégation assurément excessive, quels qu'en soient les motifs. Aux yeux du maréchal, Jarras est une sorte de secrétaire d'un certain rang. Il ne sait rien des rapports verbaux faits au commandant en chef, n'assiste pas à ses fréquentes conférences avec les commandants de l'artillerie, du génie ou avec l'intendant de l'armée. Il est étranger à ses rapports avec le gouverneur de Metz.

Il faut ajouter que, par lui-même, Jarras aggrave les inconvénients majeurs de cette situation. Le travail de bureau l'absorbe tout entier, même un jour de bataille. Il ne voit que les petits côtés d'une grande tâche et annule ainsi les officiers, la plupart très distingués, qui composent l'état-major général.

Pour le commandement français, la journée du 12 août est consacrée, comme les précédentes, à hésiter entre les solutions les plus divergentes. Il n'est pas jusqu'à la possibilité d'une offensive au sud-est, qui ne soit un instant admise. Mais une résolution aussi énergique n'est à la portée ni de l'Empereur, ni de Bazaine. D'autre part, Napoléon III a tout lieu de craindre que le 5e corps ne puisse le rallier en temps utile. Si l'armée garde ses positions sous Metz, dans l'attente passive d'une attaque, elle en sera réduite à combattre des forces doubles. Si, comme il est probable, elle est finalement écrasée, sa retraite pourra devenir difficile.

On revient alors au projet de concentration sur le plateau de Haye, mais il faudrait accepter la bataille contre un effectif « triple et même quadruple ». Un autre projet, moins compromettant d'apparence, présenterait les inconvénients les plus graves. Il s'agirait de porter l'armée au camp de Châlons, où elle rallierait les 1er et 5e corps, sans avoir attendu une attaque sous Metz. Mais il faudrait évacuer la Lorraine, une partie de la Champagne, avec la certitude d'exercer l'action la plus déprimante sur l'armée comme sur la nation.

Rien n'empêcherait d'adopter une solution intermédiaire. Pourquoi battre en retraite, avant d'avoir tenté un retour offensif sur les têtes de l'ennemi? La situation de l'armée en avant d'une grande place lui permet de manœuvrer sans se compromettre. Les Allemands ne peuvent-ils lui prêter le flanc pendant les mouvements qu'ils exécuteront autour de Metz? Frédéric-Charles et Moltke en admettent pleinement la possibilité.

Quoi qu'il en soit, l'Empereur oscille entre ces solutions contradictoires. Le matin du 12 août, il paraît certain qu'on attendra la bataille sous Metz: le 5e corps a l'ordre de gagner cette place par Toul. Puis les dispositions changent. Ce corps d'armée gagnera Paris par la route la plus favorable. Cette fois, Napoléon III semble se rallier à une retraite sur la capitale, plus rationnelle que sur le camp de Châlons. Si l'armée n'est pas à même d'arrêter l'ennemi sous Metz, elle le serait moins encore dans les plaines rases de la Champagne. Mais la résolution de l'Empereur n'a rien de définitif. Il la réserve pour le lendemain, si nous ne sommes pas attaqués. D'ailleurs, autour de lui, on songe plus que jamais à prolonger le séjour de l'armée sous Metz, au risque de l'y perdre.

Son indécision fait que nos troupes restent à peu près immobiles. Toutefois, la cavalerie montre une certaine activité et la brigade de chasseurs d'Afrique Margueritte opère un vigoureux coup de main sur Pont-à-Mousson, où l'ennemi a déjà passé la Moselle et coupé nos communications ferrées avec Nancy.

De leur côté, les Ire et IIe armées allemandes occupent le 12 août, de Boulay à Morhange, un front de 30 kilomètres tenu par cinq corps d'armée. Quatre autres sont en deuxième ligne, dont le IVe fort en arrière. C'est à ce dernier qu'il revient d'établir la liaison avec la IIIe armée. Devant cette double ligne, la cavalerie allemande tend un épais rideau et pousse des coureurs jusque sous le canon de Metz, recueillant ainsi de précieux renseignements. De l'ensemble, il résulte que, si nous avons abandonné la Nied, nous sommes encore en forces à l'est de Metz. Au contraire, le terrain au sud est entièrement vide jusqu'à la Moselle et les ponts de cette rivière sont intacts et inoccupés. Dans l'entourage de Moltke on nous croit déterminés à continuer notre retraite vers l'ouest. On se rend compte du maladroit entassement de nos corps d'armée sous Metz et l'on suppose que tous ne pourront à temps traverser la Moselle. D'où la pensée de faire contourner la place au nord et au sud par la cavalerie, afin d'observer et de gêner notre mouvement.

C'est Frédéric-Charles qui en prend l'initiative. Il juge nécessaire de jeter une avant-garde jusqu'à la Moselle, avant que nous ayons réparé la faute commise en laissant les ponts à l'abandon. La 19e division (Xe corps) reçoit ordre de continuer sa marche jusqu'à Delme, un peu à l'est de Pont-à-Mousson. La 5e division de cavalerie passera la Moselle, gagnera le plateau à l'ouest et se portera vers la route de Metz à Verdun, de manière à constater notre retraite éventuelle. Un mouvement analogue de la cavalerie de Steinmetz nous couperait rapidement toute communication avec l'intérieur.

Moltke croit aussi à notre mouvement vers l'ouest, mais il ne paraît pas se rendre compte aussi nettement que Frédéric-Charles des moyens d'y parer. Il se borne à prescrire que, le 13 août, la Ire armée se portera vers la Nied française, son gros vers Les Étangs—Pange, sa cavalerie reconnaissant Metz et passant la Moselle en aval. La IIe armée poussera jusqu'à Buchy—Château-Salins, en cherchant à s'emparer des ponts de cette rivière; sa cavalerie reconnaîtra au delà. Enfin, la IIIe armée continuera vers Nancy—Lunéville.

On voit que la conception de Moltke diffère de celle de Frédéric-Charles. Le front qu'il assigne à la IIe armée pour le 13 août n'indique pas la pensée d'effectuer une conversion autour de Metz, mais plutôt de faire face au sud-ouest, en vue d'une marche sur Paris. En outre, le mouvement prescrit au Prince va l'éloigner de la Ire armée, ainsi exposée à être attaquée isolément par des forces supérieures, massées dans son voisinage immédiat. Moltke estime que, si Steinmetz cédait sous notre effort, celui-ci serait bientôt arrêté par l'offensive de la IIe armée dans notre flanc droit. Il croit aussi que, si nous attaquons de flanc cette armée, elle pourra se replier sur la IIIe, tandis que la Ire, passant la Moselle en aval de Metz, se jettera sur notre ligne de retraite. Le succès d'une opération aussi compliquée paraît problématique. On peut croire que ces combinaisons n'excluraient nullement la possibilité d'un échec grave de Steinmetz, attaqué le 13 ou le 14 août par la presque totalité de nos forces. En orientant les Ire et IIe armées vers la Moselle entre Metz et Frouard, en laissant un rideau seulement derrière-la Nied, Moltke éviterait ce danger sans rien compromettre pour l'avenir. Il est loin de prévoir notre arrêt prolongé sous Metz, car il arrête les premières mesures pour l'investissement de cette place par une division de landwehr.

Les renseignements recueillis le 13 août font craindre que l'ennemi cherche à nous devancer sur Verdun, en contournant Metz au nord et au sud, ce qui devrait nous porter à presser le passage de la Moselle. Bazaine ne paraît pas s'en rendre compte. Il consacre la soirée du 12 et la journée du 13 à des dispositions de détail et ne fait rien pour hâter la retraite. L'armée est si étroitement concentrée sous Metz, sans utilité aucune, que ses mouvements en seront très pénibles. Seize divisions d'infanterie et six de cavalerie sont bivouaquées dans un cercle mesurant au plus dix kilomètres de diamètre, et l'ennemi couvre encore un front immense, de Boulay jusque vers Nancy. Comment, dans ces conditions, ne pas prendre l'offensive? C'est une idée très répandue dans nos rangs, mais Napoléon III est combattu entre les conseils de prudence qui ont dicté jusqu'alors notre retraite et les considérations politiques développées par la Régente ou par son entourage. Il obéit aux premiers, tout en hésitant, car il reconnaît la justesse des secondes. Il y a nécessairement opposition entre les tendances du souverain loin de Paris, aux prises avec la froide réalité, et celles de la Régente soumise aux influences de la rue, de la presse et du Parlement. L'éloignement permet encore à l'Impératrice « le long espoir et les vastes pensées » que ne connaît plus Napoléon III. Ce désaccord ira s'accentuant jusqu'à la catastrophe finale.

Dans la journée du 13, l'entente paraît se faire entre l'Empereur et Bazaine en vue de la retraite. Le maréchal donne, pour le passage de la Moselle, des ordres qui s'appliquent surtout aux impedimenta. Ceux-ci traverseront cette rivière dans l'après-midi, pour aller s'entasser à la sortie ouest de Metz, au pied des hauteurs. Notre débouché n'en sera guère plus facile. Les divisions Forton et du Barail, déjà bivouaquées au Ban-Saint-Martin, partiront à la même date, laissant leurs bagages sur place. La première suivra la route de Verdun par Mars-la-Tour, la seconde celle de Verdun par Doncourt qui s'embranche à Gravelotte sur la précédente. Cette disposition ne suffit pas à garantir le débouché de 160.000 hommes.

Quant à la marche de l'armée proprement dite, elle est réglée en quatre lignes, sans indication d'heure ni de jour, sans que rien détermine la constitution des colonnes, laissée au bon plaisir de chacun. Les 2e et 6e corps suivront la route de Mars-la-Tour; les 4e et 3e, celle de Doncourt; la Garde marchera derrière le 3e corps ou exécutera les ordres donnés par l'Empereur.

Ces prescriptions vont nécessairement entraîner un immense désordre et des retards irréparables. Pour gravir les pentes du plateau à l'est de Metz, l'armée doit s'engager sur une seule route qu'elle suivra jusqu'à Gravelotte, ne formant deux colonnes qu'à partir de ce point. Quelle idée se fait donc Bazaine de la longueur qu'occupent sur une route, même sans leurs énormes impedimenta, les cinq corps d'armée dont il dispose?

L'effet de ces prescriptions est encore aggravé par le retard mis à les envoyer. Finalement, la retraite, qui aurait dû commencer l'après-midi, puis le soir du 13, est reportée au matin, puis à l'après-midi du 14, sans que rien empêche de faire usage des ponts fixes de Metz, à défaut des passages de circonstance dont l'établissement a été ralenti par notre imprévoyance. Il est évident que Bazaine n'a pas la volonté ferme de se retirer vers la Meuse. Est-ce suite de son indécision naturelle, de l'embarras qu'il éprouve en se voyant brusquement chargé de conduire une grande armée, dans les circonstances les plus délicates? Il se peut aussi que la présence de l'Empereur lui soit à charge, qu'il espère le décider à prendre les devants et à lui laisser l'entière liberté de ses décisions, comme il arrivera en effet.

Napoléon III voudrait retourner à Paris, mais les avis de la Régente ou d'amis dévoués l'y font renoncer. C'est ainsi qu'il reste à Metz, attendant avec impatience les décisions du successeur qu'il a dû se donner malgré lui. Il cherche à hâter notre retraite, sentant confusément ses dangers. Bazaine recourt à des échappatoires pour s'y soustraire. Il paraît si peu convaincu de l'urgence de ce mouvement que, le soir du 13, il songe à attendre l'ennemi dans nos lignes ou à prononcer contre lui un mouvement général d'offensive. Mais il ne s'agirait pas d'écraser les têtes de la Ire armée sur la Nied. Bazaine voudrait, après avoir rejeté les Allemands au delà de cette rivière, descendre sur Frouard et occuper ce plateau de Haye dont il a célébré les avantages « depuis deux ans ». On a peine à croire au sérieux d'un pareil projet. Autant qu'on peut en juger, Bazaine veut couper les colonnes allemandes en remontant la Moselle. Mais il prêterait lui-même le flanc à un ennemi très supérieur et l'objectif ne compenserait certes pas les dangers à courir. Son projet procède des conceptions du général Frossard dans son *Mémoire* de 1867, mais mal comprises. Le maréchal croit à la valeur propre des positions, à la puissance de la défensive pure. Il entend la guerre comme au temps de Villars et de Malborough.

En cela Napoléon III voit plus juste que lui et insiste de nouveau sur la nécessité de hâter le passage. Il n'admettrait qu'une offensive limitée. Bazaine ne persiste donc pas dans ses intentions.

Que l'armée reste sous Metz ou qu'elle se retire vers la Meuse, la destruction des ponts de la Moselle, autres que ceux dont elle doit faire usage, s'impose évidemment. Malgré l'insistance d'habitants du pays et de divers officiers, aucun ordre n'est donné dans ce sens. Par contre, il faudrait multiplier les passages sous Metz. L'Empereur en donne l'ordre verbal dès le 8 août, sans aucune indication topographique. Le Bœuf et l'état-major général n'interviennent pas non plus dans l'établissement du projet qui est abandonné au général Coffinières. Celui-ci ne tient compte que des considérations techniques, négligeant celles tenant à la tactique. En outre, ces ponts, mal établis, avec des matériaux médiocres, sont endommagés par une suite de crues nécessitant des réparations qui seront terminées seulement dans la journée du 14. Le soir du 13, l'armée dispose uniquement des deux ponts fixes de Metz, du pont du chemin de fer et d'un pont d'équipage jeté dans l'après-midi en aval. C'est un total de quatre passages en attendant la fin des travaux entrepris. Le 14, vers le milieu du jour, il sera porté à sept et ce nombre suffirait amplement si les débouchés des deux rives étaient mieux assurés. D'ailleurs, nous ne saurons pas les utiliser, comme il serait possible.

Pourtant tout, jusqu'à la situation en vivres, se réunit pour nous conseiller un prompt départ. Les moyens de fabrication du pain et du biscuit sont insuffisants à Metz, au point que l'intendance réclame l'envoi journalier de Paris, par train spécial et express, de 100.000 rations, faute de quoi elle devra distribuer de la farine. L'interruption de la ligne de Frouard complique encore ce ravitaillement.

Pendant que nous piétinons ainsi autour de Metz, la gauche allemande (Xe corps) s'empare des ponts de Dieulouard et de Pont-à-Mousson; sa cavalerie dépasse la rivière. La droite (Ire armée) borde la Nied avec deux corps d'armée (Ier et VIIe), qu'un troisième (VIIIe) est prêt à soutenir. Sa cavalerie ne cherche pas à franchir la Moselle, contre les indications de Moltke.

Jusqu'alors l'état-major prussien nous croyait en retraite sur Châlons. Tout au plus s'attendait-il à rencontrer une arrière-garde à l'est de Metz. Les renseignements recueillis par la Ire armée sont les bienvenus, car ils montrent que nous avons encore des forces considérables en avant de la Moselle. Moltke décide par suite que cette armée conservera le 14 août ses emplacements sur la Nied, tout en poussant vers Metz des avant-gardes, afin d'observer si nous sommes en retraite ou si nous prenons l'offensive.

En vue de cette dernière circonstance, la IIe armée ne portera le IIIe corps que jusqu'à Pagny, le IXe vers Buchy. Ils s'y tiendront prêts à intervenir au cas d'un combat sérieux à l'est de Metz. Le reste de la IIe armée continuera vers la Moselle, sauf le Xe qui prendra position à l'ouest de Pont-à-Mousson. La cavalerie des deux armées poussera aussi loin que possible, afin d'inquiéter notre retraite éventuelle sur les routes de Metz à Verdun.

Cet ordre contient en germe toute la crise que vont traverser les Allemands du 14 au 17 août. Ses termes sont pour expliquer, sinon justifier l'attaque prématurée de la Ire armée, le 14, et l'offensive isolée d'une fraction de la IIe le 16. Si Moltke prévoit un retour offensif de l'armée du Rhin, c'est sans y attacher une importance réelle. Autrement, il jugerait insuffisants les cinq corps d'armée qui vont rester sous Metz. En prescrivant de pousser vers cette place les têtes de la Ire armée, ne s'expose-t-il pas à provoquer un engagement prématuré, ainsi qu'à Spicheren ? Dans les conditions où sont nos troupes, le dos à une grande place, le rôle de la Ire armée ne peut être que d'observer, tandis que la IIe passera la Moselle pour nous devancer vers la Meuse. Mais cette tâche implique une attitude défensive derrière la Nied et non l'envoi vers Metz d'avant-gardes, qui peuvent précipiter notre retraite, contre l'intérêt évident des Allemands, ou entraîner Steinmetz dans une action générale au moins inopportune.

On a souvent présenté les ordres des 12 et 13 août comme préparant l'immense conversion que les Allemands exécuteront autour de Metz. C'est embellir singulièrement les choses. Rien n'indique à ces deux dates que Moltke prévoie des circonstances aussi en dehors de toute conception rationnelle. L'arrêt inexplicable de l'armée du Rhin sous Metz, la lenteur de son débouché sur le plateau à l'ouest ne peuvent entrer dans ses prévisions. Moltke continue son mouvement d'ensemble sur Paris, tout en masquant Metz, parce qu'il est ainsi dans la logique des faits. Mais il pourrait laisser sur la Nied des forces moindres, en leur prescrivant une stricte défensive, tandis que le reste des deux armées se hâterait de passer la Moselle. Il éviterait ainsi l'inutile bataille du 14 et la crise du 16, qui pourrait si aisément être d'une extrême gravité.

Le 14 août, au matin, nos convois s'ébranlent et s'engagent dans les rues tortueuses de Metz, puis sur la route de Gravelotte. De même, dans l'après-midi, les divisions Forton et du Barail quittent leur bivouac et affluent elles aussi sur la même route, où les premières troupes d'infanterie ne tardent pas à s'engager. Le long de la chaussée, dans les rues, sur les ponts de Metz, c'est un enchevêtrement inextricable de voitures de toute espèce. Cavaliers et fantassins, isolés et fractions plus ou moins fortes cherchent à se glisser sur les trottoirs, le long des fossés d'accotement. On piétine sur place, on stationne pendant des heures. Du Barail va bivouaquer au sud de la route de Doncourt, entre les fermes de Mogador et de La Malmaison. Forton ne dépasse pas Gravelotte. Quant au 2e corps, son mouvement commencé vers midi ne se terminera qu'aux premières heures du lendemain, vers Jussy et Rozérieulles. Le 6e reste aux abords sud-ouest de Metz. Le 4e commence à passer la Moselle, et sa cavalerie, sa réserve d'artillerie, la division Lorencez l'ont déjà franchie, quand le canon retentit à l'est.

Pendant que nous entamons ainsi notre retraite, l'état-major du roi Guillaume se montre fort incertain de ses décisions. La croyance la plus répandue est que nous marchons sur Châlons, mais Moltke attend encore des nouvelles positives. Son intention serait de porter la Ire armée en oblique au sud-ouest, de façon à l'établir entre Seille et Moselle, au sud de Metz. Une seule division resterait en observation sur la Nied. La droite de la IIe armée (IXe et XIIe corps), en marche vers Pont-à-Mousson, serait prête à soutenir la Ire.

Quant au reste de la IIe, il continuerait vers la Moselle, Frédéric-Charles dirigeant immédiatement sur les routes de Metz à Verdun des masses de cavalerie soutenues par de l'infanterie. Suivant les renseignements recueillis, on verrait à porter la Ire armée dans la même direction.

En même temps que ce projet, Moltke en envisage un autre, conçu dans l'hypothèse où de fortes masses stationneraient encore autour de Metz. En ce cas, la Ire armée, soutenue par deux corps de la IIe, ferait face à une irruption éventuelle au sud-est. La IIe armée aurait le 16 août cinq corps d'armée face à Metz sur la rive gauche. La IIIe continuerait seule sur Paris.

A 6 heures du soir, n'ayant reçu aucun renseignement positif, Moltke adresse aux trois armées un ordre admettant que la majeure partie de nos forces est encore à l'est de la Moselle. Pour parer à une attaque possible, les IIIe, IXe et XIIe corps serreront simplement sur leurs têtes, le 15 août. De même, les Ier et VIIe conserveront leurs emplacements du 14 ; le VIIIe se portera vers la droite de la IIe armée, afin de préparer l'oblique de la Ire.

La IIe armée jettera toute la cavalerie disponible à l'ouest de la Moselle, vers les routes de Metz et Verdun, en la faisant soutenir vers Gorze et Thiaucourt par ses corps d'armée les plus avancés.

Moltke est bientôt contraint de modifier ces premières dispositions.

Les avant-postes de la Ire armée ont recueilli de nombreux indices de notre retraite, sans que Steinmetz se soit occupé de la faire vérifier par ses avant-gardes, comme le voulait Moltke. Mais ses troupes ont le sentiment exagéré de leur supériorité et le goût passionné de l'offensive. D'Ars-Laquenexy, le général von der Goltz, ayant observé notre mouvement rétrograde, juge indispensable de le gêner. Il obéit plutôt au désir de combattre qu'à son concept de la situation. Le 6 août, il commandait l'avant-garde de la division Glümer. Par la faute de son chef, il n'a pas joué à Forbach le rôle décisif qui aurait dû lui revenir. Ce souvenir le hante et il brûle de prendre sa revanche. A 3ʰ 30 du soir, il met sa brigade et deux batteries en marche et déloge rapidement du château d'Aubigny, puis de Colombey, les avant-postes du 3ᵉ corps.

Celui-ci s'est déjà mis en retraite. Devant l'attaque des Allemands, les divisions Castagny et Metman réoccupent les positions qu'elles venaient de quitter. La situation de von der Goltz devient délicate, mais des renforts lui arrivent. Le reste de la division Glümer accourt pour le soutenir; le Iᵉʳ corps va s'engager plus au nord. De notre côté, la division Aymard garde ses emplacements à la gauche du corps d'armée, moins son artillerie qui s'établit dès le commencement de l'action au nord-est de Bellecroix. La division Montaudon, qui tient la droite, arrête sa retraite et réoccupe ses positions; la division de cavalerie Clérembault se reporte en avant pour soutenir Castagny et Metman.

L'attaque aventurée par von der Goltz a donc ce premier résultat d'interrompre la retraite du 3ᵉ corps et d'amener le déploiement au moins partiel de ses quatre divisions. Nulle part, nous ne prenons sérieusement l'offensive; nous nous bornons à faire face aux Prussiens, étalant complaisamment bataillons et batteries à leurs coups. L'entassement est extrême, surtout à gauche.

Bazaine exerce une action très restreinte. Sa pensée constante est de continuer sans arrêt son mouvement rétrograde. Il regrette qu'on ait accepté le combat et ne dissimule pas son mécontentement. Il prescrit de ne pas avancer « d'une semelle », confirmant ainsi les généraux du 3ᵉ corps dans leurs tendances passives. D'ailleurs l'intervention du Iᵉʳ corps prussien ne tarde pas à changer la physionomie du combat. Le général von Manteuffel lui a déjà fait prendre les armes, quand le canon de von der Goltz retentit. Peu après, ce dernier lui ayant demandé de le soutenir, il prescrit à tout le corps d'armée de se porter en avant et informe Steinmetz de cette décision. Les avant-gardes de ses deux divisions se mettent à peu près simultanément en marche sur les routes de Sarrebruck et de Sarrelouis. Leur artillerie intervient rapidement à hauteur de celle de von der Goltz; l'infanterie de la 2e division se porte par Noisseville sur Nouilly, que le 4e corps a déjà évacué, et attaque ensuite son arrière-garde en position à l'ouest. Quant à celle de la 1re division, elle marche sur Lauvallier qui est vite enlevé. Mais les Prussiens ont peine à en déboucher et leurs progrès sont très lents. A 6 heures du soir, sur tout le front entre Colombey et Nouilly, la majeure partie de leurs trois avant-gardes s'est engagée sans obtenir des résultats marqués. Malgré une très grande supériorité numérique, nos troupes se bornent à défendre leurs positions. Nulle part elles ne prennent une offensive qui serait tout à fait contraire aux intentions de Bazaine. Le général Decaen (1) comprend de même son rôle. Quand il est grièvement blessé, il remet le commandement à Metman, qui est dans des idées identiques. En outre, l'artillerie des Prussiens contribue puissamment à compenser leur infériorité. La division Aymard a pourtant déployé quatre bataillons à l'est de Bellecroix, et la division Grenier, du 4e corps, a pris position du bois de Mey à la route de Bouzonville. La dernière n'a devant elle, à l'est de Nouilly, que six compagnies prussiennes, mais elles conservent avec une remarquable ténacité l'attitude agressive qu'elles ont prise dès le début, au point de n'être rejetées sur Nouilly qu'après avoir attaqué à deux reprises le bois de Mey.

Des renforts arrivent à la division Grenier. Apprenant qu'elle était attaquée, Ladmirault a prescrit aux généraux de Cissey et de Lorencez de faire demi-tour pour marcher au canon. Le premier n'a pas attendu cet ordre et accourt

____

(1) A succédé au maréchal Bazaine dans le commandement du 3e corps.

vers le champ de bataille, son artillerie en tête. L'une de ses brigades se porte sur Mey, l'autre prolonge la gauche de Grenier. Quant à Lorencez, il demeure en réserve. Nous pourrions aisément déborder l'ennemi par la route de Bouzonville, mais, d'accord en cela avec le maréchal, Ladmirault n'en a nullement la pensée.

De leur côté, les Prussiens reçoivent un nouveau renfort, la 25e brigade envoyée par le divisionnaire, Glümer. Le commandant du VIIe corps, Zastrow, approuve cette décision, prescrivant lui-même à la division Kameke et à l'artillerie de corps de marcher à l'ennemi. La première n'a pas attendu cet ordre. Pour Zastrow et Glümer, l'initiative de von der Goltz est injustifiée. Néanmoins, ils n'ont pas un instant d'hésitation à le soutenir. Il s'est engagé à la légère, malgré les ordres donnés. On va tout mettre en œuvre pour faire une victoire d'une défaite à peu près certaine.

En atteignant le champ de bataille, Zastrow porte la 25e brigade sur Colombey, en réserve de la 26e; Kameke dirige la 27e à la gauche de la précédente; la 28e demeure en réserve. Cette double intervention détermine bientôt la retraite du centre de la division Metman. Quant à sa droite, elle reprend son mouvement rétrograde sans y être obligée. Vers 8 heures, sa ligne se reforme au nord et à hauteur du bois de Borny; nous reculons également sur les routes de Sarrebruck et de Sarrelouis. La division Aymard continue de tenir à la gauche du 3e corps. Quant à l'ennemi, il demeure un peu à l'ouest de Lauvallier. Nous laissons inactives de fortes réserves, surtout en artillerie.

A gauche, bien que le Ier corps ait mis en jeu ses 90 pièces, le 4e corps tient en échec la ligne prussienne. A droite, la division Montaudon a reporté au sud-est de Grigy un régiment et une batterie, en réoccupant le bois de Borny. C'est à une partie de ces forces que va se heurter la 28e brigade. Venue de la direction d'Ars-Laquenexy, elle enlève le bois de Colombey. Enfin, la 1re division de cavalerie et la 18e division d'infanterie (IXe corps) ont également marché au canon par la route de Strasbourg. Elles s'engagent vers Grigy, mais la nuit les arrête bientôt, avant que nos positions aient été sérieusement attaquées. Leur intervention aurait pu donner des résultats décisifs, sans l'heure tardive et la faiblesse des effectifs engagés.

Sur le front du 4e corps, l'action est beaucoup plus vive. Le général Grenier attaque vers Nouilly, mais il est repoussé et nous perdons le bois de Mey, où l'ennemi ne peut, lui non plus, se maintenir. A la nuit, nos troupes demeurent sur place, tandis que les Prussiens se retirent vers Nouilly et Noisseville. Leurs tentatives sur Bellecroix n'ont pas été plus heureuses. Après une série d'engagements confus, l'obscurité met fin au combat. La division Lorencez et la cavalerie regagnent la rive gauche sans y avoir pris une part réelle. Grenier se reporte sur ses emplacements du matin. Quant à Cissey, qui fait l'arrière-garde, il a l'ordre de reprendre sa retraite dès l'aube.

Bazaine a prescrit aux 3e, 4e corps et à la Garde de se remettre immédiatement en marche, de manière à se trouver, au jour, aux points qu'il avait prescrit d'atteindre le soir du 14. L'heure tardive et la fatigue font qu'une grande partie des 3e et 4e corps passe la nuit à l'est de la Moselle. La Garde seule se conforme aux ordres donnés.

Steinmetz apprend avec un vif mécontentement que les Ier et VIIe corps se sont engagés malgré lui. Il va jusqu'à leur prescrire de revenir sans délai sur les emplacements du matin. Le soir même, le Ier corps se conforme à cette injonction; le VIIe en renvoie l'exécution au lendemain, de sorte qu'il demeure en flèche devant Metz, ce qui nous donnerait la possibilité d'attaquer, le matin du 15, dans des conditions très favorables. Enfin Steinmetz a fait en sorte d'empêcher le VIIIe corps d'intervenir. Il ne lui prescrit de marcher qu'à la nuit, quand il est trop tard.

Pendant toute l'action, sur la plupart des points, nous avons combattu avec une supériorité de nombre qui était parfois écrasante. Nos pertes sont néanmoins inférieures à celles de l'ennemi : 205 officiers et 3.409 hommes de troupe contre 222 officiers et 4.684 hommes. De notre côté, la retraite des corps engagés commence dès les premiers coups de feu. Malgré ce fait, malgré l'abandon du champ de bataille, l'impression générale est favorable. On accueille avec un enthousiasme peu justifié « ce léger sourire de la fortune », suivant le mot de Jarras. Chez les Allemands, eux aussi, le sentiment d'une victoire est général, avec plus de raison. Même ils en exagèrent la portée. Le roi Guillaume télégraphie que nous avons été refoulés de toutes parts et poursuivis jusque sur les glacis. Cette impression ne sera pas sans influer sur les mouvements ultérieurs.

En dépit de Steinmetz, le souverain et Moltke approuvent hautement l'initiative de von der Goltz. Pourtant elle aurait pu entraîner des conséquences graves pour nos adversaires, si nous avions pris vigoureusement l'offensive, avec trois corps d'armée concentrés, contre des têtes de colonnes engagées isolément et sans soutien. Après coup, on a prêté à ce général une sorte de divination. Il aurait compris que son initiative, si hardie qu'elle touchait à l'indiscipline, allait avoir pour conséquence de retarder l'armée du Rhin et de livrer son flanc à l'attaque prescrite pour la IIe armée. Cette thèse est fort hasardée. Ce brigadier d'infanterie pouvait-il se rendre compte, dès lors, d'une série d'événements dont la possibilité n'apparaissait pas encore aux yeux clairvoyants d'un Moltke, parce que, seules, des fautes aussi grossières qu'invraisemblables devaient les permettre ?

On a souvent prétendu que son attaque avait beaucoup ralenti notre retraite et permis la bataille du 16 août, c'est-à-dire, en dernière analyse, l'investissement de l'armée du Rhin. Il y a là une erreur absolue. Ce qui retarde outre mesure nos cinq corps d'armée, c'est les dispositions inqualifiables prises par Bazaine, l'entassement voulu de nos troupes dans le long défilé qui va de Metz à Gravelotte. La bataille du 14 est pour si peu dans nos retards que, la nuit suivante, les troupes voulant reprendre leur retraite trouvent les routes encombrées au point d'être inabordables.

La Garde consacre la moitié de cette nuit à parcourir quelques kilomètres entre le plateau de Borny et Longeville. La portée stratégique de l'attaque de von der Goltz est donc nulle; son résultat tactique le plus clair réside dans la perte de 5.000 combattants. Elle fait perdre leur première verdeur d'entrain à deux corps d'armée et l'on s'en apercevra le 18 août. Enfin elle ralentit la droite de la IIe armée et prépare la crise du 16 août.

L'attaque de von der Goltz fut une erreur, parce qu'elle ne pouvait conduire à des résultats en proportion des pertes inévitables. Si Moltke entendait qu'on attaquât le 14 août, ainsi qu'il a paru l'admettre après coup, il eût dû le spécifier nettement et ne pas s'en tenir aux vagues recommandations du 13. Dans ce cas, ce n'était pas des fractions de trois corps d'armée qu'il aurait fallu jeter vers l'ouest, mais bien toutes les forces disponibles. Une attaque d'ensemble opérée dès le matin du 14 par la Ire armée, avec l'appui de deux corps de la IIe au moins, aurait eu chance de mettre dans le plus grand désordre nos colonnes en retraite et, peut-être, grâce à notre passivité, de les précipiter dans la Moselle.

On comprend très bien que Moltke ait préféré une autre solution, susceptible de résultats plus grands encore à moins de risques. Il entend maintenir la Ire armée face à Metz, tandis que la IIe passera la Moselle et tentera, sinon de nous devancer vers la Meuse, du moins de gêner notre retraite. Dans ces conditions, on doit se demander si trois corps d'armée et deux divisions de cavalerie ne constituent pas une force trop considérable pour un rôle purement passif. Il n'y a aucune probabilité pour un effort sérieux de l'armée du Rhin vers l'est : elle n'eût pas attendu si longtemps et il ne la conduirait à rien. Un corps d'armée et deux divisions de cavalerie suffiraient amplement, à la condition d'être tenus à distance, derrière la Nied. L'envoi fréquent de reconnaissances vers Metz les renseignerait, sans précipiter notre retraite ni provoquer un retour offensif, comme on peut craindre d'une attaque. Les forces à l'ouest de la Moselle seraient accrues de deux corps d'armée, fait capital pour l'avenir.

Si l'attaque de von der Goltz n'entraîne pas un échec grave pour les Allemands, c'est au commandement français qu'il convient de l'imputer. Bazaine n'a pris aucune disposition pour couvrir sa retraite; il s'est laissé acculer aux glacis des forts sans y être aucunement forcé; il n'a pas devant lui de zone de manœuvre et son service d'avant-postes est à peu près nul. Dès lors on comprend que nos troupes soient surprises par les obus prussiens, et que leurs mouvements rétrogrades les accumulent rapidement sous le canon de la place. Enfin elles les commencent trop tard.

Pendant le combat, l'inertie de Bazaine est criante. Il ne donne aucun ordre sérieux, sauf pour la retraite. Il s'occupe de placer des bataillons et des batteries, alors que l'ensemble lui échappe. Il ne sait pas saisir l'occasion inespérée que lui tend la Fortune, celle d'écraser avec les trois corps qu'il tient dans sa main les têtes de colonnes qui osent diriger sur lui des attaques incohérentes. Il a le choix entre deux solutions : la retraite sans arrêt ou une vigoureuse contre-attaque. Il ne choisit ni l'une ni l'autre.

Nos troupes sont en marche vers l'ouest depuis le 6 août, à la suite d'une double défaite. Si l'on cédait encore le terrain sans tirer parti des défenses de Metz, l'atteinte à leur moral serait irréparable. Il est de toute nécessité de combattre, et Bazaine ne l'admet pas un instant.

De tous les généraux en sous-ordre, Ladmirault est seul à faire acte d'initiative. Encore se borne-t-il à l'esquisser. Puisqu'il prend la responsabilité de marcher au canon, pourquoi se borner à défendre les positions de la division Grenier, sans même tenter une attaque débordante à laquelle nul n'est en état de s'opposer?

En somme, la bataille du 14 août n'est un succès pour aucun des partis. Engagée mal à propos, dans les pires conditions, par les Prussiens, elle devrait aboutir pour eux à un échec grave, de nature à modifier le début de la campagne. S'il n'en est pas ainsi, c'est que ni Bazaine, ni Ladmirault n'ont la ferme volonté de réprimer leur audace. A défaut du maréchal, si le commandant du 4ᵉ corps prenait cette décision, s'il l'exécutait avec l'énergie qui, seule, permet les grandes choses, le Iᵉʳ corps pourrait être rejeté dans le plus complet désordre, ce qui provoquerait nécessairement la retraite de la Iʳᵉ armée et l'arrêt de la IIᵉ. La suite des opérations en serait complètement changée.

LE QUINZE AOUT

Pendant la nuit du 14 au 15, l'armée continue lentement le passage de la Moselle. Certaines fractions n'ont pu encore se mettre en marche. Une faible partie est engagée dans la direction de Verdun : les divisions Forton et du Barail sont à Gravelotte et vers La Malmaison ; le 2e corps de Rozérieulles à Longeville. Le gros du 6e corps est resté en place ; le reste s'est intercalé dans le 2e. Les autres troupes sont étroitement groupées entre la rive gauche de la Moselle, Woippy, le fort de Plappeville et Moulins-lez-Metz.

L'armée va donc avoir passé la Moselle ; il reste à se hâter vers la Meuse. Les renseignements recueillis en indiquent l'urgence. On signale des fractions ennemies traversant la Moselle au sud de Metz, et même atteignant la route de Verdun par Mars-la-Tour. D'autres menaceraient notre retraite du nord-est, et Bazaine paraît attribuer de l'importance à ce prétendu mouvement, car il refuse obstinément de suivre la route de Verdun par Briey, celle même que les Allemands atteindront en dernier lieu, tandis qu'il ne fait rien pour couvrir celle de Mars-la-Tour, la plus exposée.

Il a quitté le champ de bataille à la nuit noire et ne voit l'Empereur que vers minuit, à Longeville. Après l'avoir félicité de son « succès », Napoléon III lui recommande la plus grande prudence, afin de ne rien livrer au hasard : « J'attends une réponse de l'empereur d'Autriche et du roi d'Italie ; ne compromettons rien... »

Le maréchal couche à Moulins et c'est avec peine que, le lendemain matin, Jarras obtient de lui des ordres verbaux : le 4e corps ira à Doncourt-en-Jarnizy ; le 3e, derrière lui, à Vernéville, face à Thionville ; le 2e corps, dès qu'il verra la tête du 6e, continuera sur Mars-la-Tour et sera remplacé par ce dernier à Rezonville et à Vionville. La division de voltigeurs s'établira au Point-du-Jour pour couvrir au besoin la retraite; le reste de la Garde bivouaquera vers Gravelotte; à Tronville, la division Forton éclairera en avant et à gauche sur le chemin de Saint-Mihiel; la division du Barail fera de même sur la route d'Étain.

Sollicité par Ladmirault, qui allègue la fatigue de ses troupes, Bazaine décide ensuite que le 3e corps devancera le 4e.

L'immense désordre qui règne sur la route de Gravelotte est encore accru par l'apparition de trois escadrons prussiens. Partis avec deux pièces du sud-est de Metz, par un épais brouillard, ils ont mission de reconnaître la route de cette ville à Nancy et, s'il est possible, celle de Verdun. Ils vont se dissimuler au sud-ouest de Montigny et observent le bivouac du 6e corps à l'ouest de la Moselle. Aucun avant-poste ne le protège et le calme y est profond encore. Les obus prussiens le prennent pour cible, y jetant un très grand désordre. Non sans retard le fort Saint-Quentin ouvre le feu, et le détachement ennemi disparaît bientôt.

Une autre escarmouche du même genre a lieu au Sablon, à l'est de Montigny; on croit Metz très sérieusement attaqué. Bazaine n'échappe pas à l'émoi général. Avant de quitter Moulins, il prescrit de détruire le pont du chemin de fer à Longeville, destruction inepte puisqu'elle doit nuire à nos troupes et non à l'ennemi, incapable de se servir de cet ouvrage sous le canon de l'enceinte et du fort Saint-Quentin.

Pour se porter entre Meuse et Moselle, l'armée fait usage de quatre itinéraires; mais, plusieurs ayant des tronçons communs, ils se réduisent en réalité à deux, la route de Gravelotte et le chemin de Metz à Vernéville par Plappeville et Lessy. Celui-ci, étroit et de profil accidenté, se prête mal au mouvement d'une grosse colonne; en outre, troupes et convois y cheminent pêle-mêle. Entre Plappeville et Lessy, il y a simultanément des fractions des 3e, 4e, 6e corps. Cette voie finit par être si complètement obstruée, que la grande masse de l'armée en est réduite à la route de Gravelotte, suivant l'idée première de Bazaine.

Notre mouvement, commencé le 14 vers midi, s'achève à peine le 16 vers minuit, après soixante heures. Le maréchal croyait qu'il serait terminé dans la nuit du 14. Qui peut mesurer les conséquences de cette grossière erreur? Il eût été facile de trouver pour l'armée quatre itinéraires distincts, ce qui aurait permis d'achever le mouvement le 15 août. La bataille de Rezonville eût été livrée dans des conditions tout autres.

Depuis le soir du 14, la division Forton est à Gravelotte. Le matin du 15, les gens du pays signalant l'ennemi sur la route de Verdun et au sud, la division se met en marche et ne tarde pas à être, en effet, au contact de la cavalerie prussienne. Celle-ci n'est pas en force et se replie après une escarmouche. Quant à Forton, bien qu'il ait été rallié au canon par la division du Barail et par une partie de la cavalerie du 2e corps, il ne se croit pas en sûreté à Mars-la-Tour et se retire sur Vionville. Du Barail regagne Doncourt sur la route d'Étain.

Le 2e corps est resté à Rezonville, attendant le 6e, dont la tête atteint ce village dans la soirée seulement. La Garde est vers Gravelotte, ainsi que la réserve générale d'artillerie. La moitié environ du 3e corps est arrivée vers Montigny et Vernéville; le reste est retenu vers Plappeville par l'encombrement. Quant au 4e corps, il ne se conforme pas aux ordres de Bazaine, en sorte que la division Lorencez, seule, atteint Lessy sans pouvoir dépasser ce village. Le reste du corps d'armée est encore vers la Moselle.

Tous ces mouvements se sont accomplis dans des conditions déplorables. Le désordre des colonnes, leurs arrêts constants, la lenteur qui en résulte imposent aux troupes des fatigues écrasantes pour des déplacements à peine sensibles. Le soir du 15 août, des cinq corps de Bazaine, le 4e est tout entier sous Metz, le 3e y a plus de moitié de ses éléments. Le reste a gagné péniblement une quinzaine de kilomètres à l'ouest. Le matin du 16, nous avons neuf divisions d'infanterie et quatre de cavalerie dans un quadrilatère mesurant moins de six kilomètres sur onze, entre

Doncourt, Vionville, Amanvillers et Châtel-Saint-Germain. Quelques-unes n'achèvent leur mouvement que dans la matinée, ce qui rendrait difficile, sinon impossible, la reprise immédiate de la marche. L'armée entière va expier la faute commise par son chef en arrêtant les dispositions les plus vicieuses.

Dans la soirée du 15, les intentions de Bazaine paraissent incertaines. Il parle de se jeter sur les Allemands qui ont passé la Moselle et de les refouler sur Pont-à-Mousson, très heureuse idée qu'il ne réalisera pas, pour notre malheur. Il envisage aussi, non sans regret, la retraite sur Verdun qui va devenir « notre nouvelle base d'opérations », mots vides de sens puisqu'il s'agit d'une petite place sans la moindre valeur. Il apprend avec une satisfaction à peine dissimulée que l'Empereur partira le matin suivant.

Bien que Frossard et Canrobert aient devant eux une force évaluée à 30.000 hommes, et qu'ils s'attendent à être attaqués le lendemain, il ne fait rien pour se couvrir au sud-est et se borne à prescrire que les troupes seront prêtes à marcher de grand matin, sans déterminer le but de l'opération, la composition des colonnes et les mesures de sécurité indispensables. Cette omission permet de croire que ses intentions ne sont pas encore arrêtées. Autrement rien n'empêcherait de faire filer sur Verdun, par les routes d'Étain et de Briey, la masse immense de nos impedimenta.

Dans la soirée du 14, Moltke hésitait entre deux éventualités, notre retraite vers l'ouest et un retour offensif. La nuit, Steinmetz rend compte de la bataille de Borny, non sans amplifier ses résultats. D'autres renseignements optimistes parviennent au chef d'état-major qui envoie de grand matin, le 15, de nouveaux ordres. La Ire armée doit se maintenir à l'est de Metz et le IXe corps se rapprocher d'elle, prêt à la soutenir. Le IIIe corps restera en position. La IIe armée est avisée que de fortes masses ont été rejetées dans Metz; elle devra les poursuivre sur la route de Verdun.

Il y a dans cet ordre de singulières contradictions. Moltke exagère les résultats de la bataille du 14, mais il n'est pas responsable de cette exagération. Notre retraite sur Metz procède de la volonté arrêtée de Bazaine et non des efforts désordonnés de l'ennemi. Mais comment concilier cette prétendue défaite avec les dispositions défensives prescrites par le chef d'état-major? Il tient en effet cinq corps d'armée prêts à nous résister sur la rive droite. En bonne logique, ces deux ordres d'idées devraient s'exclure.

Après avoir atteint le champ de bataille du 14, Moltke acquiert la conviction que nous n'avons plus de forces importantes à l'est de la Moselle. Il écrit à Frédéric-Charles : « Les Français sont complètement refoulés vers Metz et sans doute en pleine retraite sur Verdun. » Il rend donc au Prince la pleine disposition de ses deux corps de droite, arrête le mouvement de la Ire armée vers Metz et porte le VIIIe corps au sud-ouest, vers la Moselle. C'est une exagération évidente que de nous représenter comme ayant été « complètement refoulés vers Metz ». Si nous sommes déjà « en pleine retraite sur Verdun », pourquoi maintenir à l'est de la Moselle trois corps d'armée et deux divisions de cavalerie? Ces troupes ne devraient-elles pas se hâter de passer la rivière, puisqu'elles sont plus à portée d'y intervenir que la gauche de la IIe armée? En outre, il est difficile de démêler l'idée de Moltke dans l'ordre adressé à Frédéric-Charles. Rien n'y indique l'intention de le jeter entre Metz et Verdun.

Le soir, l'idée préconçue d'une armée complètement battue et se retirant vers la Meuse s'affirme davantage. Moltke prescrit de laisser aux environs de Courcelles un seul corps de la Ire armée; les deux autres prendront position le 16 août entre Seille et Moselle, tout en préparant les moyens de passer cette dernière.

La IIe armée prononcera une vigoureuse offensive vers les routes de Verdun par Mars-la-Tour et par Étain. Puisque nous sommes « en pleine retraite » vers la Meuse, pourquoi laisser un corps d'armée en observation à l'est de la Moselle? Ne fera-t-il pas défaut lors de la bataille décisive que l'on prévoit? Pourquoi limiter à un court déplacement vers l'ouest le mouvement des deux autres corps de la Ire armée? Il serait plus naturel de les porter dès le 16 au delà de la Moselle, de façon à soutenir au besoin la IIe armée.

D'autre part, Moltke prescrit à Frédéric-Charles d'attaquer « avec tous les moyens disponibles ». Le Prince se bornera au Xe corps. C'est qu'une divergence marquée existe entre ses conceptions et celles de Moltke. Les deux adversaires sont au contact; c'est le moment pour chacun de jouer serré, de ramasser tout son monde. Loin de là, Moltke se borne à des instructions si vagues que la IIe armée attaquera le 16 dans des conditions faites pour provoquer un désastre.

Toutes les conceptions du stratège prussien le 15 août sont basées sur une idée préconçue, celle que nous avons déjà signalée. Pourtant aucun fait positif ne montre l'armée du Rhin en marche vers l'ouest. Il y a là un danger évident. Si Bazaine, tenant ses forces concentrées sous Metz, laissait les Allemands continuer le passage de la Moselle et se jetait brusquement sur l'une de leurs ailes, ne pourrait-il par leur infliger une défaite grave, compromettre leurs communications et changer d'un seul coup la situation entière? Même en admettant qu'il échoue, Metz couvrirait sa retraite et les Allemands auraient perdu un certain temps, avantage capital dans l'espèce.

Le soir du 14 août, dans l'ordre qu'il donnait à la IIe armée, Frédéric-Charles ne paraissait pas soupçonner notre retraite vers l'ouest et admettait plutôt la possibilité d'une offensive au sud-est. Il tenait donc sa droite à peu près immobile, tout en faisant serrer sa gauche vers la Moselle. Malgré les instructions de Moltke, il ne portait pas toute la cavalerie disponible vers les routes de Metz à Verdun. C'est dans la matinée du 15 seulement, sur de nouveaux ordres, qu'il oriente dans cette direction le Xe corps et deux brigades de cavalerie. Ces dernières ont pour instructions d'atteindre « aussi vite que possible la route de Verdun » et de la suivre « vers Metz jusqu'à ce qu'elles aient une idée nette de la situation ».

Ainsi l'idée de Moltke est encore affaiblie par le Prince. Au lieu de jeter vers la route de Verdun toute la cavalerie disponible, il y détache deux brigades. Au lieu de faire appuyer ces escadrons par les fractions de la IIe armée déjà au delà de la Moselle, il entend que le Xe corps seul leur serve de repli, tout en reconnaissant vers Metz. Il admettrait volontiers que la majeure partie de notre armée a déjà opéré sa retraite et qu'il reste sous cette place une simple arrière-garde. Il continue donc son mouvement vers la Meuse, tout en orientant sa droite au nord.

Les renseignements que Frédéric-Charles reçoit dans la journée confirment sa manière de voir. Il nous croit même fort avant vers l'ouest, bien que l'examen attentif des circonstances rende cette éventualité peu vraisemblable. Il prescrit que la IIe armée nous « suivra » vers la Meuse. Le IIIe corps passera la Moselle au nord de Pont-à-Mousson et atteindra le 16 par Novéant et Gorze la route de Verdun à Mars-la-Tour ou à Vionville. Il « pourra » être précédé de la 6e division de cavalerie. Une fraction du Xe corps et la 5e division de cavalerie sont déjà vers Thiaucourt. Le gros du corps d'armée se portera vers Saint-Hilaire—Maizeray, en reconnaissant vers l'ouest. Le reste de l'armée fera également face à la Meuse. Ce n'est donc pas un dispositif d'attaque que prend la IIe armée, mais bien de poursuite. On dirait qu'il s'agit d'achever un adversaire en fuite, plutôt que de frapper un premier coup sur une armée qui n'est certes pas négligeable.

En somme, Frédéric-Charles, comme Moltke, base ses conceptions sur une idée préconçue. Tous deux ignorent entièrement nos emplacements le soir du 15 août. Il en coûtera le sang de plus de 16.000 Allemands pour les leur apprendre le 16.

La divergence signalée précédemment entre leurs vues existe aussi pour les chefs en sous-ordre, Alvensleben, commandant du IIIe corps, et Voigts-Rhetz, celui du Xe. Le premier est convaincu que nous sommes encore à l'ouest de Metz et qu'il pourra se jeter dans notre flanc. Voigts-Rhetz, sous l'influence dominante de son chef d'état-major Caprivi, commence à incliner vers cette opinion, après avoir partagé celle du Prince. Ainsi, de tout le haut commandement allemand, Alvensleben est le seul à concevoir nettement la situation et le parti à en tirer.

Le soir du 15 août, en dehors des IIIe et X^e corps, la IIe armée continue à faire face à l'ouest, le IXe corps à Verny, le XIIe vers Nomeny, le IIe encore en arrière à Han-sur-Nied. A l'aile gauche, la Garde passe la Moselle à Dieulouard; le IVe corps borde cette rivière d'Autreville à Custines. Les Ire et IIe armées couvrent un front de 60 kilomètres et une profondeur à peu près égale entre le nord-est de Metz et le nord de Toul. Leur gros borde la Moselle sur 30 kilomètres environ. Devant elles, l'armée du Rhin est concentrée sur une profondeur inférieure à 20 kilomètres pour un front qui n'en atteint pas 10. Bazaine a donc en mains une masse compacte, avec laquelle il pourrait frapper un adversaire déjà disséminé et qui le sera plus encore le 16 août. Il y aurait là, certainement, les éléments d'un grand succès pour nos armes.

VII

Le 16 août, de grand matin, Napoléon III part pour Verdun, sous l'escorte d'une brigade de cavalerie et d'un bataillon, après avoir recommandé à Bazaine de le suivre aussitôt que possible. Il n'a pas encore disparu que le maréchal exprime son contentement dans les termes les moins équivoques. Puis il suspend jusqu'à l'après-midi le départ de l'armée. Le danger est du côté de Gorze, vers la gauche des 2e et 6e corps. Le 3e devra se tenir prêt à venir en deuxième ligne derrière eux. Dès que les reconnaissances habituelles seront rentrées, on pourra tendre les tentes, malgré les renseignements précis qui indiquent le voisinage de l'ennemi.

Il y a tout lieu de croire que la décision de quitter Metz n'est pas sans arrière-pensée de la part du maréchal. Il a le sentiment très vif des difficultés que lui cause la présence de Napoléon III et ne saurait hâter de ses vœux la concentration prévue au camp de Châlons. D'autre part, il paraît avoir conscience de son inaptitude à conduire les masses qui lui sont confiées. Il est naturel qu'il n'envisage pas sans appréhension une campagne active, loin de tout point d'appui sérieux. Près de Metz, il se sent assuré d'une retraite. Son indécision naturelle, son insuffisance technique s'accommodent aisément d'un arrêt sur place qui lève, pour le moment, toutes les difficultés. Son profond égoïsme entrevoit peut-être la possibilité de garder l'armée intacte dans le naufrage qu'il pressent pour le régime impérial. Quelles perspectives infinies ouvertes à l'ambitieux sans scrupule, qui rêvait naguère de se tailler un empire au Mexique!

Bien que les divisions Forton et Valabrègue (1) aux abords

---

(1) Division de cavalerie du 2º corps.

de Vionville, soient dans le voisinage immédiate de la cavalerie prussienne, leurs reconnaissances n'ont signalé que quelques cavaliers vers Mars-la-Tour et Tronville. A 8^{h}30 les chevaux sont dessellés; on permet de les abreuver et de faire la soupe.

Voigts-Rhetz a donné au général von Rheinbaben l'ordre de se porter vers notre bivouac à l'ouest de Rezonville et de saisir la première occasion de nous attaquer. La 5e division de cavalerie va donc sur Tronville et, vers 9 heures, ouvre à très courte portée un feu d'artillerie sur la brigade de dragons Murat, y jetant le plus grand désordre, mais donnant mal à propos l'alarme au lieu de renouveler le hourrah d'Athies en 1814, comme le voudrait Caprivi.

Un moment de panique se produit, gagnant jusqu'aux 5.000 voitures rassemblées sur le plateau de Gravelotte. Mais nos escadrons se rallient rapidement et une section de quatre à cheval ouvre le feu à l'ouest de Vionville, bientôt renforcée de trois autres pièces que des officiers pointent et servent eux-mêmes. La division Forton, à peu près ralliée, est ensuite ramenée en arrière, ainsi que celle du général de Valabrègue, permettant à l'artillerie prussienne de gagner d'un bond la position que vient de quitter la nôtre. Mais celle du 2e corps entre peu à peu en ligne, combattant d'une part l'artillerie de Rheinbaben, d'autre part celle de la 6e division de cavalerie que vient d'apparaître au sud. Après un moment de désordre, l'infanterie prend les armes sur ses emplacements de bivouac, faisant face à la double attaque qui se dessine, à gauche par les bois de Vionville, de Saint-Arnould et des Ognons, de front à l'ouest de Vionville. Frossard ne donne aucun ordre; son corps d'armée déploie la plupart de ses éléments sur un front très étendu et dans des directions divergentes, sans unité d'action. La division Bataille fait face à Vionville, la division Vergé aux bois vers le sud, ainsi que la brigade Lapasset (1).

------

(1) Du 5e corps, provisoirement rattachée au 2°. La division Laveaucoupet, de ce dernier, a été affectée à la garnison de Metz.

A la droite du 2e corps, la division La Font de Villers, du 6e, tient l'intervalle entre la route de Verdun et la voie romaine au nord, la division Bisson en réserve derrière elle. La disproportion des forces est écrasante pour l'ennemi. Les trois batteries aventurées par Rheinbaben sont obligées de se replier vers l'ouest, ainsi que sa cavalerie. De même pour la 6e division au sud. Mais le IIIe corps ne va pas tarder à intervenir.

Alvensleben lui a donné l'ordre de s'établir à cheval sur la route de Mars-la-Tour, face à Metz. Si nos troupes sont déjà en marche, il les attaquera de flanc. Il faut dire que le général ne croit pas rencontrer les 160.000 hommes de Bazaine, mais une simple arrière-garde. Il ne va pas tarder à être détrompé, sans rien perdre de son mordant. C'est que son caractère en fait une des personnalités les plus marquantes de l'armée allemande. Il a pleine confiance en ses Brandebourgeois, les meilleurs soldats de l'Allemagne.

Le IIIe corps s'est mis en marche sur deux colonnes. Nous croyant en retraite au nord-ouest, vers la route d'Étain, Alvensleben prescrit à sa gauche de marcher sur Mars-la-Tour et Jarny; sa droite ira directement sur Vionville et toutes deux chercheront à écraser notre arrière-garde, afin de nous imposer le combat. L'erreur du général est complète; il ne soupçonne ni notre effectif réel, ni nos intentions, et s'attribue un rôle au-dessus de ses forces. Mais il va racheter par l'énergie de son exécution ce que ses conceptions ont d'erroné, en écrivant avec son corps d'armée une page immortelle.

L'artillerie de sa colonne de gauche a pris position à l'ouest de Vionville, après l'avoir devancée. Elle a peine à résister à nos feux et commence même un mouvement de retraite qui n'est qu'incomplètement enrayé. Quant à la droite, elle s'engage contre la division Vergé et la brigade Lapasset, qui ont opéré leur déploiement dans le vide, sans infanterie devant elles. Nous avons bientôt neuf bataillons en ligne devant deux bataillons prussiens, sans que, pour cela, l'offensive de ces derniers devienne plus hésitante. Leur droite pénètre dans le bois de Vionville où commence un combat mêlé d'alternatives diverses. Leur artillerie contribue à faire échec aux molles tentatives que nous esquissons pour les refouler.

Vers 10 heures, bien que les Prussiens aient engagé deux nouveaux bataillons, leur situation n'en est pas moins critique. Mais une nouvelle brigade entre en ligne et, malgré un échec partiel, parvient à nous arrêter. Bientôt même un mouvement rétrograde, commencé en bon ordre, dégénère en une vraie déroute qui ramène à Rezonville une partie de notre gauche.

Non seulement le gros du 2ᵉ corps, quatre brigades d'infanterie, a été tenu en échec par la division Stülpnagel, mais, après une lutte acharnée, malgré le décousu des efforts de l'ennemi, une forte proportion de ces troupes s'est enfuie en pleine dissolution. Notre supériorité numérique est telle que cet échec ne peut entraîner de graves conséquences matérielles. Mais il contribue à persuader Bazaine que les Allemands cherchent à le couper de Metz et par suite le conduit à grouper toutes ses forces disponibles de Rezonville à Gravelotte, où elles ne pourront rien pour le dénouement.

Sur les entrefaites, Alvensleben s'est rendu compte qu'il avait en face de lui toute l'armée française. Au lieu de porter sa colonne de gauche sur Jarny, il la dirige sur Vionville, comptant compenser la disproportion des forces matérielles par la puissance morale de l'offensive. Il court à un désastre certain s'il montre la moindre hésitation. Au contraire, une attaque à outrance, contre un adversaire dont les tendances défensives sont connues, lui permettra de le tromper sur l'importance de ses forces. « La bataille, suivant son expression, n'est pas une tuerie; c'est une lutte morale, et nous étions les plus forts. »

L'offensive de son infanterie va être grandement facilitée par la supériorité de son artillerie. Devant ses quinze batteries, nous avons celles du 2ᵉ corps, du 6ᵉ, de la Garde, de la réserve générale. Toutes, à proximité de Rezonville, pourraient intervenir à bref délai. Mais la tactique de notre artillerie est encore plus arriérée, s'il est possible, que celle des autres armes. L'infériorité des douze batteries engagées en premier lieu ne tarde pas à frapper tous les yeux. On se décide à les renforcer, mais comme à regret. Beaucoup restent inactives, parfois sous le feu de l'adversaire. Vers midi, de la voie romaine au chemin de Chambley, quatorze batteries françaises au moins font face aux seize batteries que les Allemands ont déjà déployées dans cette direction. Après un échec passager dû au feu de notre infanterie, l'artillerie ennemie a conquis l'avantage pour le garder jusqu'à la nuit. Nos efforts en seront désormais paralysés.

L'infanterie prussienne peut ainsi s'emparer de Vionville, puis de Flavigny au sud-ouest. L'intervention à la gauche du 2e corps de la division La Font de Villers, du 6e, modifie un instant la situation. Flavigny est repris et Vionville vivement attaqué, sans que nous parvenions à y rentrer. La gauche ennemie est menacée de flanc par la division Tixier, du 6e corps, qui prolonge la droite de La Font de Villers. Dans l'ensemble, malgré des échecs passagers, Alvensleben conserve encore la majeure partie du terrain conquis. Sa droite a pris pied à la lisière du bois de Saint-Arnould et dans celui de Vionville; sa gauche essaie de déboucher de Vionville ou est engagée à l'est des bois de Tronville, sans pouvoir gagner du terrain. Le IIIe corps combat, sans aucune réserve, sur un front très étendu, 6 kilomètres au moins. Il a devant lui un adversaire de beaucoup supérieur en nombre, qui a mis en ligne jusqu'alors la moindre partie de ses forces. Presque partout nos efforts incohérents se sont brisés à la résistance, sinon à l'attaque des Prussiens. Mais, à la longue, ils peuvent en triompher et un échec conduirait aisément Alvensleben à un désastre.

Malheureusement les premières troupes du Xe corps ont atteint le champ de bataille, accourant au canon. Une partie de la 37e brigade s'est engagée dans le bois de Vionville ou à l'ouest ; le reste demeure entre Tronville et Vionville, prêt à intervenir vers la gauche. Nous perdons de nouveau Flavigny et deux bataillons prussiens poussent audacieusement vers Rezonville. Le long de la voie romaine, la division Tixier se borne à tenir en échec l'attaque de la gauche prussienne, sans rien faire pour la déborder. Pourtant elle a derrière elle des forces considérables, appartenant au 3e corps. La division Aymard est aux abords de Saint-Marcel, ainsi que celle de Castagny et la réserve d'artillerie ; la cavalerie de Clérembault est à l'ouest, prête à se relier au 4e corps, dont les premiers éléments apparaissent vers Bruville. Sans tenir compte de ce corps d'armée, nous avons aux abords de Saint-Marcel trois divisions d'infanterie et une de cavalerie, c'est-à-dire des forces amplement suffisantes pour nous assurer la possession des bois de Tronville. Mais la majorité restera tout à fait inactive. Bazaine s'inquiète de détails et non de l'ensemble. Il garde le plus inaltérable sang-froid, comme à l'ordinaire, mais s'occupe de placer des batteries et des bataillons, sans exercer un commandement véritable. Il n'a pas cessé de croire le danger du côté de Gorze. Il craint obstinément pour « sa ligne de retraite sur Metz » et non pour celle sur Verdun, qui a une tout autre importance.

Comment expliquer cette crainte, qui l'aveugle entièrement ? Le plus grand danger que court l'armée n'est-il pas d'être coupée de ses communications avec l'intérieur ? Quel inconvénient peut-il y avoir pour elle à être isolée de Metz, si elle reste en relations avec le reste du pays ?

Bazaine ne veut donc pas quitter Metz, et cela pour les raisons que nous avons développées. Cette idée est si bien enracinée dans son esprit qu'elle l'amène à négliger des chances de victoire, avec toutes leurs conséquences. Il ne cherche pas à écraser la gauche prussienne, qui reste, durant des heures, tout à fait en l'air, sans une réserve, devant des masses que le 4e corps va renforcer. Au contraire, il entasse sans se lasser des troupes autour et à l'est de Rezonville. Les divisions Levassor-Sorval et Bisson, de nombreuses batteries dont celles de la réserve générale, les divisions Forton et Valabrègue y sont bientôt renforcées de la cavalerie de la Garde. Les deux divisions de voltigeurs et de grenadiers prennent position à l'ouest de Gravelotte.

Au contraire, Alvensleben néglige le combat de sa droite, pour s'occuper uniquement de sa gauche vers Vionville. En cas d'échec, il se retirerait, non vers la Moselle, mais sur Verdun, comptant que le Xe corps viendrait le prolonger au sud. Il s'exagère peut-être les facilités de ce mouvement, qu'une vigoureuse offensive de notre droite compliquerait singulièrement. Quoi qu'il en soit, il donne un rare exemple de coup d'œil, de décision et d'énergie, alors que, par le plus cruel contraste, le commandement s'effondre lamentablement chez nous.

La perte de Flavigny, l'attaque de deux bataillons prussiens vers Rezonville mènent à penser que l'intervention de notre cavalerie s'impose. Mais aucun d'ordre positif n'est donné; Bazaine et Frossard se bornent à des indications vagues que suit tout d'abord le 3e lanciers (1). Parti du sud-est de Rezonville, ce régiment se forme en bataille et descend les pentes parallèlement à la route de Verdun. Mais le terrain coupé le met en désordre. Il se rallie et reçoit un nouvel ordre d'attaque, sans objectif bien net. Cette fois il est formé sur deux lignes et charge dans un ordre parfait. Mais, à la naissance du ravin de Flavigny, il débouche à 400 mètres des bataillons prussiens. Leur feu arrête les deux premiers escadrons, sans qu'ils soient arrivés au contact. Les deux autres, qui suivaient de loin, font presque aussitôt demi-tour.

Après un faux mouvement, les cuirassiers de la Garde chargent à leur tour, sur trois lignes très espacées. Les deux escadrons de tête conservent un parfait alignement. On se croirait sur un terrain de manœuvres, au cours d'une inspection générale. Mais la grande majorité de l'infanterie

____

(1) De la brigade mixte Lapasset.

prussienne garde son sang-froid, et son feu décime nos cuirassiers dont quelques-uns seulement peuvent l'aborder. La destruction de ces deux escadrons est à peu près complète, quand débouchent les deux suivants. Une décharge les met dans un pêle-mêle indescriptible; quelques cuirassiers arrivent néanmoins aux baïonnettes ennemies, sans pouvoir les dépasser. Enfin le dernier escadron se disperse très rapidement au moment où refluent les débris du deuxième échelon.

Alvensleben a déjà donné à la 6e division de cavalerie l'ordre d'intervenir. Elle n'y met qu'un médiocre empressement et c'est une fraction de la division Rheinbaben qui prend sa place. Quatre escadrons se jettent sur les cuirassiers pour les achever, sans parvenir à les atteindre. Mais ils se précipitent sur une batterie de la Garde au moment où elle met en batterie. Elle peut à peine tirer que les Prussiens sont déjà au milieu d'elle, entraînant vers Rezonville une masse confuse d'avant-trains et de pièces encore attelées. Le maréchal et son état-major, qui se trouvent sur le passage, sont bousculés. Après une courte mêlée, Bazaine galope vers Rezonville pêle-mêle avec des hussards prussiens et des artilleurs de la Garde. L'intervention des trois escadrons d'escorte rejette enfin les cavaliers ennemis vers l'ouest.

Malgré son issue et son peu de résultat matériel, cette charge exerce sur notre centre un effet indéniable. On croit le maréchal pris ou tué. Canrobert est même avisé d'avoir à prendre le commandement. Quant à Bazaine, il prescrit à Le Bœuf (1) de ne pas trop hâter son mouvement offensif, afin de laisser à Ladmirault la possibilité d'achever sa conversion. Cet ordre n'exerce qu'une influence restreinte sur l'attitude du 3e corps, à peu près passive dès le début et destinée à rester telle en dépit des circonstances.

Sur les entrefaites, la 6e division de cavalerie a enfin

____

(1) Qui commande le 3e corps en remplacement du général Decaen blessé mortellement le 14 août.

terminé les mouvements préparatoires de la charge prescrite cinq quarts d'heure auparavant. Disposée sur trois lignes, elle dépasse la crête au sud de Vionville, mais pour être aussitôt prise comme objectif par nos batteries. En outre, elle est gênée par l'artillerie prussienne et par les escadrons qui viennent de charger. Enfin, six escadrons divisionnaires, qui soutenaient la droite de ces batteries, se joignent à elle, rétrécissant un front déjà très étroit. Elle ne peut achever son déploiement et la majeure partie reste en ligne de colonne. Le tout afflue entre Flavigny et le chemin de Chambley, sans pouvoir dépasser l'infanterie prussienne. Accablés de feux, les escadrons de tête s'arrêtent pour être remis en ordre, après quoi la brigade Rauch se retire dans un pli de terrain. La charge de la brigade Grüter, qui suivait, ne réussit pas davantage. Leurs pertes ne justifient pas une aussi prompte retraite.

Les attaques de la cavalerie prussienne ont provoqué un arrêt marqué dans le combat. Les batteries de la droite et du centre ennemi en profitent pour se porter en avant. De notre côté, Bazaine prescrit à la Garde de diriger la division de grenadiers sur la crête de Rezonville. Ainsi, entre la route de Mars-la-Tour et les bois des Ognons, les fractions du corps Frossard, encore en position, vont être renforcées par onze bataillons intacts; treize autres sont rassemblés autour de Rezonville. Mais nous visons simplement à garder nos emplacements, sans toujours y parvenir, malgré la faiblesse numérique de l'ennemi et le décousu de son attaque. Le moral des troupes s'en ressent. Sur les derrières du champ de bataille, aux abords de Gravelotte par exemple, une foule de soldats, dont beaucoup sans armes ou sans sacs, s'agglomère peu à peu. La quantité des « disparus » est énorme.

Vers 2 heures, 39 batteries sont en action ou prêtes à combattre sur notre front. Il y en a 18 intactes, à courte distance; neuf autres ont déjà quitté le champ de bataille, quoique, pour la plupart, les pertes subies ne justifient pas cet abandon. Trois sont encore à Gravelotte. Devant ces 69 batteries, les Allemands en ont 21 en ligne, toutes celles dont ils peuvent disposer. Mais elles montrent au feu plus d'endurance que les nôtres et leur tir est beaucoup plus précis. Elles ont, à un degré supérieur, le sens de la camaraderie, et obéissent, comme toutes les troupes allemandes le 16 août, à part la cavalerie, au désir passionné de combattre. Leur instruction a été orientée vers l'offensive et nous nous en tenons à la défensive, avec ses conséquences inéluctables : une timidité qui va jusqu'à la paralysie chez les uns, une audace croissante chez les autres.

A la suite du combat inégal qu'elle soutient, l'extrême gauche du III\ :e corps est dans une situation de plus en plus critique. La situation s'aggrave lorsque des masses considérables, celles du 3\ :e corps, se montrent au nord de Saint-Marcel, menaçant les bois de Tronville. Alvensleben dispose de moins de trois bataillons; il les y jette sans hésitation. Ils sont bientôt engagés contre la droite du 6\ :e corps.

Jusqu'alors, le général est parvenu à nous tromper sur ses forces. Il a déjà attiré contre lui quatre corps d'armée qu'un cinquième suit. Il nous barre la route de Verdun et peut donc se tenir pour satisfait. Il n'a aucune raison de pousser plus avant. Mais il n'est que 2 heures et les Prussiens n'ont plus d'infanterie, plus une pièce en réserve. Le premier renfort attendu, la 20\ :e division, est loin encore. Pour gagner du temps et donner de l'air à la division Buddenbrock, Alvensleben est de nouveau conduit à faire usage de sa cavalerie. Il prescrit à la brigade Bredow d'attaquer nos batteries voisines de la voie romaine.

Après avoir détaché deux de ses huit escadrons dans les bois de Tronville, Bredow contourne Vionville par l'ouest et, formé en colonne, s'engage dans le ravin au nord. Il fait ensuite face à droite et prend le galop pour remonter les pentes à l'est. Ces six escadrons traversent d'épaisses lignes d'infanterie, malgré des feux rapides qui leur font peu de mal. Des batteries tirent à mitraille sans plus de succès. D'autres viennent de se mettre en batterie quand la charge les envahit. Quatre sont ainsi traversées successivement.

Un régiment d'infanterie, le 93ᵉ, qui s'est rassemblé derrière l'artillerie, après un échec, est enfoncé par la retraite précipitée de nos batteries et sa droite mise en désordre par les cavaliers prussiens. Puis ils descendent dans la dépression au nord-ouest de Rezonville. Mais la division Forton, qui est le dos à la voie romaine, jette au passage dans leur flanc gauche la brigade de dragons Murat, qui les coupe en deux tronçons. La tête vient se heurter à la division Valabrègue, dont une brigade la charge de front; un autre régiment l'attaque du nord-ouest de Rezonville. Sa résistance est faible et elle est à peu près anéantie. Quant à la queue, elle tourbillonne sur place, puis revient sur ses pas, défilant devant la brigade de cuirassiers du général de Forton, qui la sabre au passage. Enfin, elle est fusillée par l'infanterie. Les pertes des escadrons prussiens sont écrasantes, près de moitié de l'effectif, mais, entre la route de Mars-la-Tour et la voie romaine, l'infanterie et l'artillerie françaises ont subi un grave ébranlement. De douze batteries, dix ne prendront plus part à l'action. Le IIIᵉ corps a été dégagé au moment le plus critique. Le mémorable fait d'armes de Bredow, cette *Chevauchée des morts*, suivant l'expression allemande, montre qu'une charge de cavalerie n'est nullement impossible en face d'une infanterie, affaiblie, il est vrai, par un combat d'une certaine durée, mais bien armée et soutenue de près par une forte artillerie. C'est que ces six escadrons ont usé habilement du terrain pour leur marche d'approche et chargé avec un entrain qui ne saurait être surpassé.

Après la *Todtenritt*, nous gardons une attitude passive de l'extrémité ouest des bois de Saint-Marcel à la lisière du bois des Ognons. Alvensleben en profite pour reconstituer une réserve. De notre côté, la division Montaudon, venant de Saint-Marcel, reçoit l'ordre de se porter dans les bois derrière Rezonville. Bazaine ne met pas autrement à profit la présence du 3ᵉ corps. Pourtant, l'infanterie allemande est épuisée, les cartouches commencent à lui manquer, l'artillerie de la droite a beaucoup souffert et l'une de ses batteries n'a plus un seul obus à tirer. Faute d'attelages, il serait impossible de la mouvoir. Mais la retraite d'une grande partie de nos batteries permet à l'artillerie prussienne de se ravitailler. Vers 4 heures, elle est de nouveau en état de combattre.

Cependant Bazaine continue d'entasser des réserves à Rezonville et à Gravelotte, bornant visiblement ses ambitions à conserver ces deux points. La Garde porte de nouveaux éléments aux abords de Rezonville; la division Montaudon est dirigée sur Gravelotte, puis sur les défilés qui relient la Moselle au plateau, enfin sur le bois des Ognons et sur Rezonville. Ainsi reparaît la constante préoccupation du maréchal : assurer sa liaison avec Metz, même au risque de perdre sa ligne de retraite.

Aux premières nouvelles du combat, Frédéric-Charles s'imagine qu'il s'agit d'une affaire d'arrière-garde. Il prescrit au IIIe corps de nous poursuivre, en s'échelonnant la gauche en avant et en conservant sa liaison avec le Xe corps; le IXe assurera la sécurité vers Metz. L'objectif sera de nous refouler au delà de la frontière belge ou de nous investir sous Thionville. Le reste de la IIe armée devra border la Meuse aussitôt que possible.

Ces idées se modifient dans l'après-midi, lorsque parviennent d'autres renseignements. Il n'est plus question d'une arrière-garde, mais de forces importantes exigeant l'intervention de toute la droite allemande. Le Prince galope aussitôt vers le champ de bataille qu'il atteint dès 4^h 30. Peu après neuf bataillons et trois batteries des VIIIe et IXe corps accourent au canon et renforcent la droite allemande. D'autres fractions des IIIe et X^e corps interviennent également, mais ne peuvent gagner du terrain devant des fractions de la Garde. Enfin trois bataillons du Xe corps renforcent le centre, sans modifier beaucoup sa situation.

De notre côté, le 4e corps a quitté Woippy de grand matin, la cavalerie en tête, puis la division Grenier, la réserve d'artillerie et la division Cissey. Celle du général de Lorencez est encore aux abords de Lessy, d'où elle ne part qu'à 2 heures du soir, malgré l'appel pressant du canon. Elle n'atteindra le champ de bataille que pour y bivouaquer.

Vers 11ʰ 30, Grenier est à Doncourt. Il y trouve Ladmirault, qui a pu s'orienter sur la marche de l'action et porte vers Bruville la brigade Bellecourt, suivie de celle du général Pradier; la division de cavalerie Legrand se dirige à l'ouest, sur les pentes qui commandent le ravin du Fond-de-la-Cuve. Une brigade de la Garde, général de France, et le régiment de chasseurs d'Afrique qui reste au général du Barail (1) opèrent déjà dans cette direction avec une batterie.

Il n'y a là, à l'extrême gauche allemande, vers Mars-la-Tour et Ville-sur-Yron, que de la cavalerie : le 1ᵉʳ dragons de la Garde et la brigade Barby, avec une batterie. La division Grenier peut donc dépasser Bruville et se déployer face au sud, soutenue par neuf batteries. Ladmirault juge le moment venu de prolonger la droite du 6ᵉ corps. Il prescrit à Grenier de porter la brigade Bellecourt sur la lisière nord des bois de Tronville, occupée par de petites fractions ennemies. Il n'est pas sans inquiétude pour notre droite et dispose la brigade Pradier face à l'ouest, sur le chemin de Bruville à Ville-sur-Yron.

Cependant, Bellecourt prononce son attaque sur les bois, en se reliant à des fractions de la division Tixier, du 6ᵉ corps et même de la division Aymard, du 3ᵉ. Mais cette attaque, mollement menée, n'a pas la forme enveloppante qu'il serait aisé de lui donner. Une partie seulement des bois est conquise, lorsque l'apparition, à l'ouest de Mars-la-Tour, d'une nouvelle colonne ennemie détermine Ladmirault à l'abandon du terrain enlevé. Il s'agit de la 20ᵉ division qui a marché au canon et atteint le champ de bataille. Sans même attendre son intervention, Ladmirault prescrit d'abandonner les bois, compromettant ainsi les fractions des 3ᵉ et 6ᵉ corps qui ont participé à son offensive. A la grande surprise de ses troupes, il laisse fuir la victoire qu'il effleurait de ses

____

(1) Après le départ de la brigade Margueritte, qui escorte l'Empereur.

mains. Bellecourt se reporte au nord des bois et l'artillerie du 4ᵉ corps appuie à l'ouest, afin d'agir entre eux et Mars-la-Tour. La cavalerie de Legrand et de du Barail suit ce mouvement.

Il modifie les intentions des Allemands. Au lieu de défendre la position de Tronville, ils vont prendre l'offensive avec leur gauche. Des renforts du Xᵉ corps sont donc jetés dans les bois et la 20ᵉ division reçoit ordre d'attaquer notre droite. Enfin, Rheinbaben est invité à se porter par Mars-la-Tour vers Jarny pour l'envelopper.

La plus grande partie des bois de Tronville nous est reprise, mais le combat s'y prolonge sans autre résultat. Il n'en est pas de même pour la 20ᵉ division. Entre Labeuville et Suzemont, le général von Schwartzkoppen croit voir la gauche allemande victorieuse marcher vers le Nord. Il décide d'obliquer par Ville-sur-Yron et Bruville, de façon à se relier aux autres troupes en menaçant notre flanc.

Mais les indices d'une défaite se multiplient à mesure qu'il approche de Suzemont. Il renonce à marcher sur Ville-sur-Yron pour se porter vers Tronville, suivant l'ordre qu'il reçoit de Voigts-Rhetz. Puis un nouvel ordre l'amène à se diriger sur Mars-la-Tour, dans la formation massée qu'il a prise. La brigade Wedell traverse ce village, qui est inoccupé, et continue vers l'artillerie au nord-est, sans apercevoir ni la brigade Pradier, ni celle de Bellecourt, derrière la crête qui les masque. Deux batteries essaient de protéger son mouvement, mais elles ont peine à lutter contre les nôtres. Schwartzkoppen n'en continue pas moins l'attaque. Il sait que les bois de Tronville ont été réoccupés et croit qu'il suffira de jeter dans la balance une dernière réserve pour fixer la victoire. Il ignore nos forces et nos emplacements sur un terrain qui lui est inconnu. Il croit répondre à une manœuvre enveloppante par un coup droit dans notre flanc.

Il prescrit donc à Wedell de déployer ses cinq bataillons sur une seule ligne, la gauche en avant, et d'attaquer notre artillerie à l'ouest des bois. Mais cette attaque, sans préparation, exécutée en formations denses, se heurte tout à coup à nos troupes en position au nord d'un ravin profond. La gauche allemande, écrasée de feux, est rejetée en désordre. Quant au centre et à la droite, ils subissent des pertes considérables et leur attaque est déjà enrayée, quand survient la division Cissey, au moment le plus opportun. Elle aussi est en formation massée, le 20e bataillon de chasseurs en tête, puis la brigade Golberg et enfin la brigade Brauer. Son mouvement, masqué par le terrain, a complètement échappé à l'ennemi et sa brusque intervention détermine la défaite des Allemands. Les restes de leurs compagnies repassent le ravin, laissant entre nos mains plusieurs centaines de prisonniers. Nous nous bornons à esquisser la poursuite; une grande partie de la division Cissey et de la brigade Bellecourt n'y prend aucune part. Pourtant l'ennemi n'oppose pas de résistance. Un seul escadron qui chargerait, et la déroute serait irrémédiable. Malheureusement, les trois divisions de cavalerie présentes à notre droite sont déjà vers Ville-sur-Yron, engagées dans un inutile tournoi dont il sera parlé bientôt. C'est une fraction de la cavalerie allemande qui intervient, sur l'ordre de Voigts-Rhetz, pour sauver l'infanterie. Trois escadrons du 1er dragons de la Garde utilisent habilement le terrain pour aborder, à courte distance, la droite de nos tirailleurs. Le désordre y est extrême, mais les dragons subissent des pertes très considérables. Deux escadrons du 4e cuirassiers, qui se conforment sans ordre au mouvement des précédents, sont moins bien conduits et n'obtiennent que des résultats négatifs.

Bien que très lourds, les sacrifices de ces escadrons n'ont pas été inutiles. Ils imposent un arrêt à la division Cissey et contribuent à confirmer Ladmirault dans son attitude hésitante. A ce moment, des masses de cavalerie combattent la nôtre, vers Ville-sur-Yron. Le général en déduit la présence de réserves importantes derrière la gauche ennemie et ses intentions offensives en sont paralysées.

Quant à la brigade Wedell, malgré l'intervention des

dragons du colonel von Auerswald, sa déroute est complète. Sur 95 officiers et 4.546 hommes, 73 officiers et 2.389 hommes sont hors de combat, dont une très forte proportion de morts. De pareils sacrifices n'étaient nullement imposés par les circonstances.

La division Cissey ne met qu'incomplètement à profit cet écrasement. Au bout de peu de temps, elle reçoit même de Ladmirault l'ordre de repasser le ravin, en abandonnant le terrain conquis.

Sur les entrefaites, une batterie prussienne, soutenue par un escadron de la Garde, s'est aventurée de Mars-la-Tour le long de la route de Jarny, en face de l'artillerie de du Barail. De cette apparition, Ladmirault déduit que nous allons être tournés. Il prescrit de ramasser tout ce que l'on trouvera de cavalerie pour dégager notre droite.

Le 2e chasseurs d'Afrique (division du Barail) charge aussitôt la batterie et la traverse. Mais elle est dégagée par l'escadron de soutien et le 13e dragons prussien, qui charge à son tour, refoule nos chasseurs d'Afrique. A ce moment, surgit la division Legrand, la brigade de hussards Montaigu en tête, le 3e dragons en seconde ligne. La brigade de France, lanciers et dragons de la Garde, se forme lentement derrière elle. Nos hussards ont d'abord l'avantage sur le 13e dragons et sur l'escadron de la Garde qui leur sont opposés. Mais le 19e dragons charge à son tour la brigade Montaigu. Tous deux se traversent; puis le 19e dragons aborde les lanciers de la Garde, mais il est attaqué de flanc par le 3e dragons, non sans qu'une déplorable méprise se produise au détriment de nos lanciers. Le 13e ulans charge à son tour dans les traces du 19e dragons. Enfin, les dragons de l'Impératrice, qui suivaient les lanciers, se jettent dans la mêlée. Nos vingt-cinq escadrons sont engagés et des renforts arrivent aux Allemands : deux escadrons du 4e cuirassiers, le 10e hussards et le 16e dragons. La confusion est extrême. Entre la route de Jarny et l'Yron, près de 6.000 cavaliers tourbillonnent dans une poussière épaisse, traversée de brusques éclairs. Un incident provoque la solution. De France, peut-être pour faire cesser la méprise dont ses lanciers sont victimes, fait sonner le ralliement. La masse confuse des combattants reflue vers le nord. Finalement, nos cavaliers s'en dégagent et traversent le Fond-de-la-Cuve pour se rallier sur le plateau. L'apparition d'une partie de la division Clérembault, le feu du 2e chasseurs d'Afrique mettent fin à la poursuite, sans que, d'ailleurs, le mouvement de Clérembault, très mollement conduit, entraîne un échec pour l'ennemi. Il se replie lentement vers Mars-la-Tour, et Rheinbaben refuse de se reporter à Ville-sur-Yron, comme le voudrait Voigts-Rhetz. Il se retire même jusqu'à Puxieux.

Le résultat matériel de ce combat de cavalerie est presque nul, car les pertes se compensent sensiblement, sauf pour nos officiers, deux fois plus atteints. Le mouvement tournant de Rheinbaben est arrêté, mais il n'aurait plus d'objet après l'échec de Wedell. Quant aux conséquences morales, elles sont moindres qu'on ne l'a prétendu. Sans doute, l'apparition de la cavalerie allemande vers Mars-la-Tour contribue à rendre plus hésitante l'action de Ladmirault, mais elle ne détermine pas son arrêt final. C'est l'absence de la division Lorencez et l'existence supposée de réserves derrière la gauche ennemie qui arrêtent l'offensive du 4e corps.

A la suite de ces événements, le Xe corps évacue un instant les bois de Tronville, sans que nous y soyons pour rien. Il faut l'intervention d'Alvensleben, puis de Frédéric-Charles pour qu'ils soient réoccupés. Vers la fin de l'après-midi, un effectif très considérable est groupé aux abords de Rezonville et de Gravelotte; en dehors du 2e corps, fort éprouvé par son échec du matin, trois corps d'armée, huit divisions d'infanterie, trois divisions de cavalerie y sont présents ou du moins fortement représentés. Il n'y a pas moins de 34 batteries entre les bois Pierrot, de Vionville et Gravelotte, celles du 2e corps non comprises. Si une partie des troupes ainsi entassées sans profit s'était portée à notre droite, le succès du 4e corps ne ferait pas doute un instant.

A notre gauche, au contraire, le combat continue aux abords des bois, sans prendre un caractère décisif. Nos tentatives et celles des Prussiens sont alternativement repoussées. Nous bornons notre ambition à tenir sur place et le feu s'arrête à la nuit, sans résultats bien marqués, malgré l'intervention à l'extrême droite ennemie d'une fraction de la division hessoise.

Les attaques isolées de cette aile sont contraires aux vues de Frédéric-Charles, qui voudrait simplement fixer notre gauche. Leur échec et l'entrée en ligne des Hessois l'amènent à vouloir prouver qu'il est maître du champ de bataille. Vers 7 heures, il prescrit de porter en avant le Xe corps, la division Buddenbrock, la cavalerie du duc de Mecklembourg et la ligne d'artillerie au centre. C'est une nouvelle application de l'offensive à outrance qui a si bien servi tout le jour aux Allemands. Mais la soirée est avancée et l'on pourrait compromettre sans profit les résultats acquis.

A gauche, depuis l'échec de Schwartzkoppen, le Xe corps est en trop mauvaise posture pour risquer un mouvement offensif. Au centre, tout se borne à une démonstration. Une partie seulement de l'artillerie est portée en avant et le reste ne peut se mouvoir, faute d'attelages. L'infanterie essaie de suivre les premières de ces batteries, pour s'arrêter bientôt.

Quant à la 6e division de cavalerie, elle esquisse une double attaque vers Rezonville. La nuit est à peu près complète; on se guide sur la lueur des pièces et sur l'éclair de la fusillade. Bientôt, la brigade Grüter se heurte à des masses compactes qui la repoussent par leurs feux, sans aucune difficulté. La brigade Schmidt, au nord de la route de Mars-la-Tour, est arrêtée également par la division La Font de Villers, non sans y jeter un grand désordre. L'obscurité et la fatigue l'empêchent de tirer parti d'une confusion dont elle ne soupçonne pas l'étendue. Si tardive qu'elle soit, cette charge a donc un indéniable effet moral.

Dans la soirée, nos troupes forment trois groupes, dont un seul, celui du 4e corps, à Doncourt, possède de la cohésion. Aux abords de Saint-Marcel, deux divisions du 3ᵉ corps, sa cavalerie et sa réserve d'artillerie sont mêlées à une division du 6ᵉ. Vers Rezonville et Gravelotte, dans un rectangle de quatre kilomètres de longueur sur deux de largeur, c'est un prodigieux entassement : neuf divisions d'infanterie, trois divisions de cavalerie, deux réserves d'artillerie et la réserve générale. Tel est le résultat le plus clair de l'intervention de Bazaine dans la bataille du 16 août. Il a si bien accumulé renforts et réserves à sa gauche que celle-ci serait incapable de manœuvrer et même de se déployer pour combattre. La panique y aurait une puissance irrésistible.

Le 16 août, nous disposons d'une supériorité numérique écrasante au début et encore très sensible à la fin du jour. Les pertes sont très considérables, surtout pour les Allemands : 711 officiers et 15.079 hommes de troupe. Chez nous, elles sont de 834 officiers et 12.927 hommes, fort inégalement répartis, sans être, dans aucun de nos régiments, aucune de nos batteries, comparables à celles de certaines fractions allemandes. Mais ces chiffres ne sauraient donner un aperçu exact de notre situation après la bataille. Surtout dans l'infanterie des 2ᵉ et 6ᵉ corps, un grand nombre d'hommes ont quitté leurs drapeaux. Dès lors, on comprend qu'à la gauche de l'armée, où se tient Bazaine, on soit tenté d'exagérer les difficultés de la situation.

Néanmoins, l'état moral est bon dans l'ensemble et surtout à la droite. On est sous l'impression d'un succès. Le résultat stratégique nous est pourtant très défavorable. La journée a compromis, sinon rendu impossible, la retraite vers la Meuse. Des trois routes de Verdun, celle de Mars-la-Tour nous est interdite. Restent celles d'Étain et de Briey. Mais l'ennemi les menace déjà et y ferait aisément dégénérer la retraite en déroute.

Quoi qu'on en ait dit, la bataille du 16 août est aussi un succès tactique pour nos adversaires. Nous avons perdu la plupart de nos points d'appui du début. Sauf au 4ᵉ corps, tous nos efforts se sont brisés contre les positions ennemies, malgré notre effectif.

Ces résultats sont dus, avant tout, à Alvensleben, qui parvient à nous tromper sur ses forces par son audace et sa ténacité. Il a constamment sur nous une extrême supériorité morale. En outre, il est généralement bien compris et vigoureusement soutenu. La solidarité des généraux allemands s'affirme en toute occasion, comme leur initiative. Ils arrivent à compenser ainsi les fautes de la direction suprême et font une victoire d'une défaite assurée.

Chez nous, Bazaine donne de nouvelles preuves de son incapacité. Il descend aux plus minces détails et laisse échapper l'ensemble. Il témoigne pour ses communications avec Metz d'inquiétudes incompréhensibles et ne s'occupe en rien de conserver celles avec Verdun, son objectif apparent. La plupart de ses généraux jouent le rôle le plus effacé, soit par infériorité personnelle, soit par suite de l'immixtion constante du maréchal dans leur commandement. Après avoir eu l'intuition du succès, Ladmirault le laisse échapper. Enfin, l'insuffisance technique de nos troupes contribue, dans une large mesure, à notre échec.

VIII

SAINT-PRIVAT

(18 août 1870)

Le soir du 16, malgré l'impression dominante qui est celle d'un succès, on s'accorde, en général, à penser qu'il convient d'éviter une nouvelle bataille et de conduire l'armée vers le nord, par Briey et Longuyon. Bazaine semble d'abord partager l'opinion commune; puis ses idées éprouvent un complet revirement. Peut-être est-ce la suite des renseignements inquiétants qu'il reçoit et qui lui font craindre d'être attaqué le lendemain. Dans la nuit, il décide le retour vers Metz. C'est le seul moyen, croit-il, de sauver l'armée. Pour expliquer cette résolution inattendue, que nul n'ose combattre dans son entourage, il met en avant la grande consommation de munitions et le défaut de vivres. Le matin du 17 août, le 2ᵉ corps se portera entre le Point-du-Jour et Rozérieulles; le 3ᵉ, sur son prolongement, à hauteur de Châtel-Saint-Germain; le 4ᵉ, vers Montigny et Amanvillers; la Garde à Lessy et à Plappeville, en seconde ligne; le 6ᵉ corps à Vernéville, en flèche par rapport au front.

Il a été démontré que les craintes de Bazaine pour son ravitaillement étaient fort exagérées. Elles contribuent néanmoins à lui faire ramener l'armée sous Metz, au lieu de reprendre l'offensive ou de se défendre sur place. Ajoutons que, dans une dépêche à l'Empereur, il affecte encore l'intention de marcher sur Verdun par le nord, contre toute vraisemblance.

D'ailleurs ce n'est même pas sur la ligne Rozérieulles-Amanvillers qu'il entend se retirer, mais bien sur celle de Vigneulles à Lessy, sous le canon même de Metz, comme il l'écrit à Napoléon III. Dès le matin du 18, il fera reconnaître ces emplacements qui sont définitifs dans sa pensée. Ils ne peuvent évidemment se concilier avec la marche sur Verdun.

Toute autre solution serait préférable. Même en admettant l'impossibilité de se jeter le 17 sur les têtes de colonne des Allemands, ainsi qu'ils le craignent, mieux vaudrait se dérober au nord-ouest, comme on fera vers l'est sans aucune difficulté. On gagnerait la ligne de l'Orne, en se couvrant du 4e corps et de la cavalerie.

Si l'on croit, comme Bazaine, à la nécessité d'une retraite vers Metz, il n'en reste pas moins que son ordre est mal conçu. Le 6e corps, l'un des plus faibles et des plus éprouvés de l'armée, va rester à Vernéville dans une sorte de position d'arrière-garde. On doit se demander s'il n'y a pas là une intention cachée de la part du maréchal, un acte de malveillance sournoise à l'égard d'un collègue beaucoup plus ancien, plus aimé, et qui pourrait, dans certains cas, gêner ses projets.

Les mouvements prescrits sont exécutés le matin du 17 août sans avoir été préparés dans le détail, en sorte que leur lenteur est extrême, les arrêts fréquents et la fatigue des troupes démesurément accrue. Seul de toute l'armée, le 4e corps marche dans un ordre relatif. Les régiments sont si mal orientés sur la pensée et les intentions de Bazaine que, dans leurs bivouacs, certains d'entre eux font face à l'est, tournant le dos à l'ennemi. Quant au 6e corps, dès son installation à Vernéville, Canrobert signale les dangers de cet emplacement, et Bazaine l'autorise à se porter entre Saint-Privat et Amanvillers, à l'extrême droite de l'armée, où il ne sera guère mieux à sa place. Commencé à une heure tardive, ce nouveau mouvement se termine en pleine nuit, non sans désordre.

Bien que le changement de front de l'armée n'ait été couvert que par la division Metman, l'ennemi se borne à l'observer de loin, sans le gêner aucunement.

De la correspondance de Bazaine avec l'Empereur, comme de ses ordres pour le 17, on est autorisé à conclure qu'il cache ses véritables intentions. Soit qu'il se croie incapable de reprendre la marche vers la Meuse, soit que la perspective de retomber sous la tutelle impériale l'effraie, il a l'idée arrêtée de se replier sous Metz. La bataille défensive qu'il va livrer et dont il escompte l'insuccès, lui permettra de justifier cette décision, comme le manque de vivres et de munitions le soir du 16 août.

L'idée première de Frédéric-Charles était de porter contre les masses signalées à l'ouest de Metz la droite de la IIe armée (IXe, IIIe, X^e corps) en laissant le centre et la gauche « continuer tranquillement » vers la Meuse. Moltke ne partage pas cette manière de voir. Attachant plus d'importance à nos rassemblements vers Rezonville, il envoie le soir du 16 l'ordre de mettre le XIIe corps en marche par Thiaucourt sur Mars-la-Tour. Il ne songe pas encore à nous investir sous Metz, mais à nous rejeter vers le nord au moyen de cinq et peut-être de six corps d'armée. La marche à l'ouest ne sera reprise que lorsque ce « but capital » aura été atteint. En attendant, la gauche de la IIe armée pourra rester immobile.

Le même soir, Frédéric-Charles prévoit pour le lendemain la reprise de notre offensive. Cette fois, amplifiant l'idée de Moltke, il attire vers le champ de bataille tous les corps disponibles, moins les IIe et IVe, trop éloignés et qui continueront vers l'ouest. Moltke, informé, approuve ces dispositions et prescrit à la Ire armée de faire passer la Moselle aux VIIe et VIIIe corps. Les Allemands pourront donc disposer le 17 de sept corps d'armée, dont deux, le XIIe et la Garde, ne rallieront que très avant dans la journée. Deux autres, les IIIe et X^e, ont été fort éprouvés le 16.

On s'attend si bien à nous voir reprendre l'action que les mesures prises visent uniquement la défense. Nos adversaires perdent le contact au point d'ignorer le soir du 17 nos emplacements au centre et à la droite. Avons-nous continué notre marche vers le nord, en laissant une arrière-garde au Point-du-Jour? Sommes-nous en retraite vers Metz? Ces deux éventualités sont admises. Il est décidé néanmoins qu'une bataille décisive sera livrée le 18 août, sans qu'on se rende bien compte de ses conditions. Moltke prescrit que la IIe armée marchera par échelons, la gauche en avant, entre l'Yron et le ruisseau de Gorze. Le VIIIe corps devra participer à ce mouvement. Quant au VIIe il aura d'abord mission de couvrir la IIe armée vers Metz.

Il est visible que le chef d'état-major se propose de border la route de Metz à Briey, dans la pensée que nous l'utilisons pour notre retraite. Si cette hypothèse n'est pas exacte, la gauche opérera une conversion vers l'est pour nous attaquer, tandis que la droite engagera un combat traînant. Il en résultera une bataille sur front inversé, dont les conséquences, heureuses ou malheureuses, seront nécessairement plus graves que dans le cas normal.

Moltke envisage deux hypothèses seulement, prétendant nous enfermer dans un dilemme. Mais n'y a-t-il pas d'autre solution ? Cette marche en échelons suivie d'une conversion de toute une armée suppose comme condition première l'immobilité de l'ennemi. Imaginons chez Bazaine un éclair d'initiative et d'énergie. Au lieu de rester dans ses positions, il opère un mouvement offensif par sa droite ou par sa gauche. La marche de la IIe armée ne court-elle pas le risque d'être singulièrement troublée, avec toutes les conséquences qui résultent de la multiplicité et de l'enchevêtrement d'aussi longues colonnes ?

Dans la matinée du 18 août, des escarmouches se produisent entre le 2e corps et le VIIe, vers le Point-du-Jour. Les Allemands constatent la présence de forces considérables en face de leur droite. Le VIIe corps se porte à Rezonville, prêt à marcher vers l'est ou vers le nord. Enfin, Frédéric-Charles met en mouvement la IIe armée, le IXe corps à la droite, puis la Garde et enfin le XIIe corps. Le IIIe suit entre le IXe et la Garde ; le Xe entre la Garde et les Saxons. Les VIIIe et VIIe corps doivent se conformer à ce mouvement. Le Prince croit encore à notre retraite vers Briey et ne cherche pas à s'en assurer au moyen de sa cavalerie, bien qu'il dispose de quatre divisions. Son incertitude se prolongera une partie du jour.

Quant à Moltke, après avoir varié dans ses suppositions, il admet que nous voulons tenir entre le Point-du-Jour et

Montigny; il projette une attaque débordante par Aman-
villers au moyen de la gauche de la IIe armée. Frédéric-
Charles n'est pas moins incertain. Vers 11^h 30, il accepte
l'hypothèse de Moltke et prescrit à la Garde de marcher sur
Amanvillers, pour déborder notre droite en se reliant au
IXe corps. Le XIIe corps se portera sur Sainte-Marie-aux-
Chênes, sans doute dans l'hypothèse où nous aurions déjà
des forces sérieuses vers Briey.

Le IXe corps ne tarde pas à s'engager à l'est de Vernéville; par suite des renseignements qu'ils reçoivent, la
Garde et le XIIe corps modifient d'eux-mêmes les directions qui leur ont été assignées. Ils obéissent à l'esprit et
non à la lettre des ordres du Prince, affirmant de nouveau
une initiative qui nous est inconnue.

Malgré l'absence à peu près complète d'avant-postes, le
mouvement des Allemands n'a pas échappé aux troupes
françaises, mais Bazaine, tenu au courant, ne paraît pas
s'inquiéter de cette menace. Il se borne à des recommandations vagues, sans dissimuler qu'il a l'intention d'exécuter un nouveau « changement de front » en arrière. Mais
il ne voudrait pas y être forcé par l'ennemi. D'autre part,
il affecte encore des inquiétudes incompréhensibles pour
ses derrières et sa gauche, pourtant suffisamment couverts
par Metz et par la Moselle. Comment expliquer le calme
avec lequel il attend les événements? A-t-il réellement dans
ses positions la confiance qu'il manifeste en toute occasion? Elle exclurait, semble-t-il, toute pensée de nouvelle
retraite. Il est à croire, au contraire, qu'il a pris son parti
d'un échec destiné à justifier sa résolution de se rapprocher de Metz. Si nous sommes battus, nous opérerons dans
la journée le mouvement prévu pour le matin du 19. Si
nous sommes vainqueurs, il sera temps d'aviser à une situation imprévue et les inférieurs de Bazaine s'en chargeront
peut-être.

C'est l'artillerie du IXe corps qui entame l'action, neuf
batteries ouvrant par surprise le feu sur les positions du
4e corps. Faute de soutiens suffisants, elles ne tardent pas

à être dans la situation la plus critique, sans que nous en profitions comme il conviendrait. Au contraire, les nôtres sont bientôt hors d'état de résister à cette artillerie fortement renforcée, et doivent cesser le feu. L'infanterie du IXᵉ corps a été arrêtée dans son attaque, mais le IIIᵉ et la 6ᵉ division de cavalerie se sont rassemblés à Vernéville, prêts à intervenir en soutien. Un retour offensif de notre part n'aurait plus chance de succès.

Canrobert a été tenu au courant des mouvements de l'ennemi. Pourtant le 6ᵉ corps est au repos quand retentissent les premiers coups de canon. Il se déploie sur place, sa gauche vers Amanvillers, sa droite vers Roncourt. Mais, des renseignements qu'il reçoit, le maréchal se hâte à tort de conclure que cette droite n'est pas menacée et prescrit à la division Tixier, en réserve derrière elle, d'aller appuyer la droite du 4ᵉ corps, tout en se reliant à la gauche du 6ᵉ. En réalité elle reste aux abords sud de Saint-Privat, portant à 25 bataillons le nombre de ceux disposés entre ce village et la droite de Cissey, sur un front de 1.200 mètres environ. L'artillerie prussienne aura beau jeu contre cet entassement.

Peu après, le maréchal porte le 94ᵉ à Sainte-Marie-aux-Chênes et le 93ᵉ le long de la route de Briey, entre Sainte-Marie et Saint-Privat. Ces deux régiments sont à angle droit par rapport à notre ligne et se relient à Roncourt par une autre brigade. Nous dessinons entre ce village, Sainte-Marie et Saint-Privat un saillant fait pour être enveloppé sans peine et dont l'utilité est nulle, puisque les Allemands possèdent la supériorité numérique, comme chacun sait. Nous essayons de les déborder au lieu de parer à leur enveloppement.

Cependant la Garde prussienne est en mouvement pour intervenir à la gauche du IXᵉ corps. Elle occupe Saint-Ail et, avec le concours des Saxons, opère une attaque enveloppante contre Sainte-Marie-aux-Chênes, canonné au préalable par 88 pièces. Quinze bataillons menacent d'aborder le 94ᵉ, qui peut se dégager à temps et se replie au nord-est, non sans pertes. L'infanterie de la Garde fait alors face à la position principale du 6e corps vers Saint-Privat, tandis que le XIIe, après avoir plusieurs fois changé d'objectif, entame autour de notre droite le grand mouvement débordant qui doit provoquer la décision.

Les 2e et 3e corps ont d'abord été faiblement engagés contre les VIIe et VIIIe corps. L'ennemi dépasse assez facilement le ravin de la Mance et les bois qui le bordent, mais il est alors sous le feu des crêtes en arrière, vers le Point-du-Jour et la ferme de Moscou. Toutes ses tentatives échouent, malgré la supériorité de son artillerie et la disparition graduelle de la nôtre. Les Prussiens finissent néanmoins par s'emparer de la ferme de Saint-Hubert, sur les pentes à l'ouest du Point-du-Jour, et Steinmetz, croyant notre déroute prochaine, décide de lancer au delà du ravin la 1re division de cavalerie. Il lui prescrit même de ne pas dépasser les « glacis de Metz », tant il croit le succès assuré. Une partie de l'infanterie et l'artillerie du VIIe corps appuieront ce mouvement.

En exécution de cet ordre, une longue colonne où batteries, escadrons et bataillons sont confusément mêlés, s'engage dans le défilé que suit la route de Verdun pour traverser le ravin. Dès qu'elle s'efforce d'en déboucher, elle est couverte de projectiles, qui mettent sa tête en désordre. Plusieurs batteries sont hors de combat avant d'avoir tiré, d'autres dans une situation très critique. Enfin un seul régiment de la 1re division peut se dégager du défilé; après avoir esquissé un déploiement qui lui cause des pertes croissantes, il se replie vers l'ouest. Le reste de la division fait de même, rendant sur la route la confusion encore plus inextricable. A ce moment un retour offensif de la brigade Jolivet rejette l'infanterie prussienne dans le ravin.

La bataille est engagée de Roncourt à la Moselle que Bazaine n'a pas encore quitté son quartier général de Plappeville, derrière notre gauche. Il sait l'importance de l'action et ne paraît pas s'en émouvoir. Il reste sourd aux demandes de secours que lui envoie Canrobert, et lui fait des promesses qu'il tient mal. Au lieu de jeter la Garde tout entière en soutien du 6e corps, il l'éparpille dans plusieurs directions, sans l'engager sérieusement nulle part. C'est surtout de ses communications avcc Metz qu'il s'inquiète, bien qu'elles ne soient pas menacées. Il veut les conserver avant tout. Vers 7 heures, sans avoir vu le combat à sa droite, il rentre paisiblement à son quartier-général et fait consigner sa porte. Il affecte d'être satisfait de la journée et écrit à Napoléon III que le feu cesse sans que nos troupes aient quitté leurs positions. A cette heure même, Prussiens et Saxons nous arrachent Saint-Privat, au prix de torrents de sang.

Leur attaque a débuté par un échec de la Garde prussienne. Elle lance successivement trois brigades contre Saint-Privat, sans préparation suffisante par le feu, et en conservant ses formations massées. Les pertes sont effroyables et les débris de ces belles troupes, réduits à quelques centaines d'hommes, se voient clouer sur place à 600 pas du village. Une charge de cavalerie, un retour offensif d'infanterie les balaierait en un clin d'œil.

L'intervention des Saxons à leur gauche change cette situation. Couverts par un puissant déploiement d'artillerie, ils enlèvent Roncourt, puis se rabattent sur notre droite à Saint-Privat. Les défenseurs simultanément assaillis du nord et de l'ouest, écrasés par 24 batteries saxonnes ou prussiennes, ne peuvent opposer une longue résistance. Bien que nous ayons encore dans le village une foule d'isolés et dix bataillons environ, leur nombre est plutôt une gêne. L'assaillant atteint assez facilement la lisière et, après une série de combats acharnés, s'empare complètement de Saint-Privat. Le 6e corps est rejeté en désordre sur la forêt de Jaumont et vers Woippy.

Ladmirault, vivement engagé lui aussi contre des fractions de la Garde et du IXe corps, fait inutilement appel à l'intervention de Bourbaki et d'une division de grenadiers. Elle se produit quand la défaite de sa droite est déjà complète. Bourbaki se replie vers Plappeville sans avoir combattu, et cette aile se conforme au mouvement de Canrobert.

Si notre droite est ainsi rejetée, il n'en est pas de même pour la gauche. Des attaques prématurées, sans plan arrêté, ont conduit à émietter ses adversaires, avec un résultat à peu près nul. De notre côté, la grande majorité des bataillons engagés, abritée par les couverts du terrain ou par des travaux de campagne, a peu souffert. Nos réserves sont très fortes. Malgré l'échec de notre artillerie, nous disposons de moyens amplement suffisants pour la défense de nos positions, et des contre-attaques nous seraient faciles. Malheureusement, à part quelques tentatives isolées, nous garderons jusqu'au bout une attitude passive qui sauvera peut-être l'ennemi d'un désastre.

Le VII\ :sup: corps s'est emparé de Jussy, esquissant une attaque le long de la Moselle. Bien que mollement conduite, elle contribue à retenir vers notre gauche l'attention de Bazaine. Malgré la configuration du sol et l'existence du fort Saint-Quentin, il continue de redouter un mouvement offensif qui le couperait de Metz, et maintient à portée de cette aile la majeure partie de nos réserves, tandis que sa droite succombe faute de secours et de direction.

Les échecs subis par les Prussiens sur la Mance n'ont pas découragé leur offensive. Croyant que le moment vient d'une autre attaque, le Roi met le II\ :sup: corps à la disposition de Steinmetz. Vers 6ʰ 30, notre artillerie s'est tue de nouveau, la fusillade a presque cessé. Au contraire on observe un feu plus vif vers le nord et l'on en conclut que la II\ :sup: armée a entamé le combat décisif. Le Roi prescrit à Steinmetz de jeter sur les hauteurs du Point-du-Jour « toutes les troupes disponibles ». Pendant qu'une partie du VII\ :sup: corps et le II\ :sup: exécutent leurs mouvements préliminaires, nos lignes se voilent d'un nuage de fumée; infanterie et artillerie reprennent brusquement le feu, ce qui n'est pas sans faire une profonde impression sur les Allemands. En un clin d'œil, des groupes confus de leurs tirailleurs refluent vers le ravin. C'est un commencement de déroute qui se propage au loin, atteignant surtout les masses inconsistantes d'isolés et de fuyards réfugiés dans le ravin de la

Mance. Néanmoins la 32e brigade opère une attaque en formation dense vers Saint-Hubert, suivie du 9e hussards. Elle est rejetée à la baïonnette après avoir été arrêtée par un feu destructeur, non sans que la fuite d'une partie de ces cavaliers occasionne une nouvelle panique. Des fuyards vont jusqu'à Vionville.

Malgré cet échec, le IIe corps s'engage dans le défilé, la 3e division en tête. L'entrain des Poméraniens, qui n'ont pas encore vu le feu, est extrême. Mais la nuit tombe. Croyant que Saint-Hubert a été réoccupé par nous, le régiment de tête, 54e, ouvre le feu sur cette ferme. Il y a là les débris de 59 compagnies prussiennes, en complet désordre, presque sans officiers. Cette fusillade venant de l'arrière est le coup de grâce pour eux et un flot de fuyards se précipite vers la Mance, heurtant les troupes qui affluent encore de l'ouest. Si notre infanterie prenait à ce moment l'offensive avec l'entrain des grandes journées d'autrefois, le succès ne ferait aucun doute.

Il n'en est rien; le 54e prussien échoue néanmoins dans son attaque, s'éparpillant dans toutes les directions, mêlé aux débris des autres corps. La garnison de Saint-Hubert tire aux quatre points cardinaux. Les deux régiments suivants sont entraînés dans le tourbillon. La nuit est si noire qu'on ne distingue plus amis et ennemis. Les flammes du Point-du-Jour et de Moscou, l'éclair incessant de nos tranchées indiquent seuls notre ligne de combat. De là quantité de méprises qui accroissent le désordre, au point de lui donner des proportions effrayantes.

L'attaque de la 3e division a complètement échoué; on décide néanmoins de jeter dans la fournaise cinq nouveaux régiments, dont la 4e division entière. Vers 10h 30 du soir, il y a 24 bataillons massés à l'ouest de Saint-Hubert sur un kilomètre carré environ. Il y en avait déjà autant sur un espace à peu près double. Les Allemands sont entassés au point d'être incapables de se mouvoir. Jamais on n'obtint d'aussi piètres résultats avec de pareilles forces.

Aux abords du Point-du-Jour, le combat se prolonge

jusque vers minuit, sans prendre un autre aspect. Il faut toute la nuit pour rallier les trois corps prussiens engagés à la droite et l'on n'est pas sans appréhension pour le lendemain. Le succès remporté par la gauche est donc le bienvenu.

Nos pertes sont considérables, 619 officiers et 12.599 hommes de troupe, mais encore inférieures à celles de l'ennemi : 899 officiers et 19.260 hommes, dont 308 officiers et 7.923 hommes pour la Garde prussienne. Mais nos adversaires nous ont définitivement coupé de Verdun et de Briey, ne nous laissant plus que la route de Thionville, qui sera fermée au premier jour. Cet éclatant succès compromet notre principale armée, menacée à bref délai d'un investissement complet. Il peut en résulter les plus graves conséquences.

L'armée du Rhin n'a pas été commandée le 18 août et le rôle personnel de Bazaine le montre assez. Il obéit uniquement, tout le jour, au désir de ne pas se laisser couper de Metz. Deux ordres de motifs peuvent l'y déterminer : l'incapacité à conduire une armée, dont il a donné tant de preuves les 14 et 16 août, et la crainte de retomber sous la tutelle de l'Empereur. Il redoute de se hasarder en rase campagne et souhaite de rester à l'abri de Metz, où il pourra voir venir les événements.

Dès lors il se contente de donner les instructions les plus vagues. Il n'a d'autre objectif que la retraite du lendemain, ni d'autre idée que d'empêcher l'ennemi de trop presser ce mouvement. Il n'essaie pas d'imposer à l'adversaire une volonté purement négative. Il se désintéresse des événements et ne règle même pas l'intervention de ses réserves.

L'armée est un corps sans âme. De là sa défense passive, à peu d'exceptions près. Si l'on ajoute à cette cause d'infériorité celles que nous avons déjà signalées, absence d'initiative, infériorité tactique et numérique, on ne peut être surpris du résultat final. De plus, quantité de troupes ont peu ou point combattu, dont la Garde et la réserve générale d'artillerie, alors que nous aurions dû mettre en jeu jusqu'à notre dernier bataillon, notre dernière pièce.

En somme, quand on se rend compte de l'état de nos troupes et des dispositions du commandement, le surprenant n'est pas que nous ayons été battus, mais bien que nous ne l'ayons pas été plus complètement. Devant nos adversaires, nous avons joué le rôle ingrat d'un plastron.

Chez eux, la bataille n'est pas plus conduite que chez nous, pour des motifs bien différents. Le Roi et Moltke sont dès la première heure sur le champ de bataille, mais à l'aile la moins importante. Ils ignorent constamment la situation de la gauche. De là l'engagement inutile du IIe corps, qui aurait pu provoquer un désastre ; de là aussi l'idée de chercher la décision aux deux ailes à la fois.

Cette incertitude, celle de Frédéric-Charles pendant une partie du jour tiennent à l'inaction de la cavalerie allemande le 17 août. Il aurait été facile de délimiter notre front le soir même. Il n'en est rien et cette faute, suivant l'expression du major Kunz, pèse « comme une Alpe » sur tous les mouvements de nos adversaires. On s'explique mal, dès lors, l'admiration qu'a longtemps excitée chez nous la bataille du 18 août, en ce qui concerne le haut commandement allemand. Il aurait dû tirer meilleur parti d'une situation aussi favorable. L'échec initial du IXe corps, celui de la Garde, la série de ceux de la Ire armée et du IIe corps auraient pu être évités avec des dispositions plus rationnelles. A leur droite, les Allemands arrivent à ce résultat paradoxal de subir un insuccès devant un ennemi inférieur en nombre, dont l'artillerie ne combat que quelques instants et qui se confine à peu près constamment dans la défense passive. Qui peut dire ce que produirait vers la fin du jour une offensive vigoureuse des 2e et 3e corps, surtout si nos réserves avaient été tenues jusqu'alors à l'abri du canon, comme il était facile ? La même observation s'applique à notre droite, derrière laquelle eût dû être placée la Garde.

IX

LA RETRAITE SUR CHALONS

Après Frœschwiller, la désorganisation de notre armée d'Alsace est complète. Une partie se retire sur Strasbourg, où son arrivée provoque la plus cruelle émotion. Une autre se jette dans les Vosges, cherchant à s'abriter sous les petites places qui les gardent. Le gros marche sur Saverne dans un état de dissolution si évident que Mac-Mahon renonce à défendre les montagnes et décide la retraite sur le camp de Châlons, où il espère se réorganiser. Il devance ainsi les intentions de l'Empereur.

Dès le matin du 7, il porte sur Phalsbourg la division Conseil-Dumesnil, deux brigades de cavalerie et la réserve d'artillerie du 1er corps. Le gros de nos troupes devait se mettre en marche le 8, mais des bruits inquiétants le font partir le soir du 7 pour Sarrebourg et Phalsbourg, où il arrive après une deuxième marche de nuit. Cette retraite précipitée et les fatigues qui en résultent continuent la désorganisation de l'armée, sans aucune nécessité. La poursuite des Allemands s'est arrêtée dès le soir du 6, et ils ne pourraient nous attaquer avant le soir du 8 ou plutôt le matin du 9.

En outre le choix du camp de Châlons comme centre de réorganisation s'explique mal. Ce n'est ni une position défensive, ni un camp retranché, ni un nœud de communications. Les ressources y sont presque nulles. Nous nous laissons duper par ce mot de camp, sans prendre garde qu'il correspond à des idées de parade et non à des combinaisons stratégiques. La concentration de l'armée du Rhin dans cette vaste plaine serait pour nous un danger nouveau, si elle avait pour corollaire celle des trois armées allemandes. Notre infériorité en serait plus marquée.

Quoi qu'il en soit, Mac-Mahon abandonne les Vosges et

refuse de faire sauter leurs ouvrages d'art, dans la prévision de retours offensifs, malheureusement peu probables. Il concède ainsi aux Allemands un avantage sans prix : la possession d'une voie ferrée les reliant avec l'Allemagne. A Sarrebourg, il est rallié par le général Ducrot, venu à travers les montagnes avec 2.000 hommes environ. Quant à de Failly, il est à La Petite-Pierre avec le gros du 5e corps et 3.000 fuyards du 1er.

Dans la journée du 7, les Allemands n'ont fait qu'esquisser une poursuite, en jetant la 4e division de cavalerie vers Saverne, la cavalerie bavaroise sur Bitche et les Wurtembergeois dans l'intervalle des précédentes. Nulle part ces escadrons n'arrivent au contact; même la 4e division revient sur Bouxwiller, après avoir poussé jusqu'à Steinbourg. Le reste de la IIIe armée demeure au cantonnement ou au bivouac, à peu d'exceptions près.

Cette circonstance fait que le Prince royal ignore la désorganisation de nos troupes et même la direction principale de leur retraite. Il suppose que le gros s'est retiré par Bitche, ce qui influe naturellement sur ses ordres. Au lieu de presser la traversée des Vosges, de façon à gêner notre mouvement, il décide que la IIIe armée les passera sur cinq colonnes, en couvrant un large front. Il veut ainsi arriver déployé sur la Sarre, dans la prévision de la bataille décisive que Moltke avait l'intention de livrer. Mais la situation s'est entièrement modifiée depuis le 6 août et il s'agirait, en premier lieu, de tirer parti de la victoire de Frœschwiller. Le Prince va mettre cinq jours à traverser les Vosges, ce que sa cavalerie aurait pu faire dès le 8 août s'il ne l'avait obligée de marcher en queue de colonne.

Le 8, celle de Mac-Mahon, moins une brigade, atteint Blâmont, en avant-garde. Le 1er corps se rallie à Phalsbourg, le 5e à Sarrebourg et à Lixheim. Bien que les ordres subordonnant de Failly au maréchal n'aient pas été révoqués, ce dernier paraît décidé à n'en plus faire usage, tant il garde un souvenir fâcheux de leur coopération le 6 août. La marche des Allemands est très lente, en sorte que, le matin du 8, l'entourage du roi Guillaume croit encore notre retraite dirigée par la route de Bitche et de Rohrbach.

Le 9, la cavalerie française continue de précéder l'armée et atteint Lunéville. Le 1er corps est vers Blâmont, le 5e à Réchicourt, Cirey et Badonviller. L'intention du général de Failly est d'abord de se conformer au mouvement du maréchal, comme il serait naturel. Mais l'Empereur lui adresse à deux reprises l'ordre de marcher sur Nancy, d'où il ralliera Metz ou le camp de Châlons, selon les circonstances. De Failly redoute d'avoir à opérer un mouvement de flanc dans le voisinage des têtes de colonne ennemies. Il va marcher sur Lunéville le 10 et prend des dispositions pour continuer vers l'ouest, au lieu de remonter au nord-ouest, suivant les intentions de l'Empereur.

Les 8 et 9 août, au cours de sa marche, la IIIe armée entre en contact avec trois de nos petites places. Une tentative qu'elle dirige sur Bitche est sans succès. Une autre sur le fort de Lichtenberg réussit, non sans que la faible garnison se soit vigoureusement défendue. Enfin La Petite-Pierre a été abandonnée par les quelques hommes auxquels sa garde incombait.

Le 10, la cavalerie française est à Bayon, le 1er corps à l'ouest de Lunéville, le 5e autour de cette ville. La précipitation de notre retraite, l'insuffisance des vivres, le bivouac constant sous des pluies continuelles sont du plus déplorable effet. L'indiscipline fait des progrès rapides, ainsi que la maraude. C'est une déroute, suivant le mot d'un témoin, bien que l'ennemi ne nous menace en aucune façon.

Au lieu de marcher sur Nancy, de Failly prend texte de l'arrivée prétendue de têtes de colonnes ennemies à Château-Salins, Dieuze et Marsal pour se porter le 11 août par Bayon sur Haroué. Il descend au sud-ouest, au lieu de remonter au nord-ouest, comme le voudrait l'Empereur. Puis, Mac-Mahon ayant donné le même objectif au 1er corps, il est convenu que le 5e le couvrira sur sa gauche au lieu de le suivre. De Failly ira passer la Moselle à Charmes, pour aller ensuite sur Mirecourt. Ainsi, c'est le 5e corps qui suit la direction du sud, la moins exposée. Non seulement de Failly ne marche pas sur Nancy, ni même sur Toul, pour rallier le gros de l'armée du Rhin, suivant l'ordre de l'Empereur; il s'éloigne de ces deux points autant que le permettent les circonstances. Quel que soit l'auteur responsable de ces prescriptions, de Mac-Mahon ou du général, leur parfaite absurdité saute aux yeux.

Le 10 août, la IIIe armée continue sa marche, la droite appuyant vers le sud, de manière à laisser place à la gauche de la IIe. Au cours de ce mouvement, elle fait une tentative infructueuse sur Phalsbourg, que défend le brave commandant Taillant. Il n'ouvrira ses portes que forcé par la faim, au bout de longs mois de blocus.

Le 11, la cavalerie et la réserve d'artillerie du 1er corps sont à Colombey-les-Belles; le reste du corps d'armée à Bayon et Lorrey; le 5e vers Charmes. Derrière eux, la cavalerie de la IIIe armée éclaire vers Lunéville et Nancy, le gros borde la Sarre.

Malgré de nouveaux ordres de l'Empereur, prescrivant au 5e corps de marcher sur Toul, de Failly persiste à se diriger vers l'ouest. Puis le maréchal inclinant lui-même au sud, sur Neufchâteau, il décide d'obliquer dans la même direction, sur Chaumont, long détour qui retarderait son arrivée sous Paris, nouvel objectif que lui assigne Napoléon III le 12 août.

A cette date, la cavalerie de la IIIe armée atteint Lunéville; les corps d'armée terminent leur déploiement sur la Sarre. En arrière, la division badoise a procédé le 8 août à l'investissement de Strasbourg, dont le siège va bientôt commencer. Une nouvelle tentative sur Phalsbourg est encore inutile (14 août).

Le 14, le 1er corps atteint Neufchâteau et le 5e Lamarche, au sud. Bien que les dernières étapes se soient faites avec plus de régularité, la retraite est loin d'avoir accru la confiance dans le commandement. Continuée pendant huit longs jours avec tant de hâte et de désordre, pénible pour les soldats, déplorable pour les officiers, elle a été dissolvante pour tous.

Le nouveau ministre de la guerre, général de Palikao, confirme au 1er corps l'ordre de se rendre au camp de Châlons. La cavalerie et la réserve d'artillerie s'y rendront par étapes, l'infanterie et l'artillerie divisionnaire par voies ferrées. Le 5e corps doit être transporté également de Chaumont sur Vitry, où il rentrera sous les ordres du maréchal, pour se rendre ensuite au camp.

En effet, la régence a décidé de constituer une nouvelle armée qui pourra avant peu, assure Palikao, donner la main à l'armée du Rhin. Aux 1er et 5e corps, il va joindre le 7e, dont la formation, commencée dans le Haut-Rhin, a été très ralentie par les circonstances. Elle n'est à peu près terminée que le 13 à Belfort. Le 16 août, le général Douay est prévenu qu'il va se rendre avec son corps d'armée au camp de Châlons.

Du 13 au 16 août, la IIIe armée a continué vers l'ouest, capturant au passage Marsal, resté presque sans garnison. Pour soixante bouches à feu, le personnel de l'artillerie y était représenté par un garde (14 août)! Une tentative du IVe corps (IIe armée) et du IIe corps bavarois sur Toul échoue entièrement, bien que la garnison soit très médiocre (16 août).

L'Empereur arrive au camp dans la nuit du 16 au 17 et son impopularité est déjà telle parmi les troupes, que sa présence est pour elles un nouveau dissolvant. Dès le 17, des divergences se manifestent entre les intentions de la régence et les siennes. On a vu que Palikao entend former une nouvelle armée. Aux 1er, 5e et 7e corps, il veut joindre le 12e, déjà en formation au camp sous les ordres de Trochu, et le 13e, qui se forme à Paris sous ceux du général Vinoy. Dans une conférence à laquelle assiste Napoléon III, le 17 août, le prince Napoléon (1) plaide énergiquement la nécessité du retour de l'Empereur à Paris, en y mettant une

____

(1) Fils du roi Jérôme de Westphalie.

condition préalable : la désignation de Trochu comme gouverneur de la grande ville. Mac-Mahon y porterait son armée, afin d'en assurer la défense extérieure. Cet avis, appuyé par Trochu et par son chef d'état-major, général Schmitz, est finalement adopté. On décide que les gardes mobiles de la Seine, récemment rassemblés au camp de Châlons, seront ramenés à Paris. Trochu s'y rend le jour même.

Ces résolutions sont pour améliorer sensiblement notre situation. A défaut d'une retraite sur la Loire ou le Morvan, à laquelle nul ne songe encore et qui entraînerait des dangers politiques évidents, le retour sous Paris s'impose. Là seulement, l'armée pourrait compenser son infériorité numérique par l'appui des forts et de l'enceinte. Quant à la désignation de Trochu, elle permettrait à Napoléon III de rentrer aux Tuileries sans trop de risques, à l'abri de la popularité très réelle du général. Il est d'ailleurs possible que le prince Napoléon, fort hostile à l'Impératrice, voie dans le retour de l'Empereur un moyen de restreindre, sinon d'annuler, le pouvoir de la Régente.

Celle-ci n'accepte pas cette diminution, car elle est ambitieuse et mère plutôt qu'épouse. Catholique fervente, elle déteste le libéralisme affecté sur le tard par son mari. Mère, elle ne peut lui pardonner son rôle à l'armée ni nos malheurs. Elle s'accoutume aisément à la pensée d'une situation prépondérante. Pourquoi ne sauverait-elle pas la dynastie, fût-ce sans l'Empereur? Autour d'elle, toute une cour s'agite, regardant l'avenir plutôt que le passé, songeant au Prince impérial, dont le jeune âge prolongera forcément la régence, plutôt qu'à l'Empereur vieilli par la maladie et l'infortune, au joueur obstiné que la chance a trahi, sans doute pour toujours. Son retour à Paris réduirait à rien les pouvoirs de la Régente et ferait peut-être aussi courir des dangers sérieux à la dynastie. L'intérêt de celle-ci, celui de l'Impératrice, s'accordent à en faire repousser la pensée.

Avant même l'arrivée de Trochu, Palikao prend vivement position contre la rentrée de l'Empereur et de l'armée. Il y voit l'abandon de Bazaine. L'armée de Châlons va dépasser 100.000 hommes. Ne pourrait-elle faire « une puissante diversion sur les corps prussiens déjà épuisés par plusieurs combats »? Quand Trochu arrive aux Tuileries, dans la nuit du 17 au 18 août, porteur du décret le nommant gouverneur de Paris, il est très froidement accueilli par l'Impératrice, qui ne dissimule pas son hostilité pour le général et son opposition à la rentrée de Napoléon III : « L'Empereur ne reviendra pas à Paris; il n'y rentrerait pas vivant ! » L'armée de Châlons fera sa jonction avec celle de Metz. Toute la combinaison du prince Napoléon et de Trochu s'effondre brusquement. Le général représente que sa mission devient sans objet. L'Impératrice entend néanmoins qu'il la remplisse et il s'incline. Mais Palikao, qu'il voit ensuite, l'accueille non moins froidement. Vaniteux à l'excès, sans motifs suffisants de l'être, le ministre se croit de taille à lutter avec les pires difficultés. Il ne peut comprendre l'opportunité de la mission de Trochu et ne le lui cache aucunement. Lui aussi s'oppose au retour de l'armée sous Paris. Elle doit se porter au secours de Bazaine et le rallier. Il ne se décide qu'à regret à contresigner la nomination du général.

La situation n'en reste pas moins singulièrement troublée. Entre la régence et l'Empereur, il y a antagonisme latent. Le gouverneur de Paris a été imposé à l'Impératrice et au ministre de la guerre. Il s'en rend compte. D'eux à lui, il n'y a aucune confiance. Ses allures leur sont suspectes, non sans raison. On lui reproche des proclamations maladroites, des discours, des entretiens au moins inopportuns. On lui laisse voir une défiance outrageante. Palikao affecte même de l'ignorer, de ne pas lui communiquer les renseignements les plus indispensables, de s'immiscer constamment dans les détails de son commandement.

En somme, la désignation de Trochu ne serait justifiée qu'accompagnée du retour de l'Empereur et de l'armée. Dans les conditions présentes, elle est une nouvelle cause de faiblesse.

Les résolutions de Napoléon III ne tiennent pas devant l'opposition de l'Impératrice. Il admet le danger d'une retraite sur Paris, sans prendre tout d'abord une décision ferme. Puis, brusquement, il renonce à cette combinaison, peut-être sous l'influence des renseignements venus de Metz, qui lui montrent la situation de Bazaine déjà difficile. Il en ressort que le maréchal va essayer de se faire jour au nord-ouest. Dans ces conditions, l'Empereur accepte que l'armée se porte du camp de Châlons sur Reims, prête à marcher vers Paris ou à rejoindre Bazaine. Après avoir hésité entre ces deux solutions, Mac-Mahon finit par décider de tout faire « pour rejoindre Bazaine » (19 août).

Sur les entrefaites, le Prince royal a été informé de la bataille du 16 et de ses suites. L'intention du roi Guillaume est que la IIIe armée continue « tranquillement » sa marche vers Paris, tout en s'emparant de Toul. Le 18, le Prince donne des instructions en conséquence. La IIIe armée se maintiendra au sud du chemin de fer de Strasbourg à Paris. Le 20, elle aura franchi la Meuse et formera dès lors trois colonnes principales, la 4e division de cavalerie passant derrière le Ve corps. On s'attend à une prochaine rencontre avec des troupes venant du camp de Châlons ou sorties de Metz, et l'on croit devoir mettre ces escadrons en deuxième ligne.

Le 19 août, le Prince apprend les résultats de la bataille du 18 et ses impressions sont d'abord assez pessimistes pour qu'il veuille rétrograder d'une marche en se concentrant. Il y renonce sur de nouveaux renseignements. D'ailleurs le Roi a pris ce jour-là des dispositions qui règlent définitivement le rôle des trois armées. La Ire, une division de réserve (3e) et la majeure partie de la IIe (IIe, IIIe, IX^c, X^c corps) auront à maintenir l'investissement de Metz, sous les ordres de Frédéric-Charles. Le reste de la II^c armée (Garde, IVe, XIIe corps, 5^c et 6e divisions de cavalerie) formera un nouveau groupement commandé par le prince royal de Saxe (IVe armée ou armée de la Meuse). La IIIe arrêtera un instant sa marche, sans doute pour donner à la

IVe le temps de se porter à la même hauteur, disposition toute à notre avantage, puisqu'elle nous fait gagner du temps. La IIIe armée est assez forte pour qu'il n'y ait aucun inconvénient à ce qu'elle devance la IVe vers l'ouest. Il serait même avantageux que les Allemands fussent échelonnés la gauche en avant, de façon à nous rejeter vers le nord, suivant le programme constant de Moltke.

Leur nouvelle répartition vise plusieurs objectifs, dont l'un inavoué. La suppression de la Ire armée en tant qu'organe indépendant a pour corollaire la constitution d'un autre groupe exactement de même force, la IVe, ce qui donne à croire que le Roi, las des incartades de Steinmetz, supprime avec intention son commandement, pour en confier l'équivalent au prince royal de Saxe, dont il a remarqué la décision et l'énergie le 18 août.

De notre côté, l'inquiétude s'accroît au sujet de Bazaine. On réclame de tous côtés des nouvelles, sans acquérir aucune certitude. Dans le doute, Mac-Mahon inclinerait à rester au camp de Châlons jusqu'à plus ample informé. Mais on lui signale l'arrivée d'un détachement ennemi à 44 kilomètres du camp. Le maréchal redoute une surprise de cavalerie et, sans autre renseignement, prescrit à l'armée de se porter le 21 sur Reims. Ainsi l'approche de quelques cavaliers suffit à modifier ses intentions. Premier exemple de la fatale instabilité qu'il trahira trop dans la suite.

Marcher au-devant de Bazaine est impraticable, puisque Mac-Mahon ignore la direction prise par son collègue. En outre, il manque encore à l'armée de Châlons une fraction notable de ses éléments. Se retirer sur Paris en abandonnant l'armée de Metz à son destin, répugne à ce loyal soldat. Mais la solution bâtarde qu'il choisit participe aux inconvénients comme aux avantages de ces deux partis. Si elle ménage la possibilité d'une marche sur Paris par Épernay ou Soissons, elle nous éloigne de la Meuse, rendant plus difficile la jonction impérieusement réclamée par l'Impératrice et Palikao.

Au 20 août, l'armée de Châlons représente environ

130.000 hommes groupés en quatre corps d'armée, 1er, 5e, 7e, 12e; les trois premiers formés dès le début de la concentration, mais déjà entamés par nos premiers échecs et surtout par la retraite qui les a suivis. Le 12e corps embrasse la majeure partie de ce qui restait disponible, à l'intérieur du pays, quatre régiments de ligne et la division d'infanterie de marine. On le complète par une division de quatrièmes bataillons groupés en régiments de marche, suivant une tradition du premier Empire, mal comprise. On lui adjoint, en outre, à titre provisoire, l'artillerie et la cavalerie qui n'ont pu rallier sous Metz le 6e corps. L'ensemble forme un corps d'armée numériquement très fort, mais dont les éléments sont de valeurs très inégales. Les régiments de marche, sans cadres suffisants, composés surtout de recrues et de réservistes, ont une faible cohésion.

Malgré ces causes de faiblesse, l'armée de Châlons est susceptible de combattre honorablement. Mais il lui faudrait un chef qu'elle ne possède en aucune façon. L'Empereur ne saurait compter : c'est un embarras, rien de plus. Quant à Mac-Mahon, est-il l'homme de circonstances aussi graves? Il a gravi très vite les échelons de la hiérarchie, grâce à une série de campagnes au cours desquelles il a témoigné d'une extrême bravoure. Après avoir commandé la province de Constantine, il part pour la Crimée, où un éclatant fait d'armes, la prise de Malakoff, le met plus que de raison en lumière, contribuant à valoir au jeune général un corps d'armée pendant la guerre d'Italie. La Fortune lui continue ses faveurs. A Magenta, il laisse la division La Motte-Rouge attaquer inconsidérément Buffalora qu'elle prend, mais où elle est incapable de se maintenir. Il s'aperçoit alors qu'il s'est imprudemment affaibli en éloignant la division Espinasse. Avec la fougue d'un sous-lieutenant, il va lui-même la chercher, risquant d'être enlevé en route. Pourtant la victoire est à nous et l'honneur en revient au héros de Malakoff. A son sujet, le maréchal de Castellane a une appréciation cruelle : « Avec toute sa gloire, je m'étonne toujours de son peu de portée. »

On sait comment débute la guerre de 1870. Mac-Mahon sort indemne des premières défaites, où il a eu néanmoins sa part de responsabilité. Ni l'Empereur, ni l'opinion ne lui reprochent son écrasement à Frœschwiller et la retraite si pitoyablement conduite qui suit. Mais, à l'armée d'Alsace, la confiance en lui n'est plus entière, il s'en faut. Son chef d'état-major, général Faure, n'a ni les facultés, ni l'autorité suffisante pour le seconder. Il est lui-même médiocrement entouré.

Des commandants de corps d'armée, Ducrot possède la personnalité la plus tranchée. Ce vigoureux soldat, d'un caractère entier, est l'un de ceux, trop rares, qui ont prévu nos désastres. Bien qu'il ne soit pas exempt d'erreurs et de parti-pris, comme il le prouvera pendant le siège de Paris, il a beaucoup des qualités qu'exige un haut commandement. Déjà il entrevoit une partie des dangers qui nous menacent.

Quant à de Failly, depuis le début de la guerre, il s'est montré sous le jour le moins favorable. Son attitude des 5 et 6 août, les difficultés qu'il a suscitées pour éviter de se retirer sur Metz, l'ont mis en mauvaise posture vis-à-vis de l'Empereur, du maréchal et de ses troupes. Son remplacement par Wimpffen est déjà décidé. Mac-Mahon en est informé. Quelle confiance peut-il lui inspirer?

Le commandant du 7ᵉ corps, Félix Douay, est plus apprécié, bien qu'il ait eu son heure de faiblesse en Alsace. On se souvient de son rôle au Mexique; on lui prête de l'expérience et du commandement. Le général Lebrun, qui a remplacé Trochu au 12ᵉ corps, est un esprit distingué, non sans une certaine légèreté. Il est peu connu des troupes, qu'il connaît peu également. Il est resté officier d'état-major et le maréchal regrette de ne pas lui avoir confié les fonctions du général Faure.

Parmi les commandants de division ou de brigade, bon nombre sont fatigués ou vieillis. Quelques-uns font partie de la réserve, mais l'Empereur, au risque de les blesser profondément, les renvoie de l'armée, mettant le ministre, dont les ressources en cadres sont épuisés, « dans le plus cruel embarras ».

En somme, le défaut de consistance de la plupart de nos troupes est extrême, la discipline y est fort ébranlée. La lassitude, le mécontentement, l'insubordination prennent toutes les formes. La maraude et le pillage sont de chaque jour. L'ivrognerie fait d'énormes progrès, faute de distributions régulières et aussi par suite des défaillances du commandement. Les liens de la discipline se détendent si visiblement, le commandant en chef trahit une telle faiblesse, une si grande indécision, que nul n'a confiance. Les murmures, parfois les injures contre les officiers ne sont pas rares. Les traînards sont légions. L'indiscipline fait tache d'huile, des rangs inférieurs aux plus élevés. C'est pourtant à cette armée improvisée et si mal conduite que la Régente, pour des raisons politiques beaucoup plus que militaires, va imposer la tâche la plus lourde, la plus risquée, en la mettant entre les deux termes de ce dilemme : une victoire à peu près impossible ou la destruction assurée.

A défaut de l'Empereur, qui se confine dans un effacement voulu, l'impulsion première vient, en effet, de l'Impératrice et de Palikao. Entre eux et Trochu la situation se tend de plus en plus. On n'ose le révoquer, par crainte de l'opinion, mais on agit comme s'il l'était réellement, au point qu'un espion prussien est jugé, condamné et exécuté dans l'étendue de son commandement, sans qu'il l'apprenne autrement que par les journaux.

La Régente apporte à la conduite de nos affaires militaires toute la passion irréfléchie, toute la facilité d'illusion ordinaires à son sexe. Elle prend sans trop de peine son parti de la déchéance morale de l'Empereur et son unique objectif paraît être de ménager des chances d'avenir à son fils. Dès lors, elle va peser de tout son pouvoir pour obtenir que Bazaine soit dégagé, que Mac-Mahon et lui, réunis, changent la face des choses par une victoire tardive. Pour l'entretenir dans ce rêve, elle a près d'elle un homme qui se paie volontiers de mots et réussit à en imposer autour de lui à force de jactance et d'affirmations creuses. C'est Palikao.

Agité par tant d'événements imprévus, par la crainte ou l'espoir de l'avenir, subissant le contre-coup de nos défaites et des excitations de la rue, le Corps législatif est une gêne permanente beaucoup plus qu'un appui pour le gouvernement. Il contribue à l'énerver, à lui inspirer des résolutions désespérées. C'est un élément de désorganisation et de désordre qui s'ajoute à tant d'autres.

X

DE REIMS A BEAUMONT

Le 21 août, l'armée de Châlons se porte sur Reims et ce mouvement, mal préparé, entraîne de lourdes fatigues. Nous sommes concentrés comme à la veille d'une bataille, bien que l'ennemi le plus proche soit à 100 kilomètres au moins. L'idée de Mac-Mahon est encore de marcher vers l'ouest, vu l'absence de données positives concernant Bazaine. A ce moment survient un homme d'État dont l'influence a souvent été prépondérante les dernières années : c'est Rouher. Il a quitté Paris la veille, sans mission officielle. A Courcelles, il a une conférence avec l'Empereur, en présence de Mac-Mahon et du général Faure. Son but évident est d'obtenir que l'armée marche au secours de Bazaine et il reprend à cet effet les arguments de l'Impératrice. Sans doute le Prince royal est en marche sur Paris, mais il lui faudra huit jours pour y arriver et Mac-Mahon pourrait faire sa jonction avec Bazaine, puis revenir sur le Prince, de façon à protéger la grande ville en même temps que les intérêts de la dynastie.

C'est la manœuvre finale de la campagne de France que conseille ainsi Rouher, oubliant que Mac-Mahon n'est pas l'Empereur et que, de plus, cette idée n'eut aucun succès en 1814. Le maréchal s'y montre très opposé. Son armée est trop faible pour qu'il l'aventure au milieu de trois armées prussiennes. Il croit Bazaine investi sous Metz, par 200.000 hommes; le prince royal de Saxe en a 60.000 à 80.000 près de Verdun; le prince royal de Prusse arrive à Vitry avec 150.000 hommes. Porter l'armée vers l'est serait courir à un désastre. Il faut au contraire la conserver à la France; elle pourra servir de noyau pour l'organisation de 250.000 à 300.000 hommes. Il est trop tard pour essayer de sauver Bazaine, auquel manquent déjà munitions et vivres.

Rouher est contraint de s'incliner devant ces raisons qui échappent à sa compétence. Il va plus loin, et propose à l'Empereur de donner à Mac-Mahon le commandement des troupes de Châlons et de Paris, puis de revenir avec lui sous la capitale. C'est le projet du prince Napoléon avec un correctif concernant Trochu qui passerait en sous-ordre. Séance tenante, les mesures d'exécution sont arrêtées et les décrets nécessaires rédigés. Le soir même, Rouher repart pour Paris.

De son côté, Palikao admet qu'il y a deux partis à prendre : dégager promptement Bazaine, « dont la position est des plus critiques », en marchant sur Montmédy; ou se porter dans le flanc du prince royal de Prusse, en pivotant autour d'un nouveau corps d'armée, le 13e, dirigé sur La Ferté-sous-Jouarre.

Ainsi le ministre accepte une solution qui aboutirait à la retraite sur Paris, vu l'infériorité de nos forces. Le soir, sous l'impression de motifs inconnus, son attitude s'accentue. Il invite le maréchal à dégager Bazaine, faisant valoir l'effet moral de cet abandon. Mac-Mahon n'est pas convaincu et sa décision de marcher sur Paris paraît « irrévocable », suivant ses propres termes. Cette fermeté n'est pas pour durer longtemps.

Le matin du 22 août, les premières dispositions ont été prises en vue de la retraite vers l'ouest, le gros de l'armée devant se mettre en marche le 23, quand on remet au maréchal une dépêche de Bazaine, datée du 19 et se terminant ainsi : « ...Je compte toujours prendre la direction du nord et me rabattre ensuite par Montmédy sur la route de Sainte-Menehould et Châlons, si elle n'est pas fortement occupée. Dans ce cas, je continuerais sur Sedan et même Mézières pour gagner Châlons... » Bien que les intentions de Bazaine ne soient pas arrêtées, comme nous le verrons, ces mots : *Je compte toujours prendre la direction du nord* suffisent à modifier les dispositions de Mac-Mahon. Il en déduit, malgré les réticences de son collègue, que ce dernier va quitter Metz et qu'il le rencontrera vers Montmédy. Sa décision est prise aussitôt, sans nulle intervention étrangère, presque sans hésitation. Il ne veut pas laisser Bazaine, affaibli par plusieurs batailles, rencontrer seul des forces considérables.

On doit se demander si la dépêche du 19 août comporte d'aussi graves conséquences. Elle date de trois jours et depuis lors aucun renseignement n'a donné à croire que le maréchal avait exécuté son projet. Bien au contraire, des télégrammes de sources diverses montrent que l'armée a été refoulée dans Metz, où elle est menacée d'un siège, et ce fait résulte même de la dépêche du 19 août. Palikao, lui aussi, considère la situation de cette armée comme des plus critiques. Comment, dans ces conditions, Mac-Mahon peut-il espérer de trouver son collègue aux environs de Montmédy?

Une autre communication de Bazaine, datée du 20 août, est encore adressée au maréchal : « J'ai dû prendre position près de Metz pour donner du repos aux soldats et les ravitailler..... L'ennemi grossit toujours autour de moi....., je suivrai probablement, pour vous rejoindre, la ligne des places du nord et je vous préviendrai de ma marche, si toutefois je puis l'entreprendre sans compromettre l'armée. » Il y a là une réserve bien faite pour attirer l'attention de Mac-Mahon. Mais, bien que cette dépêche parvienne dans la soirée du 22 à son quartier général, tout indique qu'il n'en a pas connaissance. On peut même admettre qu'elle est détournée avec intention par un officier, notre ancien attaché militaire à Berlin, lieutenant-colonel Stoffel, qui craint de le voir abandonner Bazaine.

Quoi qu'il en soit, la dépêche du 19 août dicte la décision du maréchal. Le matin du 22 il en avise le ministre de la guerre et Bazaine. Il va se porter sur Montmédy et sera le 24 sur l'Aisne, où il agira selon les circonstances. Son télégramme se croise avec une nouvelle mise en demeure que lui adresse Palikao : « Le sentiment unanime du conseil, en présence des nouvelles du maréchal Bazaine, est plus énergique que jamais..... » Ne pas secourir l'armée de Metz, « aurait à Paris les plus déplorables conséquences. En présence de ce désastre, il faudrait craindre que la capitale ne se défende pas... » Bien que le ministre calomnie gratuitement Paris, comme on le verra bientôt, il est certain qu'une sommation de ce genre, s'adressant à un caractère aussi effacé que celui de Mac-Mahon, est de nature à lever toute hésitation. C'est une lourde responsabilité que prennent l'Impératrice et son entourage. Ce ne sera pas la dernière.

Une différence essentielle sépare la conception du maréchal de celle de Palikao. Le premier entend marcher au-devant de Bazaine, qu'il croit en mouvement vers nos places du nord. Le second sait l'armée de Metz dans une situation difficile, sinon tout à fait compromise, et ses visées, en ce qui touche Mac-Mahon, sont beaucoup plus étendues. Il entend dégager Bazaine de l'étreinte allemande, et ensuite constituer une force considérable qui permette de reprendre une offensive « en rapport avec le caractère de la nation ». Il voudrait voir l'armée partir du camp de Châlons le 21 août. Le 25, elle bordera la Meuse de Charny à Verdun. Si, à la même date, la IIIe armée est à Vitry, à 100 kilomètres de cette place, il lui faudra au moins trois jours pour s'y porter. Dans l'intervalle, Mac-Mahon aura battu le prince royal de Saxe qui est avec 70.000 hommes environ entre Étain et Verdun. Si Frédéric-Charles tente d'appuyer le prince saxon, il entraînera derrière lui Bazaine. La situation des Allemands entre deux armées françaises deviendra très difficile et leur échec changera la face des choses.

Si, au contraire, Frédéric-Charles continue d'investir Metz, le prince royal de Saxe sera « très probablement » rejeté dans cette direction, et nos adversaires se verront obligés à la retraite, permettant ainsi la jonction de nos deux armées.

On voit que, suivant l'habitude, de toutes les hypothèses qu'examine Palikao, il néglige la seule qui doive être réalisée. Frédéric-Charles, continuant d'investir Metz, détachera en soutien du prince saxon deux corps d'armée qui, s'il était besoin, suffiraient à rétablir l'équilibre. Au lieu d'être refoulée vers l'est, la IVe armée nous tiendra tête, donnant à la IIIe le temps d'intervenir. La situation se retournera entièrement. Nous serons enchevêtrés dans trois armées d'effectif total bien supérieur au nôtre. « Vous aviez un maréchal bloqué, vous en aurez deux », disait alors Thiers.

Nous avons admis avec Palikao que l'armée partirait du camp de Châlons le 21, pour marcher droit sur Verdun. La situation devient plus défavorable encore, si l'on suppose qu'elle part de Reims le 23, pour marcher sur Montmédy, comme il arrive réellement. Au lieu d'être sur la Meuse le 25, elle la bordera au plus tôt le 27, et les chances d'intervention de la IIIe armée en seront accrues. Même dans l'hypothèse la plus favorable, nous ne pourrons attaquer la IVe armée vers Étain avant le 29. A cette date, le prince saxon aura été renforcé par les deux corps venus de Metz et par la droite de la IIIe armée. Admettons, malgré tout, que Mac-Mahon soit vainqueur, puis donne la main à Bazaine entre Montmédy et Thionville. Frédéric-Charles s'est attaché obstinément au dernier de ces maréchaux, qui ne peut se ravitailler et sera hors de combat sous peu de jours. Le reste de la IIIe armée accourt de l'ouest et les deux maréchaux réunis sont exposés à subir au nord d'Étain le sort qui attend l'armée de Châlons à Sedan. Il se peut aussi qu'ils soient rejetés sous Metz, où la faim les attend. Dans les deux cas, l'issue est pareille.

Ajoutons que cette marche si aventureuse s'opère dans le voisinage immédiat de la frontière belge. D'où un nouveau danger, celui d'être acculé à un territoire neutre. A ce point de vue, mieux vaudrait prendre une autre direction pour tenter de secourir Bazaine, celle du sud-est, par exemple. Du moins on inquièterait les communications allemandes en assurant les nôtres.

Enfin, dernière et importante considération, dans la situation présente convient-il de jouer sur un coup de dé la fortune de la France? La disparition de notre dernière armée compromettrait la défense de Paris et rendrait sin-

gulièrement difficile la prolongation de la guerre, faute de
cadres.

En résumé, pour que la marche sur Montmédy aboutisse
au résultat rêvé, il faut que l'armée se dérobe de Reims
vers Stenay sans éveiller l'attention des IIIe et IVe armées,
dont la droite est très voisine; qu'elle longe la frontière
sans y être acculée et finalement qu'elle atteigne les environs de Metz après avoir refoulé la IVe armée et sans donner
au Prince royal le temps d'intervenir. Toutes ces conditions
doivent être nécessairement réunies; à défaut d'une seule,
la situation deviendra des plus délicates. Or, il est fort peu
probable que les Allemands soient trompés assez longtemps
sur la direction de notre marche pour ne point la ralentir.
S'il en est ainsi, nous serons assurés de ne pas atteindre
Metz. Même en admettant que, par impossible, Mac-Mahon
rejoigne Bazaine, les forces de Frédéric-Charles ne sont pas
quantité négligeable. Elles retiendront sans doute les deux
maréchaux assez longtemps pour donner au Prince royal
la possibilité d'intervenir. Dans ce cas, notre infériorité numérique nous condamnera presque sûrement à un désastre.
Isolément nos deux armées sont inférieures aux deux groupes des armées allemandes. Leur réunion n'y changera rien,
si elle implique celle de l'ennemi.

Pour que ce mouvement ait la moindre chance d'aboutir,
il faudrait que l'armée de Châlons possédât une mobilité
dont elle est loin. Il faudrait surtout qu'au lieu d'un général en chef irrésolu et, pour tout dire, de très faible envergure, elle eût à sa tête un homme de premier ordre.
Quand un projet d'opérations suppose *a priori* une condition de ce genre, on peut affirmer qu'il est inadmissible.
C'est surtout le cas quand il s'agit, comme en août 1870,
d'une armée éprouvée par la défaite. Nos échecs nous forcent à jouer serré, à ne rien aventurer.

Tandis que Mac-Mahon arrête ces résolutions si graves,
les IIIe et IVe armées sont déployées face à l'ouest, à peu
près à la même hauteur (22 août). La droite de la IVe est
encore à l'est de la Meuse, ses quatre divisions de cavalerie

en avant et à courte distance. Le IVe corps borde cette rivière, ainsi que deux corps de la IIIe armée. Le gros de celle-ci est en avant, sur l'Ornain, précédé à grande distance de la 4e division de cavalerie qui atteint déjà la Marne. D'après les instructions de Moltke, les deux armées vont continuer vers l'ouest, la IIIe précédant constamment d'une marche la IVe. Le chef d'état-major du Roi ne prévoit pas notre mouvement sur Montmédy, ni même sur Reims, et ce fait seul suffit à gêner grandement le mouvement des Allemands.

Le 23 août, par une pluie persistante qui attristera la plupart des journées suivantes, l'armée de Châlons fait son premier pas vers Sedan. Le soir, elle borde la Suippe. Des retards, des difficultés d'alimentation font que le maréchal croit impossible de continuer vers l'Aisne. Il va se rapprocher du chemin de fer de Reims à Charleville pour se ravitailler, ce qui nous fera perdre vingt-quatre heures environ, dans un moment où le temps est sans prix. Le 24, l'armée incline donc au nord pour gagner le front de Juniville à Rethel. Le 25, son déplacement est de moindre envergure encore : le 7e corps, à la droite, fait moins de 8 kilomètres pour aller autour de Vouziers; le 1er corps ne dépasse pas Attigny, le 5e, Amagne; le 12e reste en place à Rethel. La division légère Margueritte, qui couvrait jusqu'alors notre droite, du côté de l'ennemi, est poussée en avant du 1er corps, au centre; la division de cuirassiers Bonnemains va à Rethel, c'est-à-dire à la gauche où elle n'a que faire. L'armée a pivoté autour de cette ville, gagnant un peu de terrain par sa droite. Le 26, elle va faire le mouvement inverse en pivotant autour de Vouziers. Singulières dispositions quand il s'agit de marcher rapidement vers l'est! Il faut dire que des nouvelles inquiétantes parviennent au maréchal et lui font déjà craindre pour ses communications.

Le mouvement simultané des IIIe et IVe armées a aussi commencé le 23 août. La cavalerie de la IVe passe la Meuse et celle de la IIIe atteint Saint-Dizier. Derrière ce voile, les deux armées marchent la gauche en avant. Au passage, le VIe corps fait une nouvelle tentative sur Toul, sans plus de résultats ; le XIIe en dirige une autre contre Verdun, avec le même insuccès.

Bien que les têtes de la IVe armée soient dans le voisinage de notre droite, aucun contact ne se produit en raison de l'insuffisance de l'exploration, pour elle comme pour nous.

Dès le 23, l'état-major prussien est avisé de la présence à Reims de Napoléon III et d'une partie de son armée. Certains renseignements indiqueraient même un mouvement de cette ville vers Metz. Moltke n'y croit pas, pour des raisons d'ordre militaire. D'autres supposent que la question politique déterminera seule notre conduite. Dans ces conditions, on décide de continuer aussi vite que possible vers l'ouest. Un jour de repos est néanmoins prévu pour le 26 ou le 27, de façon à faciliter le ravitaillement.

Le 25 août, la marche s'opère sans autre incident que la rencontre à Passavant, par la cavalerie prussienne, d'un bataillon de mobiles venu de Vitry, à la suite de l'abandon de cette petite place. Ces gardes nationaux, à peu près entourés, n'opposent qu'une faible résistance et sont bientôt faits prisonniers. Au moment où l'ennemi les emmène, un coup de feu purement accidentel fait croire à une attaque et l'escorte massacre un grand nombre de ces malheureux sans défense.

Le soir, les Allemands ont dans leur flanc droit, à deux étapes seulement, une armée française de plus de 130.000 hommes suivant une direction opposée à la leur, sans que, jusqu'alors, ils en aient la moindre connaissance. Pourtant, les renseignements relatifs à une marche de notre armée au nord-est se sont multipliés. Dans la nuit du 24 au 25, un changement de direction devant entraîner des difficultés et des fatigues considérables, Moltke décide que l'on se bornera tout d'abord à incliner au nord-ouest, tout en prêtant une attention plus marquée au flanc droit. Dans la matinée du 25, ordre est donné de porter la IVe armée de Vienne-le-Château à Villers-en-Argonne et la IIIe de Givry-en-Argonne à Changy. Sauf avis contraire, il y aura repos le 27.

Puis Moltke attend des nouvelles avec une anxiété croissante. Si Mac-Mahon est réellement parti de Reims le 23, et s'il a continué sans arrêt vers la Meuse, il ne sera plus possible de lui opposer des forces suffisantes à l'ouest de cette rivière. C'est à l'est, vers Damvillers, que l'on concentrerait cinq corps d'armée le 28 août : l'armée de la Meuse et les deux corps de droite de la IIIe. Au besoin on y appellerait deux corps de la IIe armée, ce qui porterait à sept l'effectif total, très supérieur au nôtre.

Si Mac-Mahon cherchait à se dérober vers Metz, ces sept corps l'attaqueraient de flanc, le 29. Si, au contraire, le XIIe corps parvenait à nous retenir sur la Meuse, ou si notre mouvement était ralenti pour une cause quelconque, on pourrait livrer bataille à l'ouest de Damvillers, en faisant intervenir d'autres corps de la IIIe armée et en renonçant à ceux de Frédéric-Charles. Le concours de ces derniers ne serait réclamé qu'à regret. Moltke ne suppose pas, en effet, à Bazaine la honteuse passivité dont il fera preuve du 25 au 31 août.

Dans la journée du 25, les renseignements s'accumulent concernant notre marche au nord-est. Enfin, un télégramme de Londres reproduit une nouvelle empruntée au *Temps* du 23 août et la confirmant nettement. Au grand quartier général, on n'ose encore croire à une entreprise aussi risquée. Mais on se rend compte que la situation politique de la France a pu primer toutes les considérations militaires et même les données du sens commun. Dans la soirée, Moltke soumet au Roi un projet de conversion de la IVe armée et des corps bavarois. Les dispositions sont prises la nuit même pour que ces troupes puissent marcher dès le 26 vers le nord, au cas où la cavalerie dirigée sur Vouziers et Buzancy confirmerait notre marche vers Metz. Il appartiendra au prince royal de Saxe de prendre cette décision.

Ainsi Moltke se prépare à tendre le filet dans lequel périra l'armée de Châlons. Sans doute il est tardivement informé de notre mouvement sur Reims et de celui que nous amorçons vers Montmédy. Sa nombreuse cavalerie, six divisions, n'a pas été utilisée comme elle pouvait l'être. Mais on doit admirer comment, avant de prendre une décision aussi grave, il sait peser les éléments de la situation, éviter une résolution prématurée, tout en préparant les dispositions voulues pour nous arrêter avant qu'il soit trop tard. Dès le soir du 25, l'entreprise de Mac-Mahon est vouée à un complet échec. Il ne serait pas impossible de sauver son armée et même d'infliger aux Allemands une défaite partielle avant de reprendre la marche sur Paris. Mais on verra par quelle accumulation de fautes grossières et de circonstances malheureuses nous sommes amenés à ralentir outre mesure notre marche, à hésiter entre plusieurs directions et finalement à nous laisser acculer aux remparts d'une petite place, où nous trouverons le plus trompeur des abris.

Le 26 août, l'armée doit pivoter sur sa droite afin de faire face à l'est. Le 7e corps reste donc immobile à Vouziers, ce qui ne l'empêche pas d'entrer en contact avec la cavalerie allemande. Le soir, l'armée s'étend de Vouziers à Tourteron, après une courte étape rendue pénible par l'organisation défectueuse des colonnes et par le mauvais temps. Avisé que le 7e corps est en présence de « forces considérables », Mac-Mahon décide d'arrêter sa marche vers l'est et de se porter au sud, en soutien du général Douay. L'idée est juste, mais notre mouvement en éprouve un nouvel et irréparable retard.

Le 1er corps va donc marcher le 27 sur Vouziers, le 5e sur Buzancy, le 12e sur Châtillon. Douay est informé de ces dispositions et invité « à s'engager carrément », si l'ennemi se présente. Cette résolution n'est pas pour durer longtemps.

A cette date du 26 août, la situation de Mac-Mahon devient des plus délicates. Il n'a aucune nouvelle du prétendu mouvement de Bazaine. Il se sait, à n'en pas douter, dans le voisinage immédiat de forces allemandes dont une partie borde la Meuse sur son front, tandis qu'une autre menace ses derrières. Dans ces conditions, il semble qu'il y ait seulement deux solutions admissibles : la retraite sur Paris, que déjà l'ennemi pourrait gêner sensiblement, ou une attaque contre les colonnes allemandes les plus voisines. Un succès même partiel aurait la plus heureuse influence sur le moral de l'armée.

De ces solutions, Mac-Mahon semble d'abord choisir la deuxième. Mais il ne renonce pas encore à la marche sur Montmédy, si dangereuse qu'elle soit. Il s'efforce d'obtenir des renseignements sur Bazaine et lui adresse une dépêche faisant connaître la situation. Il ajoute : « ...Je ne crois pas pouvoir me porter beaucoup plus loin vers l'est sans avoir de vos nouvelles et connaître vos projets, car, si l'armée du Prince... marche sur Rethel, je serai obligé de me retirer ». Il considérerait donc comme imprudent de pousser, sans raison majeure, plus avant vers l'est. Comment ne se rend-il pas compte qu'en hésitant de la sorte, il permet à l'ennemi de réparer le temps perdu et de le mettre dans la situation la plus difficile? Comment peut-il espérer encore de rejoindre Bazaine? Une armée de 150.000 hommes marchant vers nos places du nord ne serait pas restée inaperçue et nous sommes en relation télégraphique avec Montmédy et même Longuyon. Bazaine est donc sous Metz, à moins qu'il n'ait opéré sa retraite au sud-est. Dans ce cas, la jonction rêvée serait évidemment impossible. Il faut, à moins d'encourir les risques les plus graves, attaquer l'ennemi apparu sur notre flanc ou se hâter vers Paris. Mac-Mahon ne fera ni l'un ni l'autre.

Le 26 août, malgré la latitude que lui en laissait Moltke, le prince royal de Saxe n'attend pas les rapports de sa cavalerie pour changer de direction. D'ailleurs, dans la matinée, on constate la présence de notre infanterie vers Buzancy et Grand-Pré. D'après les habitants, il y aurait 140.000 hommes autour de Vouziers. A part les deux corps bavarois, la IIIe armée ne change pas encore l'essentiel de son dispositif. La 4e division de cavalerie pousse sur Épernay un détachement qui est refoulé avec pertes. Le soir, la masse de l'armée s'est étroitement resserrée sur sa droite, prête à porter sa gauche sur Reims ou derrière la IVe armée vers le nord, comme elle a fait pour sa droite.

Malgré les renseignements recueillis, Moltke a un moment la pensée de laisser continuer le gros de la IIIe armée sur Paris, tandis que la IVe, renforcée, en finirait avec Mac-Mahon. Le Prince royal est d'un avis opposé et l'emporte auprès du Roi. Il est donc prescrit que la IVe armée et les deux corps bavarois se mettront immédiatement en marche sur Vouziers ; le Prince royal réglera en conséquence le mouvement du gros de la IIIe. Frédéric-Charles est avisé de ces dispositions et reçoit ordre de porter le 28, vers Damvillers, deux de ses corps d'armée, tout en maintenant rigoureusement l'investissement vers l'ouest.

Le matin du 27 août, l'armée de Châlons entame sa concentration autour de Vouziers pour soutenir le 7e corps. Mais on apprend bientôt qu'il n'a pas d'infanterie en face de lui et Mac-Mahon arrête ce mouvement, renonçant au coup droit qu'il avait paru préparer contre les têtes de colonne allemandes. Il se sait menacé par deux armées allant vers le nord, l'une par Sainte-Menehould, l'autre par Varennes. Il paraît décidé à se replier dans cette même direction, afin d'échapper à l'étreinte dont il est menacé. Néanmoins, la journée se perd à des mouvements inutiles ; une escarmouche à Buzancy entre quelques escadrons du 5e corps et d'autres, saxons, provoque le déploiement de tout ce corps d'armée, dans le vide.

Le maréchal est arrivé au Chêne-Populeux, où il apprend de divers côtés que, le 24, Bazaine n'avait pas encore quitté Metz. Par contre on signale l'ennemi sur la Meuse vers Dun et Stenay ; d'autres corps sont au sud-ouest, notamment aux portes de Reims. Il est évident que deux masses menacent l'armée de Châlons, l'une sur la Meuse nous barrant la route de Montmédy, l'autre prête à couper nos communications vers Reims. L'armée en serait réduite à la ligne d'Hirson à Charleville, d'un faible rendement et qui assurerait mal ses relations avec Paris. La situation est des plus graves; elle peut rapidement empirer.

Cette fois, d'accord avec l'Empereur, Mac-Mahon décide la retraite sur Mézières, d'où il pourra, par un grand détour, rallier Paris, au besoin en faisant usage des voies ferrées. C'est le seul parti à prendre, si l'on ne veut courir à un suicide, puisque l'on a renoncé à une offensive limitée vers le sud. Mais, trait caractéristique, le maréchal n'arrête pas encore cette décision d'une façon ferme, bien qu'il ait toute raison de se hâter. Il écrit même à Bazaine que l'arrivée du Prince royal le contraint d'opérer, le 29, sa retraite sur Mézières, puis vers l'ouest, s'il n'apprend que le mouvement de l'armée de Metz est commencé.

Puis de nouveaux renseignements surviennent. Bien que Mac-Mahon évalue beaucoup trop bas les effectifs de ses adversaires, 100.000 hommes seulement, il craint pour sa retraite et prévient Palikao que, le 28, il se rapprochera de Mézières, d'où il continuera vers l'ouest, selon les circonstances. Les ordres d'exécution sont envoyés et chacun les accueille avec une satisfaction non dissimulée, tant on a conscience de notre situation critique. Les mouvements prescrits sont même amorcés.

Tandis que l'armée oscille au gré de l'irrésolution de son chef, les Allemands continuent leur mouvement avec suite. Dans la nuit du 26 au 27, le prince royal de Saxe dirige une division de cavalerie sur Vouziers, une autre sur Grand-Pré et Buzancy. Elles couvriront la marche de flanc que la IVᵉ armée va opérer sur Damvillers. Le XIIᵉ corps passera la Meuse à Dun et prendra possession de ce pont, ainsi que de celui de Stenay, face à l'ouest. La Garde ira à Montfaucon, le IVᵉ corps à l'ouest de Verdun, le Iᵉʳ corps bavarois à Nixéville, le IIᵉ à Dombasle. Quant au reste de la IIIᵉ armée, il est surtout échelonné sur la route de Vitry à Sainte-Ménehould. La profondeur totale n'est pas moindre de 85 kilomètres. La nôtre en mesure moins de 14 et notre droite est à 30 kilomètres au plus de la droite allemande.

Une occasion inespérée s'offre donc au maréchal, celle d'attaquer avec la supériorité du nombre. Il aurait pour lui la surprise stratégique et l'initiative. L'ennemi s'en rend compte, mais nous ne tenterons rien de pareil.

Des renseignements recueillis le 27, Moltke conclut que nous marchons vers l'est par Buzancy et Beaumont, sans avoir encore atteint la Meuse. Dans ces conditions, il compte nous attaquer en force à l'ouest de cette rivière, ce qui rend inutile la marche sur Damvillers et la coopération de la IIᵉ armée. Frédéric-Charles en est avisé, mais les IIᵉ et IIIᵉ corps sont déjà à Briey et à Étain.

Cependant, à Paris, le gouvernement se débat contre les difficultés croissantes de la situation. Entre Palikao et Trochu la mésintelligence s'accentue. L'opinion publique, le Corps législatif, se laissent gagner à l'affolement. Les bruits les plus absurdes trouvent créance. Dans certaines parties du territoire on observe les manifestations morbides d'un bonapartisme révolutionnaire. A la Chambre, on réclame et l'on obtient l'adjonction de députés au comité de défense. On combat des lois indispensables, comme celle appelant la garde mobile à faire partie de l'armée active pendant la durée de la guerre. L'activité du ministre est paralysée par des questions, des discussions incessantes. Il constitue péniblement les 13ᵉ et 14ᵉ corps, faute de cadres, et songe pourtant à opérer une diversion dans le pays de Bade. Il n'y renonce que sur l'opposition de l'Empereur.

Plus que jamais, la jonction des armées de Metz et de Châlons lui paraît l'unique moyen « de tout réparer ». C'est dans ces conditions qu'il reçoit le télégramme l'avisant de la retraite sur Mézières. Sa surprise et son indignation sont extrêmes; il adresse à Mac-Mahon une véritable sommation, qu'il renouvelle peu après en termes encore plus énergiques, risquant les affirmations les plus osées pour obtenir que le maréchal se conforme à ses vues. Admettons que Mac-Mahon ait sur le Prince royal une avance de trente ou même de trente-six heures, comme le dit Palikao, et qu'il la conserve, supposition assez invraisemblable étant donnée la composition de nos troupes. Il faudra que dans ces trente-six heures, le maréchal écrase la IVe armée, puis les fractions détachées de la IIe, avant de pouvoir se relier à Bazaine en battant Frédéric-Charles. Il faudra enfin que cette triple victoire soit assez complète pour que nos deux armées, réunies, n'aient rien à redouter de la IIIe renforcée des débris des deux autres. C'est faire une part dangereuse aux pures hypothèses. Dans ces conditions, les télégrammes de Palikao constituent une suprême imprudence. Il assure à bref délai la chute d'un régime que son aveuglement croit ainsi conserver.

L'armée est déjà en marche sur Mézières, quand le maréchal reçoit la première dépêche de Palikao. Après quelques instants d'hésitation, il cède encore, tout en se rendant compte du danger : « Eh bien ! allons nous faire casser les reins », dit-il à son entourage, ce qui rend sa faiblesse inexcusable. On peut dire qu'elle constitue un véritable crime dont la responsabilité pèse autant sur lui que sur Palikao. L'Empereur, qui voit plus juste, cherche inutilement à modifier sa résolution. Mac-Mahon envoie des émissaires à Bazaine et prévient Palikao qu'il marche de nouveau sur Montmédy. Il tentera de passer la Meuse le 29 août.

En attendant, le 28, l'armée se porte au nord-est en deux colonnes. Celle de droite, 5e et 7e corps, va sur Stenay dans le voisinage immédiat de l'ennemi, celle de gauche, 12e et 1er corps, réserve de cavalerie, sur Le Chesne et La Besace. Ces mouvements ne sont pas opérés sans désordre, ni fatigues excessives, l'armée étant déjà en marche vers Mézières, quand elle doit se rabattre vers l'est. L'impression des troupes est déplorable. L'incertitude du commandement, son brusque revirement sont pour détruire toute confiance et toute discipline. La pluie continuelle et la faim ajoutent aux souffrances du soldat. L'armée se voit constamment suivie d'éclaireurs allemands qui ne perdent aucun de ses mouvements et narguent la lourdeur impuissante de notre cavalerie. Chacun en a « le cœur serré ». Vers l'est, vers le sud, au sud-ouest on signale partout l'ennemi, et Palikao lui-même prend le parti d'envoyer le 13e corps à Mézières, afin de couvrir nos derrières.

Aucun renseignement n'est survenu concernant Bazaine. Comment pourrait-il être en mouvement sur Montmédy, sans que, de cette place, de Longwy ou de Thionville, le bruit en ait transpiré? Tout indique qu'il est encore sous Metz et le maréchal ne garde aucune illusion à cet égard. Il entend néanmoins continuer sa marche, le 29; mais, ne voulant pas livrer combat pour s'emparer du pont de Stenay, il décide que l'armée passera la Meuse en aval, de Mouzon à Remilly et à Raucourt. Que peut-il espérer de ce détour, sinon retarder l'heure inévitable de la bataille? L'ennemi pourra certainement gêner le passage de la rivière. Si nous parvenons néanmoins à l'opérer, il faudra nous engager dans l'étroite bande de terrain comprise entre la Chiers et la Meuse ou dans celle, non moins resserrée, entre la Chiers et la frontière. Comment les Allemands ne chercheraient-ils pas à nous attaquer de flanc et à revers?

On peut donc croire que, le soir du 28, Mac-Mahon n'a plus aucune illusion sur la possibilité d'atteindre Montmédy et à plus forte raison Metz. Il marche sur la Meuse pour donner satisfaction à Palikao et à la 'Régente, en se berçant du fol espoir de conserver ses communications avec Mézières. Il entreprend en vain de concilier ses devoirs militaires avec les obligations contractées envers la dynastie impériale. Il oublie que, dans le grand naufrage où vont sombrer tant de choses et tant de gens, une seule personnalité subsiste et des plus hautes qui soient : la France.

Moltke admettait d'abord que nous attendions son attaque à Vouziers et au Chêne, sans qu'il y eut à l'appui de cette opinion aucune raison positive. Notre retraite vers le nord, observée dès les premières heures du 28, modifie ses intentions. Il prépare un mouvement dans cette direction. Puis surviennent d'autres rapports montrant que nous avons repris la marche vers l'est. Moltke croit que nous formons deux colonnes allant sur Stenay et Beaumont. Afin d'éviter une attaque prématurée, il décide que la IVe armée se rassemblera dans une position défensive au sud de la route de Vouziers à Stenay. Les trois corps de tête de la IIIe serreront sur la précédente. Quant aux deux corps de queue, ils seront dirigés de manière à prendre part, le 30, à une bataille décisive.

Le 29 août, les deux adversaires continuent leur mouvement, non sans un premier choc à Nouart, entre le 5e corps et les Saxons. Après un combat indécis, de Failly se porte sur Beaumont, suivant un ordre qui lui est tardivement parvenu. Commencé dans la soirée ou de nuit, par de mauvais chemins forestiers, ce mouvement ne se termine qu'au jour, imposant les plus grandes fatigues aux troupes. Elles s'installent autour de Beaumont, dans la proximité immédiate de grands bois, sans prendre les mesures de sécurité indispensables.

Les Allemands ont été exactement renseignés, tant par leur cavalerie que par des dépêches enlevées à l'un de nos officiers. Ils en déduisent que le gros de notre armée sera le matin du 30 entre Le Chesne et Beaumont ou au sud. Le Roi prescrit de nous attaquer avant que nous ayons atteint la Meuse. La IVe armée marchera sur Beaumont et la IIIe sur Beaumont—Le Chesne.

Parmi nos troupes, l'impression générale va empirant. On signale de tous côtés le voisinage de l'ennemi. Comment continuer vers l'est, alors que deux armées sont prêtes à nous couper la retraite? Le maréchal ne croit pas devoir forcer le passage à Stenay, malgré la faiblesse relative des Allemands dans cette direction, et il songe à décrire vers le nord un crochet dont le premier résultat sera d'allonger sa marche, c'est-à-dire d'accroître les chances d'une rencontre! Il n'a que deux partis à prendre : livrer bataille à l'ouest de la Meuse —, et il serait déjà bien tard — ou se retirer au plus vite sur Mézières. Il paraît au contraire décidé à se porter vers Thionville par la rive nord de la Chiers, et une communication venue de Metz l'encourage à cette suprême folie : « Nos communications sont coupées, mais faiblement, nous pourrons passer quand nous voudrons et nous vous attendons. » De son côté, Bazaine est informé le 27 août de l'approche de l'armée de Châlons.

Le matin du 30, nous sommes coupés par la Meuse en deux fractions inégales; à l'est le 12e corps est à Mouzon; à l'ouest les trois autres doivent passer la rivière, le 1er à Remilly, les 5e et 7e à Mouzon. Mais pour atteindre ce dernier point, ils auront à exécuter une marche de flanc devant l'ennemi. Avant même d'être en mouvement, le 5e corps est surpris au bivouac de Beaumont. Ses troupes faisaient la soupe, nettoyaient leurs effets et leurs armes ou prenaient part à des revues. Des avis inquiétants se succèdent : des paysans annoncent l'approche de l'ennemi au travers de forêts voisines; une femme accourt, le signalant à quelques centaines de mètres, et ne trouve aucune créance. Moins d'un quart d'heure après, le premier obus tombe dans le camp. Une division du IVe corps, la 8e, vient de sortir des bois. D'après les ordres reçus, elle devrait attendre le débouché des colonnes voisines, mais son chef juge qu'il n'y a pas un instant à perdre et attaque aussitôt.

Le désordre est immense parmi nos troupes, mais il dure peu. Elles courent aux armes et font face à l'ennemi le plus proche. Certains corps, les 11e et 46e de ligne par exemple, prennent même l'offensive, mais leurs masses confuses sont écrasées par les projectiles. Malgré notre supériorité numérique, d'ailleurs toute momentanée, l'action, d'abord indécise, tend à devenir désavantageuse. Une partie des troupes se replie régulièrement vers le nord, le reste suit en désordre, quelques-unes ne prendront plus part au combat. L'ennemi enlève Beaumont sans difficulté et débouche devant les hauteurs où nous avons pris une nouvelle position. Le corps saxon (XIIe) et le Ier corps bavarois encadrent déjà le IVe corps et leurs têtes s'engagent contre nous. Vingt-cinq batteries concentrent leurs feux sur notre artillerie, qui s'en garantit mal par de fréquents changements d'emplacement.

Sur les entrefaites, le 7e corps est également attaqué. Il a passé la nuit autour d'Osches et doit marcher sur Mouzon. Chose inexplicable, les convois des 5e et 7e corps se portent sur Beaumont par la route de Stonne, avec la division Conseil-Dumesnil comme escorte. Par ordre du maréchal, ils doivent, avant d'arriver à Beaumont, prendre le chemin d'Yoncq et aller passer la Meuse à Villers-devant-Mouzon. La tête et le convoi sont déjà engagés sur cette voie et Conseil-Dumesnil fait replier les fractions établies face au sud pour le couvrir, quand les Bavarois débouchent des bois et attaquent vivement. Notre résistance est faible; nous reculons, puis nous essayons vainement de tenir pied au nord. Un nouveau régiment qui survient est entraîné dans la déroute. Une partie des convois et de la division passe la Meuse à Villers; le reste s'enfuit vers Sedan.

En se rendant à Raucourt, le gros du 7e corps a entendu le canon au sud-est. La première pensée de Douay est d'y courir, mais il se croit lié par les prescriptions du maréchal l'invitant à passer au plus tôt la Meuse. Il résiste donc à l'appel désespéré du 5e corps et reprend sa marche, talonné par les patrouilles allemandes. En approchant de Raucourt, il voit affluer quantité de fuyards de Conseil-Dumesnil et renonce au pont de Villers, trop menacé, pour aller passer la Meuse à Remilly. Dans la nuit il commence son passage après le 1er corps et la division Bonnemains. Cette opération n'est pas terminée qu'il apprend la retraite sur Sedan. Il donne à ses régiments l'ordre de s'y porter chacun pour son compte, par les deux rives de la Meuse.

Dans l'intervalle, les débris du 5e corps ont de nouveau fait tête au nord de Beaumont. Mais les IVe et XIIe corps reprennent leur mouvement offensif et menacent de déborder la droite de Failly, qui prescrit de reprendre le mouvement rétrograde. Ce n'est pas sans des pertes graves pour notre artillerie, acculée à des bois difficiles et que l'infanterie soutient mal. L'ensemble du mouvement s'opère en désordre, quantité de fuyards se débandant vers la Meuse. Failly essaie néanmoins de tenir une dernière position en avant de Mouzon. A droite, l'offensive des Saxons est mise en échec par l'apparition sur la Meuse de fractions de notre

12e corps. Mais, à gauche, le IVe corps continue son mouvement débordant, malgré l'intervention tardive de la brigade Villeneuve et de trois régiments de cavalerie envoyés par le général Lebrun. La première, maladroitement engagée, est refoulée aussitôt. Quant à la brigade Béville, elle n'engage que le 5e cuirassiers dont la charge héroïque, mais mal conduite, aboutit à des résultats insignifiants. Une attaque du 8e régiment de chasseurs a été également infructueuse.

L'offensive allemande n'est arrêtée que dans le faubourg de Mouzon, aux abords du pont que nous conservons et qui permet l'écoulement d'une grande partie des débris du 5e corps.

Le 1er a passé la Meuse à Remilly, pour se porter ensuite sur Carignan. Le canon qui retentit au nord-est ne décide pas plus Ducrot que Douay à s'écarter de ses instructions. Dans la soirée il a l'ordre de couvrir la retraite, soit sur Douzy, soit sur Carignan. La division Margueritte lui est adjointe.

L'armée a reçu un coup irrémédiable. Le 5e corps est en déroute, le 7e fortement ébranlé. Nous avons perdu plus de 2.000 prisonniers, 42 bouches à feu, un immense matériel. Cette fois le maréchal ouvre les yeux. Il a la certitude d'être coupé s'il continue vers Montmédy, et Bazaine, au cas le plus favorable, est encore à plusieurs étapes. Il décide donc la retraite immédiate sur Sedan, avec l'intention de gagner ensuite Mézières et Paris. Mais, chose à peine croyable, il ne se rend pas compte de la difficulté de ce mouvement et nourrit des illusions inexplicables sur l'ennemi. Il croit n'avoir devant lui que 60.000 à 70.000 hommes au plus. S'ils attaquent, tant mieux ! Nous les jetterons dans la Meuse.

Le soir du 30 août, le mouvement de l'armée s'opère dans les plus fâcheuses conditions. Le moral de la plupart des troupes est fortement atteint et l'impopularité de l'Empereur devient extrême, bien qu'il soit innocent des fautes qui conduisent l'armée à sa perte. Le maréchal « va, vient et paraît ne savoir où donner de la tête ». Une activité physique excessive le laisse à la fin du jour incapable de penser.

Dans la soirée, l'état-major du roi Guillaume ignore la répartition des Allemands et la nôtre, mais il n'a aucun doute sur le fait que ses deux armées doivent continuer leur attaque enveloppante. A 11 heures, Moltke prescrit de reprendre le mouvement de grand matin. On tentera de nous refouler dans un espace aussi restreint que possible entre la Meuse et la frontière. Le prince royal de Saxe nous fermera toute issue vers l'est, la IIIe armée nous faisant face au sud et vers l'ouest.

Aucun autre ordre ne sera donné par Moltke avant la bataille de Sedan. De fait, notre situation est à peu près sans issue. Si le maréchal, sans perdre une heure, ne cherche pas à se dérober vers Mézières, son armée est vouée à la plus effroyable des catastrophes.

XI

SEDAN

(31 août-1er septembre 1870)

La première idée de Mac-Mahon, le matin du 31 août, est d'établir le 12e corps vers Bazeilles, la droite à la Meuse, le 1er à sa gauche en face de Givonne, le 7e à l'extrême gauche, occupant Illy. Le 5e corps serait en réserve à hauteur du centre et la réserve de cavalerie un peu en arrière à gauche. Toute l'armée ferait face à l'est, négligeant les menaces venant du sud et du sud-ouest. Mais ces dispositions hâtives ne tiennent pas devant les faits. Finalement le 7e corps s'établit au nord-ouest de Sedan, sur le plateau de l'Algérie, face à l'ouest. Les autres emplacements ne sont pas sensiblement modifiés.

Quant à la IVe armée, elle tient avec deux corps d'armée l'étroit espace entre la Chiers et la frontière. Le IVe est encore à l'ouest de la Meuse. A la IIIe armée, un premier combat a livré au Ier corps bavarois le pont de Bazeilles, que notre négligence avait laissé intact. Tandis que la droite de l'armée borde la Meuse, la gauche commence à passer cette rivière au pont de Donchery, que nous avons aussi respecté. L'extrême gauche (division wurtembergeoise et 6e division de cavalerie) s'engage à plusieurs reprises contre des fractions du 13e corps.

L'état-major prussien prévoit que nous tenterons de nous dérober vers l'ouest ou vers l'est, et la première de ces hypothèses seule est sérieusement envisagée. Moltke se borne à demander au Prince royal de faire passer la nuit même la Meuse au XIe corps et aux Wurtembergeois, de façon à s'opposer dès l'aube à une retraite sur Mézières. En outre, le Prince prescrit au centre de continuer à border la Meuse; la droite interviendrait dans un combat éventuel de la

IVe armée. Celle-ci ne devra pas nous pousser trop vivement, afin de permettre à la IIIe de « fermer la souricière ».

Enfin, derrière la gauche, un corps d'armée et une division de cavalerie seront prêts à marcher sur Reims et Paris.

Ces dispositions sont telles qu'à moins d'une décision énergique, suivie de la plus prompte exécution, notre sort est irrévocablement scellé. Jamais, au contraire, général en chef n'aura été plus inconscient du danger, plus indécis sur la marche à suivre, plus flottant dans ses résolutions. Il paraît persister à croire qu'il n'a devant lui que les 60.000 ou 70.000 hommes du prince royal de Saxe. Mais alors pourquoi fuir le soir du 30 août?

Il hésite encore entre plusieurs solutions, confiant dans la position défensive qu'il a prise. Il craint, s'il marche sur Mézières, d'être coupé par les troupes en mouvement vers Donchery et se demande s'il ne vaudrait pas mieux foncer au sud-est, vers Carignan. D'ailleurs, l'Impératrice renouvelle follement ses objurgations pour un « vigoureux effort » du côté de Metz, et Palikao l'imite. Le maréchal croit ses troupes exténuées, hors d'état de marcher et même de combattre. Il va les laisser au repos, quitte à livrer bataille sur place, comme à Frœschwiller.

Il décide donc simplement de faire combler par une fraction du 5e corps la brèche entre les 1er et 7e, et prescrit de nombreuses reconnaissances à l'ouest et à l'est. L'armée évacuera le 1er septembre les éclopés, les malades, les voitures inutiles ; elle se recomplètera en munitions et en vivres.

Ainsi nos troupes restent confinées dans un triangle compris entre Bazeilles, Floing et le Calvaire d'Illy. Du premier point aux deux derniers il y a 6km 500 environ ; de Floing au Calvaire il n'y en a que trois. La Meuse, la Givonne et le ruisseau de Floing limitent cet étroit espace. La petite place de Sedan, qui y est comprise, n'a aucune valeur. Nos positions figurent un vaste entonnoir, un « pot de chambre », suivant l'expression réaliste de Ducrot. L'armée est presque en entier répartie le long de deux des côtés du triangle, sur un front de 10 kilomètres environ, très étroit pour son effectif. Derrière elle, la profondeur est insuffisante pour lui permettre de manœuvrer ou même d'établir ses réserves. En somme, sa formation rappelle un carré de bataillon, comme dit le prince Hohenlohe. Elle fait face à toutes les directions, parce que toutes sont dangereuses.

Le matin du 1er septembre, l'action s'engage à Bazeilles entre la division d'infanterie de marine et le Ier corps bavarois. Elle devient rapidement très vive. Les Bavarois prennent pied dans le village, mais ont peine à résister à nos retours offensifs. L'intervention des Saxons vers La Moncelle facilite leur tâche. En vain une fraction de la division Lartigue esquisse un mouvement offensif; elle est rejetée à l'ouest de la Givonne, tandis que la Garde entre en ligne à la droite des Saxons.

Sur les entrefaites une série d'incidents aggrave encore notre situation. En allant reconnaître la position du 12e corps, le maréchal a été atteint vers 6 heures par un éclat d'obus. Jugeant Ducrot le plus à même de le remplacer, il le désigne, contrairement aux règles habituelles, puisque Wimpffen et Douay sont plus anciens.

Par une série de contre-temps, Ducrot n'en est informé qu'à 7h 45. Il ignore les intentions du maréchal, mais juge la situation telle que toute hésitation lui est interdite. L'armée va se retirer au nord-ouest, après une concentration préliminaire sur le plateau d'Illy. Son entourage risque des objections qu'il arrête court.

Les 5e et 7e corps demeurent en position, mais les 1er et 12e amorcent une rupture de combat par échelons. Si l'idée du général est juste, ses dispositions sont vicieuses. Il devrait faire choix de positions de repli plus étendues que le plateau d'Illy et surtout échelonner au nord-ouest les 5e et 7e corps, en parant au mouvement des Allemands par Donchery. Mais il l'ignore peut-être. Quoi qu'il en soit, ses ordres ne peuvent conduire qu'à une dangereuse accumulation autour du Calvaire d'Illy.

Le mouvement rétrograde a déjà commencé à la division d'infanterie de marine, qui évacue Bazeilles, y laissant des fractions isolées. L'ennemi ne tarde pas à les investir et à s'en emparer, après une résistance acharnée dont la population porte la peine : 367 maisons sur 423 sont méthodiquement incendiées; 43 habitants sont tués, dont des vieillards, des femmes et des enfants.

Avant la fin de ce drame, un nouveau changement survient dans notre haut commandement. Au moment de quitter Paris pour aller remplacer Failly, le général de Wimpffen a reçu de Palikao une lettre l'investissant du commandement en chef éventuel, désignation irrégulière, puisqu'elle ne devrait appartenir qu'à l'Empereur ou à la Régente. L'ancienneté de Wimpffen lui crée des droits beaucoup plus certains, dont il n'use pas tout d'abord. Puis il observe que la droite du 12e corps refoule les Bavarois; la retraite prescrite par Ducrot est en contradiction avec ce succès apparent et Wimpffen entend s'y opposer. Il croit avoir en mains la possibilité d'une victoire, illusion qui tient à son caractère dont la note dominante est une excessive vanité.

Il adresse donc à Ducrot un billet revendiquant le commandement et modifiant les ordres donnés. En vain le général l'adjure, « au nom du salut de l'armée », de revenir sur cette décision. Wimpffen reste fidèle à son idée : « Ce n'est pas une retraite qu'il nous faut, c'est une victoire. » Il ne veut pas d'une retraite sur Mézières, mais d'une trouée vers Carignan. Inutile d'insister sur les déplorables conséquences des mutations survenues en quelques heures dans notre commandement. Autant de chefs, autant d'idées opposées. Mac-Mahon entend combattre sur place, Ducrot voudrait se retirer vers Mézières, Wimpffen cherche à foncer sur Carignan. Quelle confiance peuvent avoir des troupes ainsi tiraillées entre les directions les plus opposées? Exécutée sans perdre un instant, la décision de Ducrot eût peut-être sauvé une fraction de l'armée. Celle de Wimpffen assure sa perte totale.

Entre temps, l'infanterie de marine a continué sa retraite au nord-ouest, sans chercher à reprendre Bazeilles, comme le voulait Wimpffen. Le combat continue très vif, le long de la Givonne, où la Garde a prolongé la droite des Saxons. Nos 1er et 12e corps ont en face d'eux trois corps allemands (Ier bavarois, XIIe prussien, Garde), qu'un autre (IVe) est prêt à soutenir. Le prince royal de Prusse porte sur Bazeilles une division du IIe corps bavarois. En même temps, sa gauche dessine un mouvement enveloppant, symétrique du précédent. Avant le jour, les Ve et XIe corps se sont mis en marche vers la route de Sedan à Mézières. A 7h 30, le Prince leur prescrit de contourner la grande boucle de la Meuse et de marcher au canon, afin de nous attaquer de dos, le XIe corps à la droite. Aucune disposition n'ayant été prise pour parer à ce mouvement, il s'opère sans difficulté. Nous l'ignorons même entièrement, en sorte que l'ennemi prend pied à Saint-Menges; un petit combat lui livre ensuite Floing, compromettant tout à fait notre retraite sur Mézières. L'action devient plus vive quand l'artillerie du XIe corps ouvre le feu sur les troupes du général Douay.

A ce moment, Wimpffen croit à une simple démonstration destinée à empêcher le 7e corps de porter secours aux 12e et 1er. Il demande même à Douay d'envoyer une partie de ses troupes à Lebrun. Il faut, pour l'en dissuader, que Douay lui fasse parcourir son front. Dès lors il bornera ses ambitions à tenir jusqu'à la nuit.

L'infanterie du XIe corps menaçant les abords d'Illy, le général Margueritte prescrit une première charge à la brigade Galliffet. Le 3e chasseurs d'Afrique attaque les tirailleurs, puis l'artillerie de l'ennemi, sans obtenir des résultats marqués, mais il est réduit de plus du tiers. Le 4e et le 1er chasseurs d'Afrique, qui chargent ensuite, ne font guère qu'une démonstration. D'ailleurs le Ve corps prussien entre en scène à la gauche du XIe et 144 pièces sont disposées de Floing à la forêt des Ardennes, battant tous les débouchés que nous pourrions utiliser, surtout le plateau d'Illy ainsi que le bois de La Garenne au sud. Un escadron de la Garde atteint la partie nord du champ de bataille, reliant la IVe à la IIIe armée. Déjà des fractions de nos troupes cherchent à gagner la frontière à travers bois. C'est le cas d'une assez forte proportion de la cavalerie, qui abandonne ainsi le champ de bataille avant l'heure suprême.

Pendant que le XIe, puis le Ve corps, s'engagent ainsi, les Wurtembergeois livrent une série d'engagements contre des fractions du 13e, sans résultat positif. Suivant un ordre de l'Empereur, le général Vinoy concentre ses troupes à Mézières, en attendant les événements.

Cependant la Garde prussienne s'engage également contre le 1er corps, avec ordre de franchir la Givonne pour se relier à la IIIe armée dès que l'artillerie aura préparé ce mouvement. A cet effet, le général prince Hohenlohe déploie toutes ses batteries à l'est du ruisseau. Après avoir aisément éteint le feu des nôtres, il groupe le sien sur l'artillerie du Calvaire d'Illy et du bois de La Garenne. Vainement Douay y porte des renforts, notamment la division Dumont. A un moment donné vingt-six batteries des XIe et Ve corps croisent leurs feux avec ceux des quinze batteries de la Garde. Les effets sont d'une puissance irrésistible. Sur nombre de points, notre infanterie fuit vers le bois de La Garenne, où l'attire le sentiment d'une trompeuse sécurité. C'est en vain que Ducrot cherche à porter au saillant nord-ouest de ce massif ce qu'il peut ramasser des divisions Pellé et L'Hériller. L'artillerie de la Garde en prépare méthodiquement l'attaque. Sa supériorité est telle que ses pertes sont nulles. Elle tire comme au polygone : il lui vient des spectateurs.

Sur le front du 7e corps, la situation est moins triste. La division Liébert se maintient même avec ténacité, malgré les attaques débouchant de l'ouest et du nord. Mais peu à peu notre artillerie a dû cesser la lutte et les tirailleurs prussiens gagnent lentement du terrain sur les pentes à l'ouest. De nouveaux renforts leur arrivent. Dans cette situation, la cavalerie française intervient de nouveau, cette fois pour écrire une page immortelle.

La division Margueritte s'est ralliée dans la dépression

entre le bois de La Garenne et la ferme du même nom. Sur les entrefaites, Ducrot parvient à convaincre Wimpffen du danger de la situation. Ayant obtenu sa liberté d'action, il fait chercher tout ce qui reste de cavalerie pour le jeter contre les Ve et XIe corps. On ne trouve guère que les divisions Margueritte et Salignac-Fénelon. Il est décidé qu'elles chargeront, après une vigoureuse préparation d'artillerie. Puis l'infanterie essaiera de se frayer passage dans le sillon ainsi tracé. L'idée est juste, mais le terrain en pentes raides, accidenté de mille obstacles, ne se prête pas aux charges, et l'exécution laissera fort à désirer.

Margueritte va charger par échelons dans la direction de Floing. En cas de succès, il se rabattra vers la droite, dans le flanc des troupes qui attaquent le saillant sud-ouest du bois de La Garenne.

Deux escadrons du 4e lanciers commencent l'attaque. Malgré des pertes considérables, très peu de ces cavaliers pénètrent jusque dans Floing, où ils sont tués ou pris. Ils permettent toutefois à l'infanterie de regagner un peu de terrain. Margueritte se préparait à faire charger sa division, quand il est mortellement blessé. A la vue de leur général tout sanglant, ce n'est qu'un cri parmi les chasseurs d'Afrique : « Vengeons-le! En avant! » En même temps, Ducrot insiste pour que la cavalerie fasse vite. Les charges commencent alors dans les directions générales du nord-ouest et de l'ouest, sous les feux croisés de l'infanterie et de l'artillerie prussiennes. Durant près d'une demi-heure, c'est un tourbillon qui se déchaîne sur la ligne de combat ennemie, partie au bord du plateau, partie encore sur les pentes. Presque partout les tirailleurs prussiens demeurent déployés à l'abri d'obstacles; à défaut, ils se rallient pour résister à l'orage. Nulle part leur ligne n'est sérieusement entamée.

Les restes de nos cinq régiments se rallient à peu près sur leur emplacement initial. A ce moment survient la brigade d'infanterie Gandil que Ducrot a fait venir de la droite. Elle passe en avant de la cavalerie et aussitôt le général prescrit à Galliffet de charger une seconde fois, espérant ainsi entraîner l'infanterie. « Encore un effort, dit-il; si tout est perdu, que ce soit pour l'honneur des armes! » Et Galliffet de répondre : « Tant que vous voudrez, mon général, tant qu'il en restera un! »

Cette fois la charge oblique au nord-est, défilant devant une partie de l'infanterie du 7e corps qui « prend peur » et fait feu. Ducrot se jette devant les fusils pour arrêter cette tirerie imbécile. Galliffet tente en vain de s'élever sur les pentes sud-ouest du Calvaire d'Illy. La charge vient encore se briser contre les tirailleurs ennemis. Seuls, le général et quelques cavaliers arrivent jusqu'aux réserves. La division Margueritte a chèrement payé l'honneur de se sacrifier au reste de l'armée : 48 officiers et 955 cavaliers tués, blessés ou disparus. Du bois de La Marfée, le roi Guillaume a suivi ses vaillants efforts avec un cri d'admiration : « Oh! les braves gens! »

Pendant ce glorieux épisode, Ducrot essaie d'entraîner quelques bataillons qu'il a pu grouper. Mais ils n'ont plus ni élan, ni énergie. Par trois fois, le général renouvelle ses efforts; quelques braves le suivent, les autres reculent et se débandent. Quand la cavalerie est ramenée pour la dernière fois, le peu d'infanterie encore en place s'enfuit vers Sedan, où toutes les fractions de l'armée vont instinctivement s'engloutir.

A peu près seule, la division Liébert tient encore tête à l'ennemi. La disparition des troupes à sa droite oblige Douay à la mettre en retraite. Ce mouvement s'opère par échelons, lentement, avec une régularité relative. La division met près de deux heures pour atteindre les glacis, tenant jusqu'à la nuit l'ennemi à distance. A sa droite la division Conseil-Dumesnil a été en grande partie refoulée dans le bois de La Garenne, où elle ne tarde pas à être entourée et prise.

L'action de l'artillerie prussienne est telle sur les troupes entassées dans ce bois qu'elles sont à peine capables d'une défense raisonnée. A des isolés, des fuyards, des blessés très nombreux sont venus se joindre des éléments de plusieurs corps d'armée. Il n'y a plus trace de commandement et d'ordre quelconque. La confusion est immense et l'horreur du spectacle défie toute description. « Les cris des victimes s'entendaient au loin », a dit un témoin. La défense du bois est donc à peine esquissée; l'infanterie de la Garde y pénètre dans plusieurs directions, recueillant presque sans combat des milliers de prisonniers. A 5 heures, il est tout entier aux Allemands.

Après avoir songé un instant à tenir jusqu'à la nuit, Wimpffen en constate l'impossibilité et se décide à tenter une trouée sur Carignan. Le 12e corps, renforcé de toutes les troupes disponibles, jettera l'ennemi dans la Meuse et s'ouvrira passage vers l'est. Mais, en admettant qu'il puisse ainsi refouler la IVe armée, que deviendra-t-il dans cette direction, sans munitions, sans vivres, sans ligne de retraite, entre les masses de Frédéric-Charles et celles du Roi? La résolution de Wimpffen est donc tout à fait désespérée. C'est le mouvement instinctif d'un homme qui se noie. Au point où en est l'armée, il ne peut plus être question pour elle que de tomber honorablement. A ce titre seulement, la décision prise est admissible.

Après avoir vainement cherché à obtenir la participation de l'Empereur, de Ducrot et de Douay, Wimpffen se met, ainsi que Lebrun, à la tête de quelques centaines d'hommes qu'il a péniblement réunis. A la sonnerie de la charge, ils se jettent dans Balan, entraînant par leur exemple des fractions isolées. Le village est repris, moins un bâtiment et des clôtures voisines. La garnison fuit vers Bazeilles. Mais l'artillerie bavaroise ne tarde pas à intervenir et, de tous côtés, des renforts arrivent aux Allemands. L'élan de nos troupes se ralentit et leur colonne fond peu à peu. De guerre lasse, le général se décide à rentrer dans Sedan, laissant à Lebrun le soin de couvrir la retraite, qui n'est pas inquiétée. Depuis des heures, le drapeau blanc flotte sur la citadelle, par ordre de l'Empereur, qui juge inutile une plus longue effusion de sang.

D'autres tentatives ne réussissent pas mieux que celle de Wimpffen. Vers 4 heures, le commandant d'Alincourt sort par la route de Mézières, avec un escadron du 1er cuirassiers et des isolés de divers corps. Après avoir traversé le faubourg de Gaulier à toute allure, sous le feu des Prussiens, ces cavaliers bousculent deux pelotons de hussards et finalement vont se heurter à une barricade en avant de Floing. Une partie parvient à tourner cet obstacle et pousse jusqu'aux environs de Saint-Albert, mettant en désordre une ambulance et des voitures qui y sont groupées. Ces cavaliers succombent sous les balles de l'infanterie prussienne, sans qu'aucun puisse échapper à la mort ou à la captivité.

Vers 4h 30, le général Wolff essaie de sortir avec quelques centaines d'hommes, la plupart du 1er corps, au nord-est de Fond-de-Givonne. Après avoir un instant refoulé l'ennemi, le général tombe blessé et nos soldats refluent jusqu'aux glacis.

Se rendant compte de notre complet écrasement, Guillaume envoie deux officiers sommer l'armée et la place de se rendre. Au même instant, Napoléon III lui adressait son offre de reddition personnelle. Le Roi l'accepte, invitant l'Empereur à désigner un plénipotentiaire pour la capitulation.

Sur les entrefaites, Wimpffen est rentré dans Sedan, après avoir par deux fois refusé ce rôle. Prenant texte de ce que Napoléon III persiste à faire acte d'autorité, il lui adresse sa démission. D'abord disposé à l'accepter, l'Empereur, sur les instances de Ducrot, rejette cette offre au moins inopportune. Entre les deux généraux, il se produit en sa présence un pénible échange de récriminations que les circonstances devraient leur interdire. Finalement, Wimpffen se résigne. Vers 11 heures du soir il est à Donchery, devant Moltke, Bismarck et quelques officiers. Le premier mot du chef d'état-major prussien est pour réclamer la reddition pure et simple. Les efforts parfois maladroits de Wimpffen, l'intervention du général Castelnau, au nom de l'Empereur, n'y peuvent rien changer et Bismarck appuie ces exigences de ses traits les plus mordants. Il est convenu que l'on nous laissera le temps de soumettre le projet de convention à l'Empereur et aux généraux.

Après en avoir pris connaissance, Napoléon III se décide à faire lui-même une tentative auprès du Roi. Le matin du 2 septembre, il se rend à Donchery. Mais, pour éviter des sollicitations importunes, Guillaume refuse de le voir avant que la capitulation ait été signée. Dans un tragique entretien sous le toit d'un tisserand, Bismarck s'efforce d'obtenir que l'Empereur traite des conditions de la paix. Napoléon III a trop le sentiment de son impuissance pour y consentir.

Dans l'intervalle, une grande partie de nos généraux réunis en conseil reçoit communication des conditions rapportées par Wimpffen. Après une pénible discussion, on doit reconnaître l'impossibilité d'une plus longue défense. Deux des assistants seulement émettent un avis opposé, pour se résigner enfin à l'inéluctable fatalité.

Vers 10 heures du matin, Wimpffen se rend au château de Bellevue où l'attendaient Bismarck et Moltke. La capitulation y est signée avec une déplorable adjonction : les officiers qui prendront l'engagement de ne plus servir contre l'Allemagne seront autorisés à rentrer dans leurs foyers. Ainsi, le seul avantage qu'obtienne Wimpffen est au bénéfice de ceux qui abandonneront leurs soldats captifs, à l'encontre de nos règlements et de la loi morale.

Après un entretien suprême entre Napoléon III et Guillaume au château de Bellevue, l'Empereur est dirigé par la Belgique sur Wilhelmshöhe, l'ancienne résidence du roi Jérôme de Westphalie. En attendant son départ pour l'Allemagne, l'armée est parquée dans la presqu'île d'Iges. Sans abri, sans paille, ni bois, presque sans nourriture, sous des pluies torrentielles qui commencent le 3 pour durer plusieurs jours, elle souffre cruellement dans ce « Camp de la Misère ». Tout ce que ce mot a de plus répugnant, de plus malsain et de plus hideux est encore au-dessous de ce qu'elle supporte. Dès le 4 septembre, Wimpffen juge à propos de l'abandonner pour aller rejoindre sa famille à Stuttgart. Les autres commandants de corps d'armée, notamment Lebrun et Ducrot, comprennent mieux leur devoir.

La capitulation de Sedan est la conséquence normale, obligée, du mouvement sur Montmédy, tel qu'il a été conduit. Une opération de cette nature entre trois armées allemandes disposant d'une écrasante supériorité numérique serait, dans tous les cas, très délicate et impliquerait de grands risques. Confiée à une armée improvisée et mal commandée, elle constitue la pire des imprudences. Le maréchal ne s'y résigne que malgré lui. A plusieurs reprises il est prêt à y renoncer. C'est la volonté obstinée de la Régente et de Palikao qui l'oblige à continuer vers l'est, non sans des hésitations et des retards qui compromettent l'armée encore davantage. Il paraît surtout préoccupé d'éviter le contact des Allemands, décrivant ainsi des détours qui leur permettent de le gagner de vitesse et de le battre à Beaumont. Cette défaite du 30 août est un suprême avertissement qu'il néglige. Pour tout homme de sens, une armée ainsi surprise, au passage d'une rivière, par un ennemi que tout indique supérieur en nombre, n'aurait d'autre ressource qu'une retraite immédiate, devant lui permettre de se reconstituer, de se renforcer, de chercher des points d'appui. Mac-Mahon imagine de s'abriter sous Sedan, un nid à bombes, sans valeur défensive. Il s'y attarde, en raison de la fatigue de ses troupes, et ne fait rien pour assurer leur retraite. Il occupe les positions les moins judicieuses, sur un front beaucoup trop restreint. Ce n'est pas une bataille à armes égales que les Allemands livrent le 1er septembre. C'est une battue qu'ils font, suivant le mot de Waldersee.

Entamée le soir du 31 et continuée de nuit, la retraite sur Mézières aurait certainement sauvé une importante fraction, sinon la totalité de l'armée. Il est déjà trop tard quand Ducrot prend le commandement. D'ailleurs, ce n'est pas cette retraite qu'il prescrit, mais une concentration préliminaire sur le front Calvaire d'Illy--Fleigneux. Elle n'eût pas empêché les Allemands de nous fermer toute issue vers Mézières. En revanche, elle aurait permis à l'armée de combattre adossée à la frontière, dans des conditions moins défavorables et, après un échec inévitable, d'échapper en grande partie à la captivité par une retraite en pays neutre.

Quant à la trouée sur Carignan, impraticable le 30 août, elle l'est bien davantage le 1er septembre, quand deux corps d'armée soutenus par un troisième tiennent l'intervalle de la Chiers à la frontière. En admettant que, par impossible, nous puissions enfoncer leurs lignes et atteindre Carignan, ce serait avec très peu de munitions, sans vivres de réserve. L'armée si lourde, si lente à se mouvoir, serait fatalement rejointe par la III e armée et par les débris de la IV e. Au lieu de capituler à Sedan, elle succomberait en rase campagne. La conception de Wimpffen n'est donc pas viable. Son intervention tardive et maladroite a précipité le désastre final.

La part du commandement est écrasante dans cette catastrophe, surtout aux échelons les plus élevés. Ni le commandant en chef, ni les commandants de corps d'armée n'ont une notion suffisante de la grande guerre. Leur ignorance éclate dans les mouvements les plus simples. C'est ainsi que Ducrot, avec une idée juste, prend de déplorables mesures d'exécution. La faute en est, non aux hommes qui en valent d'autres et dont la plupart montrent une bravoure héroïque (1), mais au système d'éducation et d'instruction en vigueur dans notre armée. Comment les généraux pourraient-ils exécuter ce qu'ils n'ont jamais appris ? Ils en sont encore aux manœuvres du camp de Châlons et au funeste « Débrouillez-vous! » des guerres d'Afrique.

D'ailleurs, nos troupes, atteintes dans leur moral par les défaites antérieures, par une longue retraite pitoyablement conduite, se rendant compte des erreurs, des incertitudes

____

(1) 29 généraux furent tués ou blessés le 1er septembre.

de la direction, nos troupes sont loin de combattre comme à Frœschwiller. Certaines, mal commandées, montrent la plus grande faiblesse. D'autres, à côté d'elles, font preuve jusqu'au bout de discipline et même d'un certain entrain.

Ainsi, malgré l'étendue sans précédent du désastre de Sedan, malgré l'effondrement complet de notre force militaire, l'étude attentive des faits montre que les qualités guerrières du soldat subsistent entières. Bien conduit, entre les mains d'un chef qui saurait lui épargner les fatigues inutiles et le pourvoir du nécessaire, il ferait encore de grandes choses. Mais il faut pour cela que la flamme du patriotisme ne soit pas éteinte en lui; il faut qu'il ait foi dans la capacité et le caractère du commandement; il faut qu'il se sente orienté vers un but précis et tangible par les procédés les plus rapides et les plus sûrs. C'est ce qui a manqué d'une façon absolue à la malheureuse armée de Châlons.

THÉATRE DES OPÉRATIONS DE L'ARMÉE DE CHÂLONS

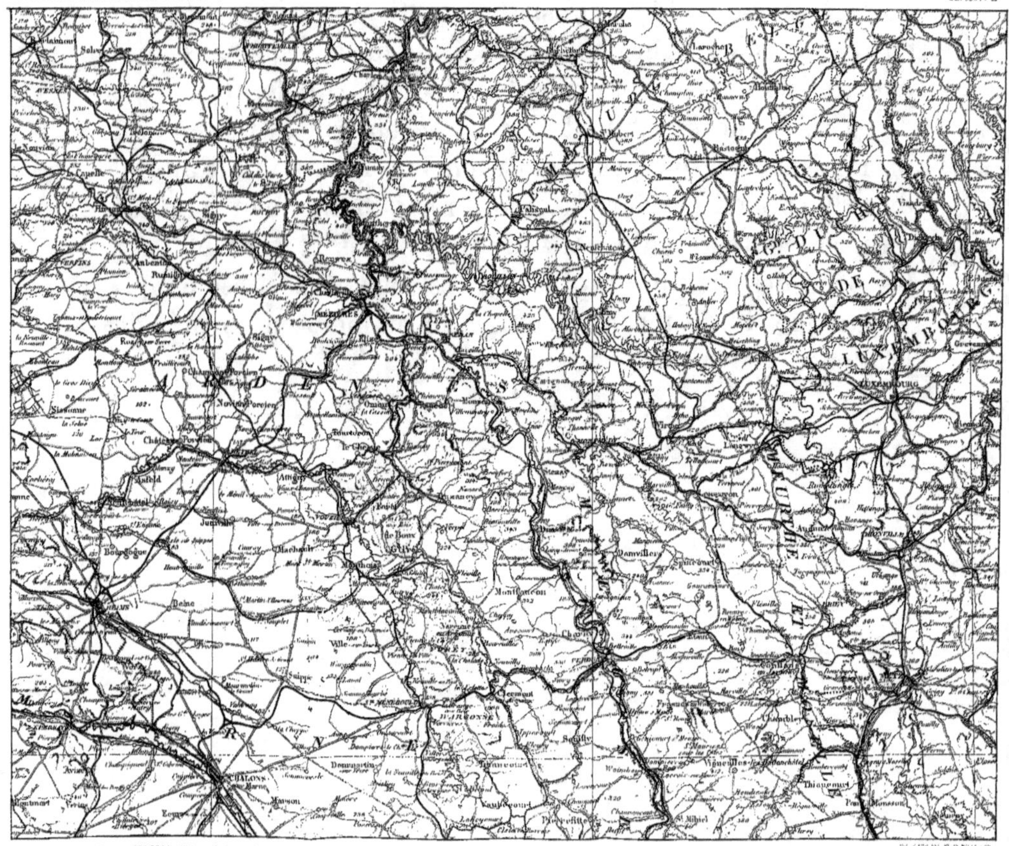

Extrait de la Carte de France au 600.000ᵉ publiée par le Service Géographique de l'Armée

Le réseau des Voies ferrées était moins complet en 1870.

XII

Cependant, l'armée du Rhin est étroitement investie. Les batailles des 16 et 18 août ont permis aux Allemands de lui couper les routes vers la Meuse. Malgré la gravité de ce fait, Bazaine en prend aisément son parti. La retraite sous le canon de Metz a été prévue par lui dès le 17 et préparée dans la journée du 18. Avant même de connaître les résultats de la bataille, il donne l'ordre d'exécution. Les mouvements nécessaires sont opérés le 19 au point du jour, sans que l'ennemi les gêne en aucune façon.

L'armée va occuper l'espace infiniment restreint, huit kilomètres carrés environ, compris entre la Moselle et les premières pentes à l'est des forts de Plappeville et de Saint-Quentin. Quelle nécessité d'entasser ainsi plus de 150.000 hommes, sans y être aucunement contraint? N'est-ce pas les paralyser pour l'avenir, leur interdire toute manœuvre, restreindre la possibilité de les faire vivre? Ce n'est plus un appui extérieur que Bazaine demande à Metz, c'est un abri qu'il cherche sous son canon, abri dangereux par essence, puisqu'il limite notre liberté d'action en encourageant toutes les défaillances. Le maréchal sent si bien la gravité de cette décision qu'il cherche déjà des raisons pouvant la justifier. Dans une note inspirée par lui, le *Courrier de la Moselle* du 20 août laisse entrevoir les motifs réels de sa retraite : « En tenant autour de Metz, l'armée..... fait face à des nécessités stratégiques et politiques. »

Pour expliquer la facilité avec laquelle Bazaine prend son parti de l'échec du 18 août et même en exagère les conséquences, il faut revenir à la psychologie du maréchal. Égoïste et retors, dénué de scrupules, il cherche les moyens de sortir à son avantage des bouleversements politiques qu'il pressent. Mieux vaudra, croit-il, voir venir les événements à l'abri du camp retranché qu'au dehors. Sa tâche y sera autrement facile et, quelle que soit l'issue de la révolution à venir, on devra toujours compter avec le chef d'une armée embrassant la presque totalité de nos forces. Sa situation politique est inattaquable. N'a-t-il pas été nommé par l'Empereur, malgré l'appui non dissimulé qu'il trouvait dans l'opposition ?

La retraite du 19 août va nous obliger de séjourner sous Metz. Il serait indispensable de conserver aussi longtemps que possible nos dernières communications avec le dehors. Tous les efforts dans ce sens proviennent d'initiatives privées ; Bazaine n'y est pour rien. Le 20 août, la ligne ferrée et le télégraphe sont définitivement coupés vers Thionville, bien que l'ennemi n'occupe en permanence la vallée qu'à dater du 23. Le secret désir de Bazaine est sans doute de voir rompre au plus tôt les derniers liens qui le rattachent à l'Empereur et gênent sa liberté d'action. Du moins sa conduite l'indiquerait.

Quant à l'armée, elle a peine à comprendre l'opportunité de cette retraite et sa force morale s'en ressent. La tristesse est générale ; des bruits alarmants commencent à courir et ne cesseront pas avant la catastrophe finale. L'inaction dans laquelle on laisse croupir les troupes contribue à ce malaise. D'ailleurs les armées enfermées dans une place forte après une défaite sont presque toujours perdues. Les raisons sont surtout d'ordre moral : le sentiment de la supériorité de l'ennemi, qui résulte de ce qu'on cherche un abri devant lui, et l'attraction des murs de la forteresse. Pour lutter contre ces influences débilitantes, il serait nécessaire d'imprimer à la défense les allures les plus actives. C'est ce que Bazaine ne fera jamais, soit par infériorité technique, soit parce qu'il obéit à des considérations étrangères au devoir.

Il faut ajouter que les trois batailles du 14 au 18 août ont grandement éprouvé la plupart des corps. Les vides sont nombreux aux 2ᵉ et 6ᵉ, ce dernier surtout. Bazaine ne prend que des mesures insuffisantes pour y remédier.

Dans la dépêche qu'il adresse à l'Empereur le 19 août, il annonce l'intention de suivre à bref délai la direction du nord et de se rabattre ensuite par Montmédy, soit vers la route de Sainte-Menehould à Châlons, soit vers Châlons par Sedan et même par Mézières. Or il est peu probable que l'ennemi stationné sous Metz ne cherche pas à le gagner de vitesse dans cette direction, chose facile puisqu'il aurait à parcourir la corde dont nous suivrions l'arc. Le plan d'opérations ainsi esquissé ne tient donc pas debout. Malheureusement cette dépêche, parvenue le 22 à Mac-Mahon, suffit, comme nous l'avons vu, à déterminer le mouvement sur Montmédy qui sera la cause première de la catastrophe de Sedan.

C'est dans la journée du 19 seulement que les Allemands connaissent l'étendue de leur victoire : sur la proposition de Moltke, le Roi détermine la nouvelle répartition des forces allemandes et la tâche assignée à chacune des armées. Les 160.000 hommes des Iʳᵉ et IIᵉ vont investir Metz sous les ordres de Frédéric-Charles. Moltke suppose à Bazaine un effectif de 120.000 hommes seulement, sans quoi il hésiterait à mener de front deux tâches aussi complexes que l'investissement de Metz et la marche sur Paris.

Quant à Frédéric-Charles, il laisse d'abord à l'ouest de la Moselle la presque totalité de ses forces, confiant la rive droite à un corps d'armée, une division de réserve et une division de cavalerie. Au cas où notre armée entière ferait effort sur cette rive, dans une direction autre que celle de Remilly et de Thionville, les Allemands céderaient le terrain en évitant un engagement sérieux. Cette prescription indique assez la possibilité pour nos troupes d'une sortie à l'est de la Moselle.

A ce moment, deux questions primordiales se posent concernant l'armée du Rhin. Ses ressources en munitions lui permettent-elles des opérations actives? Ses vivres suffisent-ils pour une longue résistance ou nous forcent-ils à briser au plus tôt le cercle qui nous étreint? Des solutions dépendent nécessairement les décisions du maréchal.

Le 22 août, une lettre du général Soleille lui fait connaître que l'armée est complètement réapprovisionnée en munitions. La situation des vivres est beaucoup moins satisfaisante. Le nombre des rationnaires du camp retranché s'est démesurément accru, par suite de la présence de l'armée et aussi de l'afflux des habitants fuyant l'ennemi. L'imprévoyance du ministre, l'indifférence ou l'inertie de Bazaine et de certains de ses subordonnés ont empêché la réunion des ressources voulues pour 260.000 hommes et près de 40.000 chevaux. A la date du 20 août, l'intendance prévient le maréchal que l'armée dispose seulement de trente jours de blé ou de farine et de douze jours d'avoine. Elle n'aurait de vivres que jusqu'au 20 septembre, et encore à la condition de sacrifier une partie de ses chevaux. Heureusement il n'en sera pas ainsi, malgré l'incurie des uns et le gaspillage inconscient des autres. On prend d'ailleurs, dès le 22, le parti de réduire diverses rations, réduction qu'il faudra encore aggraver par la suite. Bazaine devrait y trouver un nouveau motif de quitter le camp retranché, s'il ne pouvait augmenter nos ressources.

Il a le choix entre deux méthodes : se frayer passage en écrasant l'une des fractions allemandes et chercher à gagner l'intérieur de la France ou même un territoire neutre; rester sous Metz en utilisant cette grande place pour porter des coups redoublés à l'ennemi. Une sortie comporterait des risques moins graves qu'on ne l'a souvent prétendu. La totalité des assiégeants ne serait pas à même de nous poursuivre, puisqu'ils sont répartis sur un cercle immense et qu'il leur faudrait effectuer le passage de la Moselle. En outre ils ne peuvent laisser sans les observer le camp retranché et sa garnison. Dans ces conditions, il ne serait nullement impossible de gagner de vitesse nos adversaires, à la condition d'alléger nos troupes. Même en admettant que l'armée soit obligée de faire tête et succombe dans une lutte inégale, cette destruction ne saurait être complète à moins de maladresses inexcusables. Une partie des troupes pourrait servir de noyau à nos jeunes formations.

Au 20 août, il nous reste, en dehors de Metz, trois corps d'armée, dont l'un au moins fort éprouvé (1). Comment ces 80.000 hommes, même renforcés, pourraient-ils reprendre l'offensive, éviter ou battre le Prince royal et ouvrir une brèche dans l'investissement? Si les cinq corps de l'armée de Metz, nos meilleures troupes, sont hors d'état de se frayer passage, comment les trois autres pourraient-ils les délivrer? C'est pourtant ce que Palikao tente en ce moment avec l'armée de Châlons, mais il se berce du fol espoir que Mac-Mahon arrivera jusqu'à Metz sans avoir été arrêté ou même ralenti par les Allemands. Il n'aura plus alors qu'à diriger contre leurs lignes une attaque à laquelle participera l'armée investie.

Si Bazaine n'est pas en droit de compter sur un secours extérieur, la résistance sur place, même la plus active, ne peut le mener qu'à une capitulation plus ou moins prompte. La conclusion forcée est qu'il doit sortir de Metz, comme c'est le vœu d'une grande partie de l'armée. Concernant la direction à suivre, les avis sont partagés. En marchant au sud, entre Seille et Moselle, on couperait les lignes d'opération de Frédéric-Charles et du Prince royal. On détruirait les voies ferrées, les ouvrages d'art laissés intacts dans la précipitation et le désordre de notre retraite. On compromettrait gravement le ravitaillement de l'ennemi. Une marche rapide nous conduirait sur la haute Moselle et la haute Saône, à portée des immenses ressources en hommes, en matériel et en subsistances dont dispose encore la France. Une nouvelle phase de la campagne pourrait commencer, avec les plus grands résultats. Que l'on songe, en effet, à ceux qu'obtiendra le gouvernement de la Défense nationale sans cadres, sans soldats instruits, avec un armement disparate, pendant la saison la plus défavorable! Moltke ne s'y trompe pas. Pour lui, une sortie vers le sud serait fort

---

(1) Sans le 12ᵉ corps dont Bazaine ignore l'existence.

incommode. Il faudrait que Frédéric-Charles s'y opposât de toute son énergie. Le chef d'état-major admet néanmoins que nous aurions chance de percer dans la direction de Nancy. En ce cas, Frédéric-Charles nous poursuivrait, aussi vivement que possible, pendant que les IIIe et IVe armées continueraient vers l'ouest.

Il serait également possible de sortir vers l'est, en se jetant hardiment sur les communications allemandes. On a vu que Frédéric-Charles jugeait impraticable de nous arrêter dans cette direction. Mais si l'effet moral serait considérable, les risques à courir le dépasseraient encore. Nous déboucherions, en effet, dans un pays déjà épuisé, en nous éloignant de notre base la plus proche, le plateau de Langres et la Haute-Saône. Ce serait donner à Frédéric-Charles la possibilité de nous en couper par un mouvement au sud-est et finalement de nous infliger un échec décisif en rase campagne, dans des conditions telles que peu de nos débris pourraient regagner l'intérieur de la France.

La sortie vers l'ouest se heurterait à des difficultés majeures. Comment reconquérir des positions que nous avons été incapables de garder et que l'ennemi s'est empressé de fortifier? De plus, la trouée une fois accomplie et l'armée en marche vers la Meuse, les risques seraient très grands pour elle, entre le Prince royal et Frédéric-Charles. Il pourrait aisément en résulter un désastre. Si, pour éviter le Prince, nous nous jetions vers la ligne des Ardennes, de façon à longer la frontière belge, nous courrions risque d'y être acculés.

Un autre projet séduit le maréchal par ses facilités apparentes. L'armée sortirait vers le nord, en longeant la Moselle, et se porterait sur Thionville ou sur les places des Ardennes, selon les circonstances. La distance à parcourir serait faible et la rivière couvrirait notre gauche ou notre droite. C'est « le plan » de Palikao, au sujet duquel nous avons dit notre pensée. Il suffit de rappeler que le voisinage de la frontière constituerait un danger évident. D'autre part, déboucher sur la rive gauche de la Moselle serait impossible, si nous n'étions maîtres au préalable des hauteurs qui commandent la vallée. Sortir par la rive droite serait relativement facile. Mais l'armée arrivée à l'est de Thionville n'en serait pas sauvée pour cela. Elle aurait à passer la Moselle sur un front très étroit, avec l'ennemi sur ses derrières et sur son front. La conséquence fatale serait un second investissement sous Thionville, dans des conditions pires qu'à Metz, ou l'entrée dans le Luxembourg, c'est-à-dire l'anéantissement.

Mais, admettons un instant que Bazaine parvienne à gagner de vitesse ses adversaires et qu'il passe la Moselle à Thionville pour marcher ensuite sur Montmédy, Sedan, Mézières. Toutes ces places n'ont aucune valeur, et ne sauraient servir de points d'appui. D'un autre côté, il est peu probable que l'armée échappe indéfiniment à la poursuite de Frédéric-Charles, qui aura sans doute dirigé une partie de ses forces au nord-ouest, le reste marchant droit au nord, derrière les nôtres. Il est aussi peu admissible que le Prince royal soit immobilisé par la présence de Mac-Mahon au point de ne pas intervenir contre Bazaine. Même si ces maréchaux se rencontraient, ils auraient à combattre deux groupements de forces allemandes, chacun plus fort que les leurs. Notre réunion conduirait à un désastre plus complet, si elle impliquait la coopération de ces deux groupes. Elle ne pourrait avoir des conséquences heureuses que s'ils restaient isolés, contre leur intérêt évident, et si nous savions user de la ligne intérieure, tâche difficile avec des armées peu manœuvrières.

En résumé, de toutes les directions à prendre, celle de Thionville serait la plus dangereuse et celle du sud présenterait le plus de facilités et d'avantages. Pourtant, jusqu'à la fin, Bazaine s'attachera obstinément à la première.

Les jours qui suivent l'investissement s'écoulent dans une inaction à peu près complète. On se borne à faire passer le 3ᵉ corps sur la rive droite, en arrière des forts de Queuleu et de Saint-Julien. On ne cherche pas à gêner la construction d'une voie ferrée entreprise par l'ennemi de Remilly à

Pont-à-Mousson, afin de contourner Metz. Dans ses communications avec l'Empereur, Bazaine continue d'agiter le projet d'une sortie vers le nord, non sans des restrictions. Pourtant la répartition des troupes allemandes vise beaucoup plus à nous interdire de déboucher à l'ouest et au nord qu'au sud et à l'est. Quant aux travaux entrepris sur l'ordre de Frédéric-Charles, vers la fin d'août, ils ne sauraient arrêter une vigoureuse poussée de l'armée du Rhin surtout vers l'est et le sud-est.

Le 23 août, un émissaire apporte à Metz une dépêche annonçant un mouvement de Mac-Mahon vers la Meuse. Aussitôt Bazaine prend quelques dispositions en vue d'une sortie : on jette deux ponts sur la Moselle en aval de Metz; on groupe en un corps de cavalerie les divisions Desvaux et Forton; on réorganise l'artillerie du 6e corps. L'intention du maréchal est de marcher au nord par la rive droite de la Moselle. Il veut y attirer les forces ennemies et, si le succès nous favorise, en profiter pour tenir la campagne vers Thionville. Mais les dispositions qu'il arrête autorisent tous les doutes sur son désir de reprendre la campagne. Dans une dépêche du 25 à l'Empereur, il semble même chercher des excuses pour un échec qu'il prévoit sans le redouter.

D'ailleurs, des influences s'agitent afin d'obtenir qu'il demeure sous Metz. Les généraux Soleille et Coffinières, notamment, interviennent dans ce sens et réussissent aisément à le convaincre. Dès le matin du 26 août, il laisse voir ses intentions véritables. L'ordre qu'il a donné néglige des points essentiels, en sorte qu'il complique une situation déjà délicate. Il en résulte des retards très considérables et du désordre au passage de la Moselle; la construction vicieuse des ponts accroît l'encombrement. Enfin, loin de chercher à hâter le mouvement, Bazaine quitte tardivement son quartier général et réunit vers 2 heures les commandants de corps d'armée au château de Grimont. En quelques mots, il les met au courant de la situation et de ses projets; puis il donne la parole à Soleille, qui s'efforce de montrer que l'armée doit rester sous Metz. La plupart des assistants opinent dans le même sens, et Coffinières, qui parle en dernier lieu, n'est pas le moins énergique dans ses affirmations. Finalement, il est admis qu'on demeurera sous Metz, tout en y montrant plus d'activité. Bazaine n'a cherché dans cette discussion qu'un prétexte à ne rien faire, et il a réussi. En serait-il de même si les assistants connaissaient le mouvement de Mac-Mahon? Le maréchal n'y a fait aucune allusion, et ce silence est évidemment calculé.

A l'issue de cette conférence, le déploiement des troupes est arrêté; elles reprennent aussitôt leurs emplacements, avec quelques modifications. Désormais le 2e corps renforcera le 3e sur la rive droite de la Moselle. Ces mouvements rétrogrades, mal réglés, sont l'occasion d'un grand désordre et de retards qui doublent inutilement la fatigue du soldat.

Le lendemain, l'armée retombe dans son inaction, en dépit des résolutions arrêtées la veille et aussi de quelques efforts de Bazaine pour secouer l'apathie de ses lieutenants. Entre temps, on continue mollement des préparatifs de sortie. Le 29 août, on reçoit une dépêche envoyée le 25 par Ducrot. Elle porte que l'armée de Châlons devait être le 27 à hauteur de Stenay, sur la Meuse, et recommande de se tenir prêt à marcher au premier coup de canon. Devant des nouvelles aussi positives, le maréchal ne peut hésiter. Après avoir décidé une nouvelle sortie pour le 30, il la renvoie au 31. Mais l'instant favorable est passé. Le 27, sur l'ordre de Moltke, Frédéric-Charles portait deux corps d'armée vers la Meuse; il était autorisé à l'abandon provisoire de l'investissement à l'est de la Moselle. La marche des événements sur la Meuse permet de remettre ces deux corps à sa disposition. Loin d'abandonner l'investissement à l'est, il le renforce.

Les prescriptions du maréchal pour le 31 août sont à peu près identiques à celles du 26. On dirait que cette fausse sortie a été simplement la répétition générale du 31. L'inconvénient est que l'ennemi peut prendre ses dispositions sans aucune difficulté. En outre, Bazaine affirme l'intention de ne pas entamer l'action trop tôt; il entend donner aux

Allemands le temps de porter le plus de troupes possible sur la rive droite, de façon à dégager la gauche pour l'armée de Châlons. Mais ce raisonnement le conduit à négliger un avantage positif pour un bénéfice purement éventuel. L'armée du Rhin échouera dans son attaque, sans que celle de Châlons en profite aucunement. Malgré l'incapacité du maréchal, on ne peut croire que son idée réelle soit de quitter Metz. Il va donner satisfaction au désir d'action qui tourmente une grande partie de l'armée et se couvrir vis-à-vis du gouvernement impérial. Si, d'aventure, l'armée de Châlons pratique une brèche dans l'investissement, il en profitera sans vergogne, assuré de faire tourner surtout à son avantage ce succès de son collègue. Sinon il restera sous Metz, attendant patiemment les événements qui ne sauraient tarder à faire place nette autour de lui.

Pourtant les circonstances nous favorisent encore, malgré tant de fautes. Le matin du 31 août, la rive droite de la Moselle n'est gardée que par le Ier corps, la 3e division de réserve, la 3e division de cavalerie et la 28e brigade d'infanterie. Cette dernière n'est même pas sous les ordres de Manteuffel, qui dispose de trois divisions d'infanterie en face de cinq corps d'armée. Mais Bazaine semble prendre à tâche d'aggraver encore les conséquences de ses fautes initiales. Au lieu de se rendre de bonne heure sur le terrain, il monte à cheval vers midi seulement et perd un temps irréparable à des détails. A 4 heures du soir seulement, il se décide à donner le signal de l'attaque. Les Allemands ont eu tout le temps de se renforcer.

L'offensive du 3e corps débute par un combat d'artillerie. Une partie de celle des 3e et 4e corps s'engage contre les batteries prussiennes, sans aucun succès malgré sa supériorité numérique. Les progrès de l'infanterie en sont rendus beaucoup plus difficiles. La division Montaudon s'empare néanmoins de Montoy et de Noisseville, la division de cavalerie Clérembault de Coincy. Mais Servigny, gardé par deux bataillons seulement, oppose une résistance acharnée aux 3e et 4e corps, dont quatre divisions sont successivement engagées dans une attaque de front, sans pouvoir prendre la totalité de ce village. De même Failly résiste à la division Tixier du 6e corps, bien que défendu seulement par un bataillon, que deux autres, de landwehr, viennent ensuite renforcer.

A la nuit, notre attaque est complètement enrayée. Un vigoureux retour offensif des Prussiens nous reprend Servigny. Un instant ils s'emparent de Noisseville, que nous réoccupons ensuite et que nous parvenons à garder. Le temps perdu par Bazaine avant l'action, la lenteur de ses péripéties leur ont permis de se renforcer. La situation de l'armée est déjà beaucoup plus défavorable que le matin du 31; elle va être encore aggravée par les dispositions du maréchal. Dans la soirée, il adresse aux commandants de corps d'armée un ordre ambigu, laissant voir sa pensée véritable qui est de se retirer sur Metz. C'est la retraite qu'il prescrit en réalité, et nul ne peut s'y tromper.

La journée du 1er septembre commence dans ces tristes conditions. Malgré l'infériorité de ses forces, l'ennemi prend l'offensive. Il ne parvient pas à s'emparer de Noisseville, mais l'attitude passive de nos troupes leur interdit tout progrès. Finalement chacun comprend l'inutilité d'une action ainsi entamée, et le 3e corps évacue de son plein gré Noisseville. A 10h 30, le maréchal donne l'ordre de la retraite générale, ne faisant ainsi que consacrer des dispositions prises par les combattants eux-mêmes. Non sans désordre, l'armée reprend ses emplacements de la veille au matin.

Cet inutile combat, si singulièrement mené, nous coûte plus de 3.000 hommes. Du rôle qu'y joue Bazaine, on doit conclure qu'il n'a pas cherché sérieusement à quitter Metz. Si Mac-Mahon est battu, les Allemands n'ont plus d'armée devant eux et la paix s'impose, à ce que croit le maréchal. Quoi qu'il arrive, ce dernier est indemne; il n'a pas eu part au désastre. A la tête d'une armée presque intacte, il est l'homme de la situation. Si Mac-Mahon est vainqueur, l'armée est délivrée sans qu'il lui en coûte. Bazaine récolte de faciles lauriers et la guerre se termine glorieusement pour lui. Si, enfin, l'armée de Châlons se replie sur Paris, la lutte se répartira nécessairement entre cette ville et Metz. Bazaine attendra une solution qui ne saurait tarder sous Paris. Personnellement, il aura « la gloire » d'avoir tenu en échec Frédéric-Charles, sans compromettre son armée.

Il croit donc avoir tout prévu, mais ses vues égoïstes seront déçues. Sans doute l'armée de Châlons va sombrer dans un désastre qui n'entamera pas la réputation de Bazaine, du moins directement. Mais, de par une blessure heureuse, son rival Mac-Mahon n'en sortira pas diminué pour la plupart des contemporains. La révolution surviendra, mais, au lieu de livrer le pays sans défense à l'ennemi, elle lui rendra des forces nouvelles qui permettront à la lutte de se prolonger pendant plus de cinq mois. Finalement, loin d'être l'arbitre de nos destinées, Bazaine en sera réduit à livrer son armée aux Allemands et à traîner jusqu'à son dernier jour un nom désormais flétri.

XIII

LE 4 SEPTEMBRE

Après les folles espérances du début, nos premiers échecs provoquent dans Paris l'explosion de sentiments contradictoires, parmi lesquels dominent le découragement et l'indignation. Le cabinet Ollivier balayé, celui du général de Palikao inspire d'abord pleine confiance. Il laisse croire que sa discrétion cache d'heureux événements et les journaux suppléent à son silence par des récits fantaisistes. La surexcitation devient extraordinaire. Paris semble préparer une révolution plutôt qu'une défense régulière. A la Chambre, des questions incessantes aux ministres, des demandes répétées en vue de l'armement des gardes nationales, des attaques continuelles contre le gouvernement impérial. Au dehors, des attroupements sans motifs, des poussées, des cris, des disputes. Toutefois, un attentat organisé par Blanqui contre les pompiers de la Villette (14 août) demeure isolé.

L'affolement général gagne le gouvernement. Si le ministre du commerce, Clément Duvernois, fait les plus heureux efforts pour assurer l'alimentation de Paris pendant le siège à prévoir, des mesures inefficaces ou dangereuses sont prises. On appelle à Paris 100.000 pompiers de province, dans la pensée d'y trouver des défenseurs. Les résultats sont tels que l'on y renonce presque aussitôt. Le cabinet Palikao a d'abord refusé l'adjonction de députés au conseil de défense. Il cède ensuite et finit par y admettre Thiers, c'est-à-dire un adversaire non dissimulé de la dynastie.

Après les grandes batailles sous Metz, la marche du Prince royal sur Châlons et l'arrivée de coureurs allemands à Épernay font craindre un siège. Le danger paraît s'éloigner, lorsque Mac-Mahon entame son mouvement au nord-est.

On croit à un succès et la Bourse redevient optimiste. Après quelques jours de silence, des bruits de désastre recommencent à courir. Le 1er septembre, à 4 heures du soir, Vinoy télégraphie de Mézières les plus mauvaises nouvelles. Elles ne se répandent pas encore, le gouvernement attendant leur confirmation pour les rendre publiques. Mais le bruit court d'une grande bataille sous Sedan, sans qu'on en sache le résultat. L'agitation est inexprimable.

Cependant les journaux belges donnent des détails précis qui forcent le ministère à rompre le silence. Le 3 septembre, dans l'après-midi, il laisse entrevoir des échecs graves au Corps législatif. Jules Favre en prend texte pour constater que le « gouvernement de fait a cessé d'exister ». Il propose en faveur de Trochu une sorte de dictature, et ses paroles ne provoquent que de rares protestations.

Ce débat est à peine terminé, sans aucune sanction, que le ministre de l'intérieur reçoit ce télégramme : « L'armée est défaite et captive; moi-même je suis prisonnier. Napoléon. »

Le soir, le conseil des ministres se réunit en présence de l'Impératrice et, après une longue discussion, décide de ne pas convoquer d'urgence le Corps législatif. On lancera une proclamation, on concentrera dans Paris le peu de troupes disponibles, tout en préparant la formation d'une nouvelle armée derrière la Loire.

Cependant l'agitation ne fait que s'accroître. Elle gagne les députés qui se réunissent en nombre et obtiennent du président Schneider une séance extraordinaire de nuit. Les ministres ont cru devoir ne rien changer à leurs décisions. Palikao annonce donc brièvement la capitulation de Sedan et la captivité de l'Empereur. Il termine en demandant l'ajournement au lendemain, à l'heure habituelle des séances. Aussitôt Jules Favre dépose une proposition de déchéance pour Napoléon III et sa dynastie. Il réclame la constitution par la Chambre d'une commission de gouvernement, en même temps que le maintien de Trochu comme gouverneur de Paris

Lue au milieu d'un profond silence, cette proposition ne soulève qu'une timide protestation. Aucun ministre n'en souligne l'illégalité et la situation qu'elle fait au gouverneur, contre toute convenance. La séance est levée et renvoyée au lendemain, faute capitale qui rend une révolution à peu près inévitable. La vacance du pouvoir, déclarée la nuit même, l'aurait sans doute prévenue.

Le matin du 4 septembre, les ministres et le conseil privé se réunissent sans arrêter aucune résolution. Une maladroite proclamation affichée dans Paris accroît encore l'agitation. Partout on commente sa rédaction, la désinvolture avec laquelle est mentionnée la captivité de l'Empereur. Dès midi, des groupes nombreux se portent sur la place de la Concorde, parmi lesquels des bataillons des quartiers populeux, en armes.

On a pris quelques mesures de défense, sur l'ordre discret de Palikao et sans aucune intervention du gouverneur. Mais les troupes régulières sont peu nombreuses à Paris et leur rôle singulièrement malaisé en face de la garde nationale.

La séance du Corps législatif commence à 1 heure seulement et, presque aussitôt, on aborde la question de la déchéance. La majorité y est résignée, mais le mot lui répugne, en raison de ses attaches antérieures. Elle est en présence de trois propositions, également contraires à la constitution et différant surtout par les termes. Celle de Jules Favre est la plus radicale; le ministère en a déposé une autre, faite pour escamoter le pouvoir de la Régente et le transmettre à la Chambre. Thiers en présente une troisième qui, sous une forme moins brutale que celle de Jules Favre, aurait des conséquences identiques.

Un vote unanime les renvoie à l'examen des bureaux. Il semble que la déchéance ne soulève aucune difficulté. Le gouvernement l'admet et l'Impératrice s'y résigne. L'accord se fait rapidement et la commission accepte la proposition de Thiers, avec de simples modifications de forme. L'adoption par la Chambre ne fait aucun doute, quand la foule envahit brusquement les couloirs et les tribunes. Il est 2^h 30.

Les mesures pour la défense du Palais-Bourbon étaient insuffisantes, et le général de Caussade, chargé du commandement, manquait totalement d'énergie. Les troupes ne peuvent résister à la pression des manifestants, qui ont des alliés parmi les députés de la gauche. Peu à peu ils refoulent le fragile cordon qui entoure le Palais et finissent par le rompre.

Plusieurs députés, dont Gambetta, essaient de les arrêter et n'y parviennent qu'un instant. De nouveaux envahisseurs obligent Schneider à lever la séance. Il est à peine rentré dans l'hôtel de la présidence, sous les injures et les coups, que Gambetta prononce la déchéance de l'Empereur et de sa dynastie. Puis l'on court à l'Hôtel de ville pour proclamer la République, selon le rite habituel.

Trochu est resté au Louvre, ne recevant aucun avis, aucun ordre des Tuileries ou de la Chambre, mais n'en provoquant pas davantage. Dans l'après-midi, l'un des questeurs, général Lebreton, vient lui dire que le Corps législatif est menacé et lui demander de le protéger. Il s'y décide, non sans hésitation, mais n'a pas dépassé le pont de Solférino, quand il rencontre Jules Favre se rendant à l'Hôtel de ville, avec plusieurs de ses collègues.. Tout un bruyant cortège les accompagne. En deux mots, le célèbre avocat le met au courant et l'invite à retourner au Louvre où viendront le trouver les propositions du nouveau gouvernement. Trochu ne fait aucune objection.

Quant à l'Impératrice, après de longues hésitations, elle se décide à quitter les Tuileries au moment où la foule envahit le jardin. Accompagnée du prince de Metternich et du chevalier Nigra, elle gagne par le Louvre la place de Saint-Germain-l'Auxerrois et y monte dans un fiacre. Elle va se réfugier chez un dentiste américain, nommé Evans, que rien, sinon sa nationalité, ne désignait pour cet honneur. Le lendemain, elle repartira sous sa conduite pour se rendre à Deauville et de là en Angleterre, sans que Trochu se soit un instant inquiété de protéger sa fuite, malgré tant de protestations de dévouement.

Il est près de 4 heures quand Jules Favre atteint l'Hôtel de ville. La place de Grève est couverte d'une foule immense et les meneurs des partis avancés, Millière, Delescluze, Félix Pyat, Blanqui, sont déjà dans la salle Saint-Jean, cherchant à constituer un gouvernement révolutionnaire. Les députés présents parviennent à se grouper dans un cabinet de travail et à prendre les devants. Séance tenante, ils rédigent une courte proclamation : « Le peuple a devancé la Chambre qui hésitait. Pour sauver la patrie en danger, il a demandé la République. Il a mis ses représentants, non au pouvoir, mais au péril. La République a vaincu l'invasion en 1792 : la République est proclamée. La révolution est faite au nom du droit, du salut public. Citoyens, veillez sur la cité qui vous est confiée; demain vous serez, avec l'armée, les vengeurs de la patrie. »

On discute ensuite la composition du futur gouvernement et l'on décide qu'il comprendra uniquement les députés de Paris, procédé illogique, puisqu'il paraît imposer à la France des gouvernants que Paris seul a choisis. D'ailleurs il n'est pas strictement appliqué. Enfin, les membres du gouvernement « de défense nationale » sont unanimes à s'adjoindre Trochu, afin de se concilier l'armée. Il y consent, à la condition qu'ils sauvegarderont « Dieu, la famille, la propriété ». En outre, il réclame la présidence, qui lui est aussitôt dévolue (1). Le soir même, une circulaire annonce à la France l'avènement du nouveau régime, non sans qu'on y prenne soin de dissimuler l'attentat commis contre la représentation nationale.

En province comme à Paris, on ne fait aucune difficulté pour reconnaître le gouvernement du 4 septembre. Les députés chassés du Palais-Bourbon se réunissent et tentent de reprendre la direction du mouvement. Mais Jules Favre

____

(1) Les autres membres sont Emmanuel Arago, Crémieux, Jules Favre, Ferry, Gambetta, Garnier-Pagès, Glais-Bizoin, Pelletan, Picard, Rochefort, Jules Simon.

refuse leur adhésion, au nom de ses collègues et l'assemblée se sépare peu après, ne voulant, selon le mot de Thiers, ni reconnaître un pouvoir né de l'insurrection, ni le combattre quand il est aux prises avec l'étranger. Les scellés sont mis sur le Palais-Bourbon comme au Luxembourg.

Le second Empire s'est écroulé sans un simulacre de défense, sans une goutte de sang. L'indignation provoquée par une série de défaites dans un peuple qui, la veille encore, croyait posséder « la meilleure armée du monde », le coup terrible porté par la catastrophe de Sedan, si imprévue pour la masse, expliquent assez cet effondrement. Les plus fidèles serviteurs du régime impérial n'ont d'autre alternative que d'accepter les faits accomplis. Ils courbent la tête devant une succession d'événements faits pour briser toute résistance.

L'aspect de Paris est inoubliable. La veille on apprenait le plus grand des désastres; on percevait nettement la possibilité d'un siège; on se couchait désespéré. Le lendemain est un dimanche. Le soleil éclatant, le ciel bleu mettent de la joie sur toute chose. La foule ondule à flots pressés dans les rues et les boulevards, mais elle n'a rien d'irrité. L'allégresse se lit sur tous les visages. Suivant le mot d'un témoin, on dirait d'une « bande de lycéens dont le pion a disparu ». On cause, on rit. Les vieux refrains de la Révolution, hier encore proscrits, viennent sur toutes les lèvres. Les violences commises se bornent à la destruction des armes impériales aux enseignes des fournisseurs, des N couronnés de certains monuments. Ailleurs, on houspille les sergents de ville, fort impopulaires selon la tradition constante à Paris. A l'allégresse générale, il semble que « les Prussiens » n'aient jamais existé. Dans le peuple, même parmi les gens instruits, beaucoup s'imaginent que la guerre est finie : « Ils n'oseront plus venir, maintenant que nous l'avons, la République! » Le Parisien est si habitué à se payer de mots qu'il croit l'ennemi disposé à recevoir la même monnaie.

D'ailleurs, pour trop de gens, les rancœurs de la défaite

disparaissent devant la joie de voir finir un régime abhorré. L'académicien Vitet, dans ses *Lettres sur le Siège de Paris,* Victor Hugo, dans une *Lettre au congrès de la paix,* vont bientôt développer cette idée, que d'autres affirmeront sous une forme plus brutale. Ainsi, aux heures sombres de 1814 et de 1815, des Français fêtaient les victoires de l'étranger et le démembrement de la France impériale, tant il est vrai que l'esprit de parti se retrouve toujours le même, à travers la succession changeante des événements.

Aucune puissance humaine n'aurait pu prolonger la durée d'un régime qui s'est suicidé par l'excès de ses fautes. La déchéance a été virtuellement prononcée par la Chambre avant sa dispersion. La proposition de Palikao était à peine moins contraire à la constitution que celles de Jules Favre et de Thiers, en sorte que l'Empire n'existait plus dès le soir du 3 septembre. Le gouvernement de la défense nationale a donc simplement relevé le pouvoir que la régence avait laissé tomber. Mais il ne s'ensuit pas que l'attentat commis contre le Corps législatif soit justifié. Le moment est-il favorable pour supprimer la seule autorité légale encore existante? En quoi les milliers d'insurgés ou de badauds qui remplissent le Palais-Bourbon ou l'Hôtel de ville représentent-ils la nation? Il convient mal à ceux qui ont si énergiquement blâmé l'attentat du 2 décembre de le renouveler à leur profit. Ceux des députés qui poussent à l'envahissement du Corps législatif ne se rendent pas compte de la faute qu'ils commettent contre la France et contre eux-mêmes. Ils pourront la peser quelques semaines plus tard, quand les révolutionnaires essaieront à leur tour de les chasser de l'Hôtel de ville.

Ajoutons que les erreurs commises trouvent quelque excuse dans les maladresses du gouvernement et de la majorité. On tarde, on hésite devant des nécessités inéluctables. On ne sait ni résister aux fureurs populaires, ni leur céder à temps. Adoptée dans la nuit du 3 au 4 septembre, la proposition de Thiers aurait permis sans difficulté de constituer un gouvernement provisoire. On eût évité la désorganisation de tous les rouages administratifs dans un moment aussi critique, l'anarchie qui se développa bientôt dans une partie du Midi, la situation difficile qui nous fut faite au point de vue diplomatique.

Les noms des nouveaux gouvernants sont diversement accueillis. Deux ou trois seulement inspirent une réelle confiance. On respecte Jules Favre, on admire son talent de parole, mais on doute de ses aptitudes à dominer une situation aussi difficile. Ses occupations antérieures et sa tournure d'esprit en feront un ministre des affaires étrangères fort insuffisant. Comme Trochu et avec aussi peu de succès, il abusera des discours, des circulaires et des proclamations.

Gambetta trouve plus de faveur, quoi qu'il soit connu seulement par des plaidoyers retentissants. Mais il est jeune, actif, et a su, tout en se créant des sympathies dans les milieux modérés, conserver une grande autorité sur les quartiers turbulents de l'est. Bref, il est populaire.

Jules Simon, universitaire égaré dans la politique, a écrit, non sans succès, des ouvrages de philosophie et de morale courantes. Lui aussi est un maître dans l'art de bien dire, mais il n'a rien de ce qu'exige le maniement des masses. Moins en vue que les précédents, Ernest Picard est un Parisien sceptique et gouailleur, qui va révéler des aptitudes d'homme de gouvernement. Quant à Jules Ferry, il ne doit sa notoriété récente qu'à un mauvais jeu de mots : *Les Comptes fantastiques d'Haussmann*. Mais il montrera pendant le siège, notamment au 31 octobre, des qualités d'énergie, de coup d'œil et de décision qui font défaut à presque tous ses collègues.

Si la tapageuse renommée de Rochefort lui vaut une grande popularité dans certains milieux, on s'accorde en général à trouver sa présence compromettante. Il est et restera avant tout homme d'opposition. D'ailleurs, sa situation officielle ne tardera pas à lui peser et il redeviendra pamphlétaire comme devant, sans laisser de regrets parmi ses collègues ni même dans la masse des citoyens.

Les autres membres du gouvernement ne joueront que des rôles de second plan. L'ensemble est loin d'offrir les garanties que l'on serait en droit d'exiger. Presque tous gens estimables, quelques-uns connus pour leurs facultés oratoires ou leur talent d'écrivain, ils ont surtout conquis leur notoriété dans des luttes acharnées contre le régime impérial. Aucun, sauf Trochu, n'a l'expérience du maniement des hommes. Or les qualités de l'avocat ou de l'homme de lettres suppléent mal celles de l'homme d'État. Trop souvent la parole fait tort à l'action.

D'ailleurs l'opposition que, pendant près de vingt ans, Jules Favre et ses collègues ont faite à l'Empire entraînait de leur part certaines compromissions. Ils englobaient l'armée dans leur haine contre les auteurs du 2 Décembre et, trop souvent, allaient ainsi bien au delà de ce qu'aurait exigé l'intérêt de la patrie. En maintes occasions, notamment en 1868, lors de la discussion de la loi de recrutement, la plupart niaient la nécessité des armées permanentes et proclamaient la supériorité des gardes nationales, de la levée en masse. Tous les projets de dépenses militaires, même fort justifiés, rencontraient de leur part une opposition constante.

Après la déclaration de guerre, la gauche réclame en toute occasion l'armement de la population, souvent dans les termes les plus violents. Ses appels à l'insurrection ne seront que trop entendus le 31 octobre et le 18 mars.

Le choix de Trochu ne modifie pas le caractère du nouveau gouvernement, bien qu'il soit accueilli par un engouement presque unanime. On sait gré au gouverneur de ses différends récents avec le ministre de la guerre, de son attitude frondeuse à l'égard d'un régime qui a tant fait pour lui. Quelques-uns lui reprochent de se répandre trop volontiers en proclamations et en discours. On le traite déjà de « Monsieur Trochu » ou même de « Monsieur Trop lu ». Mais en France, à Paris surtout, dans les temps difficiles, la foule éprouve le besoin de croire en un sauveur quelconque, souvent bizarrement choisi. C'est encore le cas. On écarte de trop réels sujets de crainte pour espérer passionnément en ce général, presque inconnu deux mois auparavant.

Breton d'origine, né en 1815 d'une famille militaire, il n'a quitté Saint-Cyr que pour entrer à l'école d'état-major. En 1840, il est lieutenant en Afrique, où les généraux Bugeaud et de Lamoricière le distinguent. Chef d'escadron en 1851, il est mis en disponibilité en même temps que son chef, le général Neumayer, pour avoir tenté d'empêcher les soldats de crier : « Vive l'Empereur! » à la revue de Satory. Il est néanmoins nommé presque aussitôt lieutenant-colonel par le Prince-président, ce qui ne l'empêche pas de voter *non* au plébiscite de 1852, avec ce commentaire au moins inutile : « Je vote non, parce que c'est mon devoir. » Six semaines après, sur le désir de l'Empereur, il est nommé directeur adjoint du personnel au ministère de la guerre. Colonel dès 1853, il est, en 1854, aide de camp du maréchal de Saint-Arnaud et reçoit les étoiles de brigadier après l'Alma. Il refuse la haute situation de chef d'état-major général, pour ne pas en déposséder le titulaire, de Martimprey. Divisionnaire en 1859, il conduit brillamment l'une des divisions du corps de Canrobert. Il dédaigne le commandement de l'expédition de Chine, qui lui est offert avant qu'on songe au général Cousin-Montauban. Son frère est mort, laissant une veuve et onze enfants sans fortune; il les prend à sa charge et restitue 20.000 francs que l'Empereur avait envoyés à cette malheureuse famille. Napoléon III ne lui en garde pas rancune et l'appelle même à faire partie de la commission de réorganisation de l'armée (1866). Son opposition y paraît gênante et il cesse d'être convoqué aux séances, sans autre avis. Les sentiments qu'il éprouve se traduisent par un livre anonyme, *L'Armée française en 1867,* qui, malgré ses côtés techniques, a vingt éditions dès son apparition. Il plaît surtout hors de l'armée par l'esprit critique, l'érudition, l'éloquence facile qu'il révèle chez un officier général, dans un temps et un milieu où l'étude est peu goûtée. En juillet 1870, on réserve à son auteur le commandement des troupes d'observation sur la frontière d'Espagne. Puis on songe à envoyer un corps de débarquement dans la Baltique, sous les ordres du prince Napoléon. C'est Trochu qui aurait le commandement des troupes de terre. Mais le projet n'aboutit pas, faute de préparation, et le général reste sans emploi, bien que parmi les plus anciens divisionnaires. On sait comment il est nommé gouverneur de Paris.

Son caractère est d'une rare complexité. Il est doué de sens critique plutôt que des qualités du commandement. Il pèche par excès d'intelligence; il a trop d'idées et les expose trop bien. C'est avant tout un orateur, et ce Lamartine en pantalon rouge, suivant l'expression du général du Barail, est plus apte à improviser une harangue qu'à dicter un ordre de mouvement. Il s'imagine naïvement qu'avec la seule autorité de son nom, il saura contenir Paris, la cité la moins aisée à conduire, toujours prête à saisir le côté ridicule des hommes ou des choses.

A des qualités de cœur très réelles, il joint un immense orgueil, qui l'entraîne aux pires inconséquences. La modestie, on pourrait dire l'humilité, qu'il déploie parfois est de pure forme. On y sent l'une des variétés de la fatuité la plus caractérisée. Il se targue d'être « Breton, catholique et soldat », mais, peut-être par vanité de beau parleur, par impuissance à savoir se taire, il ne craint pas de tenir, devant les ennemis de la dynastie qu'il sert, les discours les plus contraires à ses devoirs. Il promet à l'Impératrice de mourir au besoin sur les marches du trône et entretient des relations avec l'opposition républicaine. Il pourrait user de sa popularité pour protéger la Chambre et couvrir la fuite de la Régente. Ses rancunes l'en empêchent. Il déclare aux habitants de Paris qu'il a « la foi la plus entière dans le succès ». En réalité, il n'a pas la moindre confiance dans ce qu'il appelle dès le 5 septembre « une héroïque folie ». Sa hauteur d'âme touche à l'indifférence. « Chez lui, dit Jules Favre, le philosophe chrétien domine le soldat et ne souffre pas l'homme d'État. Il obéit au devoir sans viser au succès, et la conviction d'avoir bien fait le console trop aisément d'avoir échoué... » Sa piété confine au mysticisme, mais ne l'empêche pas d'abandonner sa souveraine à l'heure du danger, de se faire nommer président du gouvernement provisoire le soir du 4 septembre, lui qui était le matin même, gouverneur de Paris choisi par l'Empereur. Vingt fois, pendant le siège, devant la nécessité de « signer ou de se retirer », il acceptera les mesures les plus contraires à ses vues. Il se juge à tel point indispensable que la démission lui paraîtrait une lâcheté.

Pourtant il sera fort au-dessous d'une tâche, il est vrai, très ardue. Ses conceptions ne s'élèvent pas tout d'abord au-dessus d'une défense passive sur la ligne des forts. Il la comprend comme celle d'une bicoque de nos frontières. Les souvenirs du siège de Saragosse le hantent. Il oublie que l'ennemi aura tout avantage à nous affamer, au lieu d'acheter une prise de vive force par des torrents de sang. Il ne paraît songer qu'à mener dignement le deuil de la grande ville. Il se laisse dominer par les événements, par ses collègues, par quelques-uns de ses inférieurs, comme Ducrot. Il fait preuve constamment de la plus insigne faiblesse, montrant, une fois de plus, que les qualités les plus brillantes ne rachètent pas le défaut de volonté.

On voit quels germes de faiblesse recèle le gouvernement de la défense nationale. Né d'une émeute, il ne se lavera jamais de cette tache originelle. Par là même, il obéira beaucoup plus à des préoccupations politiques qu'aux nécessités militaires. A l'exemple de son président, il croit que des proclamations enflammées, d'éloquentes harangues, des conférences habilement présentées suppléent aux lacunes de l'action. Dans les sièges ordinaires, c'est au gouverneur et à la garnison qu'il appartient d'encourager la population, de la ranimer dans ses défaillances. Ce sera le contraire à Paris ; constamment le gouvernement suivra l'impulsion de l'opinion, bien loin de la conduire. Les mesures énergiques lui seront imposées. Comme Trochu, il juge que l'autorité morale suffit et laisse aux opinions toute liberté de se produire, sinon de se traduire en actes. Au lieu de désarmer ainsi les partis révolutionnaires, il ne fera que les encourager.

La violence appelle la violence, a dit Pascal. Avant peu, les députés, qui ont si follement contribué à déchaîner les fureurs populaires sur le Corps législatif, seront accablés des mêmes injures, des mêmes outrages qu'ils ont vus, sans regrets trop vifs, prodiguer à leurs collègues.

XIV

MARCHE DES ALLEMANDS SUR PARIS

Après la capitulation de Sedan, les Allemands s'attendent à ne rencontrer aucune résistance appréciable. Pour eux, il ne reste qu'à s'emparer de nos places fortes et surtout de Paris. Moltke compte sur des discordes civiles qui hâteront la reddition de la grande ville.

Dès le 3 septembre, les ordres sont donnés pour que la IIIᵉ armée se porte au sud-ouest de Sedan et que la IVᵉ vienne à sa droite. La IIIᵉ armée a déjà dirigé le VIᵉ corps et la 5ᵉ division de cavalerie vers Reims; elle laissera provisoirement autour de Sedan le Iᵉʳ corps bavarois et le XIᵉ corps. L'ensemble des deux armées dépassera le 5 la ligne Rethel—Attigny—Poix—Le Chesne. Puis toutes deux marcheront au sud-ouest, la IIIᵉ jusqu'à Dormans—Sézanne, la IVᵉ jusqu'à Laon—Dormans.

Ces ordres ne tiennent aucun compte du 13ᵉ corps. C'est pourtant la seule force qui nous reste, en dehors des grandes places. En outre, Moltke ne semble pas attacher le prix qui conviendrait à la rapidité du mouvement sur Paris. Si la cavalerie allemande prenait une large avance dès le 4, elle pourrait atteindre en moins de sept jours les environs de la capitale, c'est-à-dire gêner gravement nos derniers préparatifs.

Depuis la nuit du 30 au 31 août, Vinoy est à Mézières, avec la division Blanchard, la réserve d'artillerie du 13ᵉ corps et le 6ᵉ hussards. Dans la journée du 1ᵉʳ septembre, les signes avant-coureurs d'un désastre se multiplient. On signale les Allemands dans toutes les directions du nord-est au sud-est.

Vinoy a trois partis à prendre : attaquer l'ennemi à revers, rester sous Mézières ou battre en retraite. Avec le faible effectif dont il dispose, une attaque serait plus séduisante que pratique. Rester sous Mézières l'exposerait à y être investi. Il n'y a donc plus qu'à battre en retraite. Le général en demande l'autorisation à Palikao, qui l'accorde aussitôt. Les 10.000 fuyards de Sedan gagneront Laon par Hirson et les Ardennes; les troupes marcheront par Rethel sur Reims, où elles rallieront la division d'Exéa. Mais cette route est la plus exposée aux attaques de l'ennemi, qui y a déjà paru, et Vinoy aura tout lieu de regretter sa décision.

Les ordres sont donnés le soir du 1er septembre. La division Maud'huy, qui a commencé son mouvement de Laon à Mézières par voie ferrée, est invitée à rebrousser chemin. Les troupes réunies à Mézières en partiront à minuit, avec défense d'interrompre leur retraite en cas d'attaque.

A 7 heures du matin, après avoir été retardée dans son départ, la colonne atteint Lannois, non sans avoir donné l'éveil à la 6e division de cavalerie qui, de Poix et de Montigny, se dirige à la même heure sur ce village, mais se borne à l'observer. Après un repos, on se remet en marche sur Rethel. Vers 10 heures, nos troupes débouchent à la hauteur de Saulces-aux-Bois, où elles apprennent l'évacuation de Rethel par la division d'Exéa et son occupation par 20.000 ou 30.000 Allemands. Vinoy décide aussitôt de marcher au nord-ouest, sur Novion-Porcien. Déjà, le départ de la colonne est salué par les obus de la 5e division de cavalerie, accourant de Tourteron. Vers 3 heures, nous bivouaquons autour de Novion-Porcien, non sans avoir été de nouveau inquiétés par une brigade de la même division.

Le VIe corps est d'abord resté derrière cette cavalerie, prêt à barrer la route de Rethel. Apprenant notre changement de direction, la 11e division se porte de cette ville vers Montcornet, de façon à nous couper du sud-ouest. Elle va s'établir d'Inaumont à Château-Porcien, où nous pourrions passer l'Aisne, avec l'intention de marcher le lendemain matin sur Novion-Porcien et Ecly. La route de Reims est fermée par le reste du VIe corps et le moindre retard pourrait nous perdre. Vinoy prescrit une seconde marche de nuit pour gagner, par Chaumont-Porcien, le chemin de Rozoy-sur-Serre.

Ce mouvement par des chemins étroits et tortueux, sous une pluie battante, est des plus pénibles. Vers 8 heures du matin, on arrive entre Chaumont-Porcien et Chatigny, où l'on fait une longue halte. Puis, le chemin de Rozoy étant impraticable, on se dirige vers la route de Rethel à Laon, en décrivant un nouveau crochet au sud.

Du côté des Allemands, le Prince royal de Prusse a été informé, le soir du 2, que de nombreuses troupes s'étaient montrées vers Reims. Sans vérifier ces rapports et surtout sans examiner s'il n'est pas plus nécessaire de détruire la colonne Vinoy, il prescrit au VIe corps et aux deux divisions de cavalerie de marcher sur cette ville. Les dernières, se conforment à cet ordre dès le matin du 3. Quant au commandant du VIe corps, il autorise simplement la 12e division à continuer sa poursuite autant qu'elle pourra se concilier avec le nouvel objectif. Mais il est trop tard. La tête de ces troupes n'atteint Chaumont-Porcien que dans l'après-midi, ayant capturé quelques traînards. Quant à la colonne Vinoy, elle est à Montcornet vers 6 heures du soir, après avoir parcouru 48 kilomètres sur des chemins souvent fort mauvais. La décision, le coup d'œil et l'énergie de son chef l'ont sauvée, bien que, le soir du 2, elle fût presque coupée de sa ligne de retraite. Il faut ajouter que les fautes de nos adversaires ont grandement contribué à ce résultat.

Le 4 septembre, Vinoy est à Marles, où il apprend le désastre de Sedan et reçoit l'ordre de rentrer à Paris avec le 13e corps. Les divisions Blanchard et Maud'huy s'embarquent à Laon et à Tergnier. La division d'Exéa, qui s'est portée à Soissons, la réserve d'artillerie et le 6e hussards se rendent à Paris par étapes. Le 9, le corps d'armée est concentré sur l'avenue de la Grande-Armée. Il va être l'un des principaux éléments de la défense.

Pendant cette retraite, les Allemands commencent leur mouvement sur Paris, non sans risquer une attaque brusquée sur Montmédy (4 septembre). Confiée à une fraction de la Garde, elle ne réussit pas, bien qu'elle ait coûté près de 4.000 obus. Le même jour, une division du VIe corps occupe Reims, après avoir rencontré sur plusieurs points la résistance d'habitants armés. L'ennemi voit avec étonnement se multiplier les indices d'une guerre nationale. Le 9, la citadelle de Laon, gardée par un bataillon et une batterie de mobiles de l'Aisne, capitule devant une simple menace de la 6e division de cavalerie. L'explosion du magasin à poudre, provoquée lors de la reddition par le garde d'artillerie Henriot, nuit beaucoup plus à nos mobiles qu'à l'ennemi. Mais, si contraire qu'il soit au droit des gens, cet acte de farouche énergie montre aux Allemands comme à la France qu'une autre guerre commence, la guerre de races, la *guerre du peuple,* suivant la forte expression de Fritz Hœnig. Quelques semaines ont suffi pour la destruction ou l'investissement des armées impériales; il faudra plus de cinq mois pour que l'ennemi triomphe de la défense nationale.

Cependant les IIIe et IVe armées continuent lentement sur Paris. La IVe atteindra seulement le 12 la ligne Laon— Fismes, et la IIIe, dès le 10, celle de Dormans à Sézanne, fait qui n'a rien de surprenant, l'ordre du 3 ne fixant aucune date pour leur arrivée sur ces deux lignes. Mais Moltke juge impraticable d'accélérer le mouvement de la IVe; en outre, il lui paraît nécessaire de donner quelque repos aux troupes. Il décide (7 septembre) que la IVe armée marchera sur le front nord de Paris, en appuyant sa gauche à la Marne. La IIIe se dirigera par de plus courtes étapes vers le front sud, la droite à cette rivière. Les corps francs se multipliant et la population devenant toujours plus hostile, il paraît nécessaire de laisser la division wurtembergeoise à Reims, en soutien des troupes d'étapes. Elle y sera relevée par l'une des divisions du XIIIe corps récemment arrivé sous Metz; l'autre hâtera la prise de Toul, qui commande encore la ligne de Wissembourg à Paris, si importante pour les Allemands. Enfin von der Tann est invité à accélérer l'évacuation des prisonniers et du butin recueillis à Sedan, puis à marcher sur Paris, le XIe corps par Rethel et Reims, le Ier corps bavarois par Attigny et Épernay.

Ces dispositions font que l'ensemble du mouvement, déjà peu rapide, est sensiblement ralenti. Évidemment, le but de Moltke est d'amener les deux armées simultanément sous Paris, de façon à produire un grand effet moral par un investissement qui, dès le premier jour, sera presque complet. Cette considération n'est pas sans importance, mais, d'autre part, les jours, les heures même ont leur prix dans les circonstances présentes. Si la IIIe armée, mettant à profit son avance, prenait les devants pour aller s'établir au sud de la grande ville, elle couperait très sensiblement plus tôt les lignes ferrées les plus importantes pour le ravitaillement. Les risques seraient nuls.

Le 13, la 2e division de cavalerie, qui devance la IIIe armée, n'est encore qu'à Coulommiers. Elle a quelques escarmouches avec des francs-tireurs ou des fractions de la division Reyau (1). Le 14, elle reconnaît la Seine de Corbeil à Choisy-le-Roi. Les ponts ont été coupés; partout des abatis ou des coupures rendent les routes impraticables. Les éclaireurs prussiens arrivent jusque dans Créteil, à 2.500 mètres du fort de Charenton, et y font des prisonniers. Le 15, la batterie à cheval de cette division canonne un ponceau entre Ablon et Athis, sur la ligne d'Orléans, et cette démonstration suffit à interrompre le trafic. Le 16, la IIIe armée se répartit de Meaux à la Seine vers Saint-Germain-lès-Corbeil. La fin de ce mouvement n'a été gênée que par des corps francs, des gardes nationaux ou des habitants armés, Trochu n'ayant pris aucune disposition pour le ralentir. Tout se borne de sa part aux destructions d'ouvrages d'art, dont beaucoup inutiles, sinon dangereuses.

Quant à la IVe armée, elle a rencontré un peu plus de difficultés. Un bombardement dirigé par le IVe corps sur

---

(1) Cette division de cavalerie, d'abord rattachée au 13e corps, fut ensuite scindée entre l'armée de la Loire et nos troupes de l'ouest.

Soissons (14 septembre) reste sans résultat. Le 16, l'armée occupe la ligne Nanteuil-le-Haudouin—Lisy-sur-Ourcq, derrière les 5e et 6e divisions de cavalerie qui s'étendent de l'Oise, vers Beaumont, à Dammartin. Leurs éclaireurs se sont heurtés à nos avant-postes vers Écouen ou à des fractions de la division Reyau vers Arnouville et Le Blanc-Mesnil.

Les Wurtembergeois ont quitté Reims et sont le 16 à La Ferté-sous-Jouarre. Quant aux troupes laissées sous Sedan, elles ont également terminé l'évacuation des 105.000 prisonniers et sont le 15 à Épernay (XIe corps) et à Reims (Ier corps bavarois).

Ainsi, le 16 septembre, les Allemands débouchent simultanément au sud et au nord de Paris sans avoir rencontré d'obstacles sérieux. Les tentatives de résistance ont été isolées et provenaient uniquement d'initiatives individuelles. Même dans l'état présent de nos forces, il aurait été possible de mieux faire.

En atteignant leur principal objectif, nos adversaires éprouvent des sentiments contradictoires. La vue des villages entièrement abandonnés, entourés de meules encore brûlantes, celle de la ville géante qui étale au soleil sa mer infinie de maisons, ses centaines de clochers et de tours. éveillent en eux un vague effroi. Mais la masse croit à un prompt succès. Le Roi et le Prince royal sont à peu près seuls à prévoir un siège difficile. Ni eux, ni surtout Moltke, ne croient qu'il se prolongera plus de quatre mois. Dans cette résistance obstinée, la part de la garnison de Paris, sera beaucoup moindre que celle de la population. Pourtant Trochu a, dès le 15 septembre, sous ses ordres, un ensemble de forces qui n'existe nulle part en province, Metz excepté.

XV

PARIS PLACE FORTE

La nature semble avoir fait de Paris le pôle d'attraction de la vaste étendue comprise entre les Ardennes et le Plateau central. Le grand nombre de cours d'eau, de routes et de voies ferrées qui y aboutissent, les ressources de tout genre qui y abondent, le chiffre de la population, enfin nos habitudes de centralisation excessive lui donnent une importance stratégique qu'aucune ville ne possède au même degré.

Paris a toujours joué un rôle capital dans notre histoire. Il a été maintes fois assiégé, des invasions normandes aux guerres de religion. Ses fortifications souvent remaniées avaient à peu près disparu à la fin du dix-septième siècle; Vauban, Napoléon Ier, Gouvion-Saint-Cyr en 1818, le maréchal Soult en 1830, projetèrent de le fortifier à nouveau. C'est de 1840 à 1845 que fut établi son système défensif. Lors de sa construction, on crut qu'il rendrait impossible tout bombardement et même tout investissement. Cette idée était encore répandue en 1870, surtout parmi les officiers du génie.

Quoi qu'il en soit, au début de la guerre, les défenses fixes de Paris consistent en une enceinte continue de 34 kilomètres de tour, en avant de laquelle, à des distances de 1.500 à 4.500 mètres, seize forts et un certain nombre de redoutes dessinent une première ligne de défense mesurant 53 kilomètres. Ces ouvrages extérieurs présentent de nombreux défauts. Leur transformation complète serait nécessaire en raison des progrès de l'artillerie. Mais la France, à qui l'argent fait défaut pour fortifier Strasbourg et Metz, n'a garde d'en consacrer à des fortifications généralement considérées comme inutiles. En outre les forts sont trop rapprochés de l'enceinte, surtout au sud. Celui d'Issy est commandé à 2.000 mètres environ par les hauteurs de Châtillon. Il peut être enveloppé et sa défense s'opérerait dans de très mauvaises conditions, même avec l'artillerie de 1840.

Dès juillet 1870, on s'occupe de mettre en état les fortifications de Paris, en évitant d'effrayer la population, mais ces travaux ne sont poussés avec quelque activité qu'après le 10 août. Aucune vue d'ensemble n'y préside et le conseil de défense est tardivement constitué. De son côté, Trochu est trop occupé des événements politiques pour s'y intéresser. Il en résulte beaucoup d'incohérence. On mure des portes, on en rétrécit d'autres, on ferme des passages de rivières, de canaux, de chemins de fer. On procède pour ce vaste camp retranché comme pour un nid à bombes. Les portes, closes par des ponts-levis, sont si étroites que les mouvements de troupe et même la circulation des voitures en est fort ralentie. On plante 61 kilomètres de palissades, on emplit quatre millions de sacs à terre, on dépense avant le 4 septembre 40 millions pour cette mise en état et, malgré tout, le 15, plusieurs forts tiendraient difficilement contre une attaque brusquée.

Le 1er août, on a décidé la construction d'ouvrages extérieurs destinés à occuper les hauteurs voisines. Mais ces travaux indispensables sont négligés pour ceux de l'enceinte, plus faciles à conduire. En outre, au lieu de se borner à des ouvrages de campagne, que l'on améliorerait ensuite, on entreprend des fortifications semi-permanentes qui resteront pour la plupart inachevées. Ainsi des six redoutes construites sur les collines du sud-ouest.

Beaucoup d'autres travaux sont faits ou amorcés. On fortifie sommairement les gares et stations de chemins de fer jusqu'à 100 kilomètres de Paris. La marche de la cavalerie ennemie n'en sera pas ralentie d'une heure. Aux destructions d'ouvrages d'art et de routes que nous avons signalées, on veut joindre celle des forêts qui font à Paris une si gracieuse ceinture. Mais on doit y renoncer faute de pétrole et de temps.

L'ensemble témoigne d'une activité mal conduite. A défaut de Trochu, son chef d'état-major, général Schmitz, homme de cabinet plutôt que militaire, n'est pas à même de diriger la défense. Elle est surtout aux mains des commandants d'armes spéciales, dont l'autorité envahissante, mal contenue par le gouverneur, gêne en mainte occurrence les troupes. La tendance de l'artillerie et du génie à échapper au commandement normal, alors si répandue, trouve une occasion fâcheuse de s'affirmer.

Le comité de défense évalue la garnison normale de Paris à 200.000 hommes environ, sans la garde nationale. Il s'en faut qu'ils existent. La marine a fourni une forte division de 13.900 fusiliers marins, canonniers, artilleurs et fantassins qui comptent parmi les meilleurs éléments. L'armée de terre est surtout représentée par les 13e et 14e corps, 50.000 hommes environ, dont deux régiments de ligne seulement, les 35e et 42e. Vingt-deux régiments de marche les complètent, mais, de par leur constitution même, ils manquent totalement de cohésion et d'esprit de corps. Leurs cadres, d'ailleurs incomplets, comprennent beaucoup d'officiers âgés ou fatigués; d'autres ont perdu l'habitude de la vie active. Les gradés inférieurs et les soldats, recrues, réservistes ou « échappés de Sedan », forment un ensemble très peu satisfaisant. Enfin, l'équipement et le matériel sont défectueux.

D'autres régiments de marche viennent ensuite s'ajouter aux précédents, mais leur cohésion est moindre encore. Le 36e, par exemple, comprend des fractions de seize corps différents. C'est le 28 octobre seulement qu'on donne à tous ces groupements provisoires une existence moins précaire en créant trente-neuf régiments de ligne (du 101e au 139e).

A ces troupes régulières s'ajoutent trois bataillons de chasseurs, également improvisés; un 4e zouaves, 3.000 gendarmes à pied ou gardes de Paris, 8.000 douaniers, gardes forestiers, sergents de ville ou sapeurs-pompiers. Mais ces 11.000 anciens soldats seront peu ou point employés, au lieu de servir de cadres. Au début du siège, l'ensemble représente de 75.000 à 80.000 hommes, dont un tiers ou un quart au plus sont des combattants véritables. Le 21 octobre, il atteindra 155.000 hommes environ, tout compris.

La cavalerie devait être représentée par les divisions Reyau et Champéron. La première, dirigée sur Versailles en revenant de Meaux, ira ensuite vers la Loire et sera perdue pour Paris. La division Champéron, seule, continuera de faire partie de la garnison. A ses quatre régiments, dont deux de marche, viendront se joindre une brigade de trois régiments et un régiment de gendarmerie bientôt porté à deux. Ces 5.000 cavaliers suffiront largement à la défense.

L'artillerie comprend d'abord les 30 batteries des 13e et 14e corps, dont sept seulement d'ancienne formation. Elle est finalement portée à 93 batteries, auxquelles s'ajoutent 4 batteries de montagne, 16 batteries d'artillerie de marine, 15 batteries de garde mobile, si bien que le total atteint 128.

Les six compagnies du génie qui existent en premier lieu sont fort insuffisantes; on en ajoute cinq autres, improvisées, et surtout des corps francs.

La garde mobile apporte un supplément de forces très appréciable. En effet, le ministre de l'intérieur a mis le 1er septembre 100.000 de ces jeunes gens à la disposition de Palikao. Ils arrivent à Paris du 14 au 17 et, joints aux 15.000 mobiles de la Seine, constituent une masse susceptible d'être utilisée à bref délai, ceux de province surtout. Chez les mobiles de Paris, les instincts natifs d'indiscipline, encouragés par l'insigne faiblesse de Trochu, priment leurs qualités de courage et d'entrain, au point que, le 20 septembre, un de leurs bataillons force les portes du Mont-Valérien pour rentrer dans Paris.

On sait mal tirer parti de ces 115.000 hommes; il aurait été préférable d'en laisser la majeure partie en province, pour aider à la constitution de nouvelles armées. Au lieu de les embrigader ou mieux de les amalgamer avec des régiments de marche, comme fit la Convention, on ne suit aucune règle, tantôt en faisant des unités indépendantes, tantôt les réunissant à des troupes de ligne, tantôt enfin les laissant inactifs dans des forts. L'élection des officiers, qu'on décrète pour eux, malgré l'exemple instructif de l'Épopée révolutionnaire, contribue à ces résultats. On élit des ivrognes avérés, des orateurs de cabarets, des anarchistes et jusqu'à des cantiniers la bouteille en main. Par un suprême défi au sens commun, une partie de ces élections a lieu au bruit du canon de Châtillon. Il faudra renoncer à ce déplorable système, mais trop tard (19 décembre). Le mal sera sans remède.

Avant la guerre, Paris ne comptait que 50 bataillons de garde nationale représentant 24.000 hommes au 13 avril 1870. Un décret du 7 août astreint à ce service tous les hommes valides de trente à quarante ans. Puis la loi du 12 août fait remonter cette obligation à vingt et un ans. On se borne pourtant à porter le nombre des bataillons à 60 et l'effectif de chacun à 1.500, ce qui donne 90.000 hommes relativement instruits et disciplinés. On pourrait leur confier l'enceinte, mais l'ambition de l'opposition va beaucoup plus loin : elle ne cesse de réclamer l'armement de tous les citoyens. Dès le 6 septembre, on prescrit de former 60 nouveaux bataillons, nombre qui est de beaucoup dépassé. Il y en a 254 le 30 septembre et l'effectif total atteint 343.000 hommes. Chacun y est admis, vieillards, enfants, étrangers, repris de justice. Plus de 40.000 gardes nationaux, dont 1.800 officiers, ont des antécédents judiciaires. L'armement est très disparate, le meilleur étant réservé d'ordinaire aux plus turbulents. De ces 254 bataillons, 228 seulement peuvent être armés; les autres prennent le nom de bataillons auxiliaires du génie, pour la forme, car ils ne remueront pas une pelletée de terre. Leur création répond simplement au désir de recevoir l'allocation journalière attribuée depuis le 12 septembre aux gardes nationaux. Cette mesure, expliquée jusqu'à un certain point par la misère générale, n'en entraîne pas moins une foule d'abus et répand des habitudes de fainéantise. On finit par ne plus trouver d'ouvriers pour certains travaux.

Organisation, habillement, équipement sont livrés au

bon plaisir de chacun. L'effectif des bataillons varie de 350 à 2.600 hommes. L'utilité de ces foules armées est très mince, par suite de leur indiscipline et de la répugnance que les militaires manifestent pour leur contact. En outre, elles absorbent des éléments qui seraient beaucoup plus utiles dans l'armée active ou la garde mobile. C'est le 14 octobre qu'on se préoccupe d'en mobiliser une partie, mais on entend recourir seulement aux engagements volontaires, et l'on compte pour les multiplier sur une mise en scène renouvelée de la Révolution. Le résultat est très médiocre; il faut employer d'autres moyens. Les quatre premières compagnies de chaque bataillon armé seront dites de guerre et recrutées parmi certaines catégories, à commencer par les volontaires et les célibataires. Le total dépasse 100.000 hommes, mais les premiers bataillons mobilisés ne sortiront de l'enceinte que du 20 au 25 novembre. On en forme des « régiments de Paris » dont la bonne volonté et le courage ne suppléent pas au défaut de cadres, d'éducation et surtout de discipline. Leur voisinage est souvent funeste aux troupes de ligne et aux mobiles.

En somme, si l'on n'en tire pas meilleur parti, c'est au gouvernement qu'il faut surtout l'imputer. L'insurrection du 18 mars montrera combien les bataillons parisiens renferment d'éléments vigoureux, susceptibles de combattre vaillamment.

Aux forces qui viennent d'être énumérées, il y aurait à joindre les corps francs, 10.000 hommes environ. Au total, le nombre des gens en armes est immense, mais les soldats font défaut.

L'armement de l'enceinte devrait comprendre 1.500 bouches à feu et celui des forts 1.400 environ. On parvient à faire entrer dans Paris la presque totalité de celles déposées en province, de sorte que, finalement, la place est armée de 2.627 pièces, sans celles fondues au cours du siège. On fabrique notamment 230 canons de 7 se chargeant par la culasse, 50 mortiers de 15^{cm} et un grand nombre de mitrailleuses, quantité de munitions, de voitures de tout genre.

L'alimentation de plus de deux millions d'hommes présente des difficultés presque insolubles. On en triomphe grâce au labeur acharné de quelques hommes, parmi lesquels le sous-intendant Perrier. Du 12 août au 19 septembre, Paris reçoit du département de la guerre 77.000 quintaux de blé, 210.000 quintaux de farine et des quantités correspondantes d'autres aliments. En outre, d'importants approvisionnements sont cédés à la ville après l'investissement, ce qui porte le total à soixante et onze jours de blé, de farine, de riz ou d'avoine. Les boulangers en fournissent quinze jours environ et les achats de l'autorité civile quarante-neuf. La réquisition des blés et farines n'est prononcée que le 29 septembre et donne lieu à de graves abus. On obtient seulement 70.000 quintaux de blé sur les 130.000 signalés. Des perquisitions ne fournissent que 30.000 quintaux de grains de toute nature.

De son côté, le ministre du commerce, Clément Duvernois, achète, avant le 6 septembre, 40.000 bœufs et 250.000 moutons, mais ces animaux laissés en liberté sur les boulevards extérieurs, dans des terrains vagues, aux bois de Boulogne et de Vincennes, y souffrent beaucoup. Il n'y a plus que 30.000 bœufs et 180.000 moutons le 19 septembre, et il faudra recourir à la viande de cheval avant la fin d'octobre.

Pour équiper les multitudes armées qui défendent Paris, l'industrie de la grande ville présente des ressources inépuisables. Aussi le magasin central peut-il délivrer en cinq mois et demi plus de deux millions d'effets. De son côté, le ministère de l'intérieur en fournit plus de 600.000 du 5 septembre au 12 octobre seulement.

Enfin la charité publique, sous toutes les formes, s'ingénie pour adoucir les souffrances des blessés, des malades et des indigents. Au début de décembre, l'administration militaire dispose de 37.000 lits, dont 16.500 dans des ambulances privées.

XVI

CHATILLON

(19 septembre 1870)

Les premiers jours qui suivent le 4 septembre ne modifient par l'humeur de la population. Toute à la joie de la République reconquise, elle ne songe guère aux « Prussiens ». Si l'on en parle, c'est pour les désigner comme « nos frères d'Allemagne ». On escompte l'intervention de l'Europe. On refuse de croire à la possibilité d'un siège pour « la capitale des intelligences ».

De la part des conservateurs, le gouvernement ne rencontre aucune difficulté. Mais il peut bientôt reconnaître que ses ennemis les plus actifs figurent à l'avant-garde de ses propres partisans, parmi les impatients, les insatiables, ceux qui n'ont rien appris et rien oublié depuis 1848. Pour eux la défense passe au second plan. Ils réclament avant tout la destitution des fonctionnaires de l'Empire. On cherche à leur donner satisfaction par une grêle de nominations et de mesures politiques. Le côté militaire reste dans l'ombre. On décide le 8 septembre des élections pour une assemblée constituante, en se réservant d'y procéder le 18 octobre seulement. Faute grave à tous les points de vue : il y a nécessité de constituer au plus tôt un pouvoir régulier, ne serait-ce que pour faciliter nos rapports avec l'étranger. En outre, des élections faites au lendemain de Sedan donneraient des résultats tout autres que plus d'un mois après.

Au dehors, Jules Favre lance sa célèbre circulaire (6 septembre) : « Nous ne céderons ni un pouce de notre territoire, ni une pierre de nos forteresses. » Bien qu'il traduise les impressions de tous, la nature de ses fonctions exigerait plus de réserve. M. Sénart a mission d'obtenir l'intervention de l'Italie, mais Victor-Emmanuel qui, dès le 6, s'est hâté de dénoncer la convention de septembre, consentira difficilement à se compromettre en faveur d'un pays vaincu. Enfin, Jules Favre obtient de Thiers qu'il aille en Angleterre, en Russie et en Autriche-Hongrie, en vue de nous concilier ces trois puissances.

Le 12 septembre, on arrête une grave résolution. Le ministre de la justice, Crémieux, va se rendre en province pour y représenter le gouvernement. Avec grande raison, Gambetta voudrait que Trochu, seul, restât dans Paris, tandis que tous ses collègues se transporteraient à Tours. Il est seul de cet avis. On considérerait ce départ comme une désertion et l'on en craindrait les conséquences sur l'esprit public. Quant à la défense nationale, on s'en inquiète peu. L'achat et le transport des vivres sont presque arrêtés. On laisse d'immenses ressources à l'abandon dans la banlieue.

Au début du siège, la situation est la suivante : un gouvernement d'honnêtes gens, animé des meilleures intentions, mais incohérent, sans expérience, sans direction bien assurée, sans volonté ni énergie ; une population intelligente et fière, capable de supporter les plus cruelles épreuves sans un moment de révolte, mais à la fois crédule et sceptique, impressionnable à l'excès, nerveuse comme une femme, aussi prompte à la colère qu'à l'enthousiasme, toujours prête à déchirer de ses mains celui qu'elle acclamait la veille, flottant sans cesse d'un extrême à l'autre, mais constamment hostile à ses gouvernants, quels qu'ils soient.

Quoique, parmi elle, les opinions avancées soient largement représentées, les théories de l'*Internationale* ne sont avouées que par un petit nombre. On les masque, au contraire, en forçant la note patriotique et républicaine, en réclamant la guerre à outrance. Ceux qui exigent « la sortie torrentielle » sont souvent, en réalité, les apôtres de la fraternité des peuples, de la négation des patries. On le verra lors de l'avènement de la Commune. Elle inquiétera tous les intérêts, toutes les croyances, mais n'aura garde de toucher au traité de paix avec l'Allemagne et n'aura pas une révolte contre les exigences de notre ancien adversaire.

On voit à combien de difficultés va se heurter la défense de Paris. Soutenir un siège dans ces conditions est l'entreprise la plus téméraire, mais aussi la plus grandiose qui ait jamais été tentée.

Cependant les Allemands terminent leur mouvement de la Meuse à la Seine. Chez eux, la croyance générale est encore que Paris tiendra très peu de jours. Une attaque de la garnison paraît absolument invraisemblable, et Moltke prépare une tentative qui aurait lieu du 25 au 30 septembre, comptant sur nos troubles intérieurs pour en faciliter la réussite.

En attendant, il va se borner à investir étroitement Paris. Il dispose de 150.000 baïonnettes environ et de 620 canons, qui devront arrêter en outre tout secours extérieur. Entre ces forces et la one à garder, la disproportion est grande, mais on compte leur adjoindre promptement les deux corps d'armée venant de Sedan, sans parler d'autres renforts que l'on espère tirer des troupes investissant Metz et Strasbourg.

La nécessité de bloquer Paris n'exclut pas un bombardement ou même une attaque en règle. Mais de graves difficultés s'y opposent. Sur la seule ligne qui relie les Allemands à la mère-patrie, Toul n'a pas encore capitulé. Même après la prise de cette petite place, la destruction du tunnel de Nanteuil empêchera d'utiliser cette voie jusqu'aux environs de Paris. D'ailleurs les transports de troupes de remplacement, de vivres et d'effets absorberont pour un temps tout le trafic des voies ferrées, dès qu'elles deviendront disponibles.

Quoi qu'il en soit, il est essentiel de hâter la prise de Toul. Dès le 8 septembre, on prescrit l'envoi sous ses murs d'un parc de siège. Le 15, le Roi arrête les dispositions pour l'investissement de Paris; elles sont complétées le même jour par des instructions verbales de Moltke. Le 18, les 5e et 6e divisions de cavalerie feront en sorte de relier les IIIe et IVe armées par Poissy; le 19, la IVe armée investira la partie nord de Paris, sur la rive droite de la Seine et de la

Marne, en occupant fortement Argenteuil. On renonce pour l'instant à tenir la presqu'île de Gennevilliers, trop près du Mont-Valérien. L'occupation du Bourget est également ajournée.

La IIIe armée s'établira au sud de Paris, en gagnant vers l'ouest à mesure de l'entrée en ligne des corps d'armée qui viennent de Sedan. Sa cavalerie cherchera d'abord à se relier à celle de la IVe, dans cette direction. Elle aura en outre à reconnaître les troupes en formation sur la Loire. Au cas où nous chercherions à secourir Paris, le gros de l'armée se porterait à une ou deux étapes de ses emplacements, pour nous rejeter.

Ces ordres sont conçus dans l'hypothèse que nous ne gênerons pas l'investissement. Le 19, il sera complet et l'état-major prussien compte sur l'effet moral de cet isolement inattendu. Ses prévisions seront déçues en grande partie.

Le mouvement de la IVe armée rencontre en effet les 17 et 18 septembre, au nord de Paris, une certaine résistance, dont le prince royal de Saxe s'exagère la portée. Il décide de nous rejeter le 19 dans les forts, au moyen du IVe corps soutenu par la Garde et par une division saxonne. Moltke approuve ces dispositions et autorise même le Prince à faire intervenir vers Saint-Denis le reste du XIIe corps, qui sera relevé par la division wurtembergeoise.

La situation est loin d'exiger cet effort. Même si les 13e et 14e corps étaient concentrés à Saint-Denis, le IVe corps et la Garde suffiraient largement à les contenir. A défaut d'autres causes, l'état moral de nos troupes leur rendrait l'offensive difficile, sinon impossible. En réalité, l'investissement est établi le 19 au nord de Paris sans autre incident que des escarmouches.

Au sud, la résistance est plus sérieuse. Depuis le 11, le 13e corps occupe l'espace entre Saint-Ouen et le pont de Sèvres, sur la rive droite de la Seine, emplacement bizarrement choisi, car le front ouest, couvert par le Mont-Valérien et par les multiples sinuosités du fleuve, est certainement le moins exposé. Le matin du 15, un télégramme de

Joinville-le-Pont annonce l'approche de l'ennemi. L'armement des deux redoutes de La Faisanderie et de Gravelle n'est pas encore terminé. Concevant des craintes pour le front est, Trochu prescrit au 13e corps d'aller s'établir entre Charenton et Vincennes, où son utilité sera très restreinte. Cet ordre est exécuté avec difficulté. La traversée de la ville, où la circulation n'a pas été arrêtée, est des plus laborieuses, en sorte que le corps d'armée atteint ses emplacements fort avant dans la nuit. Déjà l'on a pu se convaincre que l'ennemi ne menaçait pas le front est.

Au 14e corps, depuis le 11, la division Caussade est en avant des forts du sud et le reste achève de s'organiser au Champ-de-Mars. Le 15, pendant le mouvement de Vinoy, le corps d'armée entier s'établit au sud de Paris, beaucoup trop près de l'enceinte. Le même jour, le général Ducrot arrive dans la grande ville, après s'être évadé de Pont-à-Mousson. Aussitôt, grâce à des relations amicales avec Trochu, et surtout à l'énergie de son caractère, il prend sur la défense une influence prépondérante. Il trouve le gouverneur fort découragé déjà. D'après lui, « si l'ennemi, profitant de son immense supériorité morale et matérielle, tentait une attaque de vive force, il aurait... toute chance de réussir ». Nous allons donc évacuer les ouvrages extérieurs, nous bornant à défendre les forts et l'enceinte. Devant ce programme si timide, Ducrot se récrie avec toute raison, faisant valoir que l'abandon des collines du sud-ouest aurait les plus graves conséquences. Trochu cède aussitôt.

Toutefois, après une inspection sommaire, on décide d'abandonner certains de ces ouvrages et de fermer provisoirement les autres en vue de leur défense. De plus, Ducrot est autorisé à concentrer sur les hauteurs de Châtillon le 14e corps, dont il vient de prendre le commandement, et Trochu met sous ses ordres le 13e, bien que Vinoy soit beaucoup plus ancien. En réalité, le commandement de Ducrot sur ce corps d'armée ne sera jamais effectif et le gouverneur aura inutilement mécontenté Vinoy, qui, déjà, n'avait pas lieu de se louer de lui.

Le 17, le 14e corps se concentre sur les hauteurs de Châtillon, la division Caussade entre ce village et Clamart, la division d'Hugues à Châtillon, la division Maussion à Bagneux. On entreprend quelques travaux défensifs et l'on reconnaît vers le sud.

Sur les entrefaites, une première rencontre a eu lieu au sud-est de Paris, entre la division d'Exéa, du 13e corps, et les Allemands. Au cours d'une reconnaissance dirigée sur Montmesly, nos troupes se heurtent à des fractions du Ve corps et, après un combat indécis, se retirent sur Créteil. Si insignifiante qu'elle soit, cette affaire n'est pas sans causer une vive émotion dans le sud-est de Paris.

Le Ve corps passe la Seine à Villeneuve-Saint-Georges, sur un pont de bateaux, ainsi que la 2e division de cavalerie. Le IIe corps bavarois utilise le pont de Corbeil, qu'il a rétabli. Déjà leurs reconnaissances entrent en contact avec les nôtres et poussent jusqu'à Versailles. Un petit combat a même lieu vers Petit-Bicêtre contre une fraction de la brigade légère Bernis. Le Ve corps s'arrête face à Paris, au sud d'une ligne marquée par Villacoublay, Petit-Bicêtre et Antony. Le IIe corps bavarois et le VIe corps s'échelonnent jusqu'à la Seine.

Cependant Trochu envoie à Ducrot des renforts, notamment la division Maud'huy, du 13e corps, qui s'établit entre Bicêtre et Ivry. Il voudrait que l'ennemi attaquât le jour même, de façon que nous profitions d'une supériorité numérique momentanée. A défaut, il ne cache pas son désir d'abandonner les hauteurs du sud-ouest.

Ducrot est moins timoré. Son intention est même d'attaquer, le 19, le flanc droit des Allemands pendant leur marche sur Versailles. Il espère les refouler et peut-être les jeter dans la Seine. L'idée est juste, mais avec des troupes telles que le 14e corps, c'est chimère d'espérer que nous arrêterons le mouvement de l'ennemi. On pourra tout au plus ralentir l'investissement. Encore serait-il préférable de garder la défensive sur nos positions, quitte à les organiser fortement, ce qui n'est pas.

Le soir même, Ducrot donne ses ordres. Le 19, la division Caussade se portera le long du bois de Meudon au nord de Villacoublay, appuyée à l'extrême droite par le régiment de marche de zouaves. La division d'Hugues longera la grande route de Versailles, la gauche couverte par un régiment tenant Plessis-Picquet. La brigade Bernis, suivie de l'artillerie, marchera entre ces deux divisions. On ira ainsi à la rencontre de l'ennemi, Caussade ayant pour objectifs Villacoublay, Dame-Rose et Vélizy; d'Hugues, Petit-Bicêtre et le bois de Verrières. Pendant cette opération, la division Maussion, à Bagneux, gardera le débouché de la Bièvre, Fontenay-aux-Roses et la redoute de Châtillon.

Nous allons exécuter deux attaques divergentes, dont l'axe fait un angle aigu avec la ligne de marche des Allemands, condition dangereuse, faite pour compromettre notre retraite. Le détachement de Plessis-Picquet, notamment, pourra être aisément coupé de Paris.

Le Ve corps doit se porter, le 19, de Palaiseau sur Versailles en deux colonnes, la 10e division marchant par Jouy, la 9e par la Bièvre et l'Hôtel-Dieu. Une avant-garde laissée la veille à l'Abbaye-aux-Bois couvrira ce mouvement vers le plateau de Châtillon.

Nos troupes se mettent en marche au jour et, dès 6 heures, sont en contact avec les avant-postes allemands, vers la porte de Trivaux. Un bataillon de mobiles enlève la Tuilerie au nord-est de Petit-Bicêtre, que l'ennemi évacue sous les obus. A ce moment, le régiment de zouaves, rassemblé vers la porte de Trivaux pour y recevoir des cartouches, reçoit plusieurs projectiles. Il se débande aussitôt et, malgré tous les efforts de Ducrot, s'enfuit à travers bois vers la Seine. La plupart de ces fuyards rentrent dans Paris où, dès 8 heures du matin, ils répandent les plus fâcheuses nouvelles.

Cet incident agit sur la division Caussade, dont les progrès sont déjà arrêtés quand intervient le IIe corps bavarois. La 3e division doit se porter en deux colonnes par Bièvre sur Petit-Bicêtre et par Pont-d'Antony sur les hauteurs de Sceaux. Elle établira ensuite des avant-postes face à Paris, tandis que le reste du corps d'armée prendra position à Pont-d'Antony et à Fresnes-lès-Rungis. Entendant le canon, la 6e brigade jette par l'Abbaye-aux-Bois un bataillon dans notre flanc gauche qu'il refoule. Puis d'autres Bavarois entrent en ligne, et l'avant-garde du Ve corps se renforce vers Villacoublay. Déjà ébranlés, les tirailleurs de Caussade se rejettent sur la première ligne qui se rompt malgré les efforts de Ducrot. Bientôt celui-ci est réduit à reporter les divisions Caussade et d'Hugues sur leurs emplacements du matin, sous la protection du 15e de marche qui tient Plessis-Picquet.

Ducrot compte défendre pied à pied la redoute de Châtillon et les positions voisines. D'ailleurs, nos pertes sont relativement faibles, à l'exception des 2.000 à 3.000 fuyards de l'extrême droite. On hâte la mise en état de la redoute et de l'éperon du Télégraphe qui l'avoisine. Mais, bien que n'ayant pas été engagée, la division d'Hugues est vivement impressionnée par les obus allemands : elle descend en désordre les pentes vers Châtillon et Bagneux, ne laissant qu'une fraction en place. De même, la division Caussade, débandée en partie, se porte vers Clamart qu'elle doit occuper en se reliant à Châtillon. Malgré tout, Ducrot espère encore tenir, d'autant que le Ve corps a repris sa marche sur Versailles, laissant une brigade seulement à Villacoublay. Mais le gros du IIe corps bavarois, qui occupe Sceaux, Bourg-la-Reine et L'Hay, détache des renforts vers Petit-Bicêtre. Menacé d'enveloppement, le 15e de marche se retire et l'ennemi continue son mouvement offensif vers la redoute. Il est bientôt arrêté par nos feux.

Ducrot a déjà prévu les dispositions pour la retraite. Les divisions Caussade, d'Hugues et Maussion se replieraient derrière les forts et au besoin dans Paris. Mais il apprend que la première, tout entière, a disparu pour se réfugier à l'abri de l'enceinte. Notre droite n'est plus couverte que par quelques centaines d'hommes dont il ignore l'existence. En même temps, la division Maussion s'est retirée de

Bagneux sur Montrouge, de par la maladroite initiative du chef d'état-major de Ducrot. Notre gauche est tout à fait découverte et il faut faire réoccuper Fontenay-aux-Roses par un bataillon de la division d'Hugues.

Dans l'intervalle, notre artillerie a continué avec succès de combattre les batteries allemandes sur le plateau et sur les hauteurs de Sceaux. Toutes ont été obligées de s'éloigner à leur portée extrême. Nous n'avons rien à craindre sur notre front, mais la droite est tout à fait découverte par la disparition de Caussade. Après avoir vainement demandé des renforts à Trochu, Ducrot songe un instant à s'enfermer dans la redoute et à y tenir jusqu'à la dernière extrémité. Le manque d'eau l'en empêche. Vers 3 heures, il fait évacuer cet ouvrage, après avoir encloué son artillerie. Pas un coup de fusil ne trouble sa retraite. Les divisions d'Hugues et Maussion rentrent à Paris vers 5 heures du soir.

Quant à Trochu, craignant une attaque de vive force, il se hâte de porter la division Blanchard, du 13e corps, le long de l'enceinte, face au théâtre du combat. Ce n'est pas sans difficultés. Les gardes nationaux, surexcités, refusent de se laisser relever par la ligne, dans laquelle ils n'ont aucune confiance.

L'ennemi a perdu 500 hommes environ et nos troupes un peu plus de 700, sans les fuyards qui sont légion. Elles ont fait preuve d'une très faible solidité; certaines ont peu ou point d'hommes hors de combat. Bien que le plateau de Châtillon soit d'une extrême importance pour la défense, nos pertes matérielles sont les moindres. La prise de ces hauteurs facilitera le bombardement du sud de Paris, sinon la prise des forts d'Issy et de Vauves. Mais la conséquence la plus saillante est d'ordre moral. L'aspect des troupes rentrant dans la ville est navrant. Des bandes de fuyards arrivent jusqu'aux boulevards, où la colère de la foule se tourne bientôt contre eux. On les traîne à la Place, avec un écriteau infâmant. L'affolement dans Paris dépasse toute mesure. On croit que les Prussiens vont envahir l'enceinte. La nuit est agitée, inquiète. Une proclamation de

Gambetta annonce un prochain assaut. Enfin Trochu commet la faute insigne de ramener dans l'enceinte toutes les troupes restées au dehors. Une seule exception est faite pour la division d'Exéa, qui reste sur le plateau de Vincennes. Le château et la redoute de Meudon, celles de Montretout et même de Gennevilliers, que l'ennemi ne menacera jamais, sont évacuées. Le 14e corps se reforme au Champ-de-Mars, les divisions Maud'huy et Blanchard bordent l'enceinte au sud, et Trochu s'efforce en vain de réduire le combat de Châtillon aux proportions d'une « reconnaissance offensive », tout en concédant que certains de nos soldats « se sont repliés avec une précipitation regrettable ». Ainsi commence le régime de maladroite dissimulation dont on usera constamment à l'égard de Paris.

L'effet produit ne se borne pas à une alarme passagère. Une partie de la population incline un instant vers la paix, craignant les excès des partis avancés et n'ayant aucune confiance dans les troupes. Il faut d'ailleurs reconnaître que, si les Ve et IIe corps bavarois avaient vivement poussé Ducrot après son échec, sa retraite serait devenue une déroute. Les forts n'auraient pu tirer sur des masses confuses de fuyards et d'Allemands, et leurs garnisons auraient peut-être été entraînées dans la commune débâcle.

Sans doute, l'ennemi redoute de rendre confiance par un échec à nos troupes et à la population; mais, si Moltke pensait que le siège se prolongera durant près de cinq mois, il résisterait moins facilement au désir d'en finir d'un seul coup. Dans ces conditions, l'issue d'une attaque brusquée serait douteuse.

XVII

Sous Metz, après Noisseville, l'armée retombe dans son inaction première. On continue simplement des travaux de défense, on fabrique des munitions au point que, le 26 septembre, nous en possèderons plus qu'au début de la campagne. La pénurie des vivres commence à se faire sentir et se traduit par de nouvelles réductions de rations, par la substitution de la viande de cheval à celle de bœuf. Mais les mesures prises, parfois peu réfléchies, aboutissent alors à un gaspillage déplorable, tel que la distribution de blé, en remplacement d'avoine. De plus, des inégalités se produisent entre les corps d'armée, selon la manière dont ils sont administrés et leurs emplacements. On évite très longtemps de recourir à la réquisition, pour ne pas indisposer les habitants. On cherche trop tard à recueillir les denrées éparses autour de Metz. Dès le 16 septembre, la misère de nos chevaux est extrême. Ils tombent d'inanition au bivouac et l'on en est réduit à les nourrir de feuillages.

Après son échec du 1ᵉʳ septembre, Bazaine peut encore s'efforcer d'ouvrir une brèche dans l'investissement, ce qui serait assurément plus difficile qu'avant le 31 août, mais non impossible. Il peut aussi chercher à étendre sa zone d'action, de façon à augmenter nos ressources, à forcer l'ennemi d'étendre ses lignes, à le fatiguer et à l'affaiblir. Le maréchal ne fait ni l'un ni l'autre, bien qu'il ait annoncé l'intention de se battre « tous les jours ». Il se borne à donner des ordres mal définis, conçus en termes vagues, et les résultats sont nuls. Les commandants de corps d'armée ne mettent aucun empressement à entreprendre des opérations de détail dont l'utilité leur échappe.

Sur les entrefaites, l'armée reçoit les premières nouvelles de Sedan. Elle refuse d'abord d'y croire ; puis des échanges de prisonniers ne laissent aucun doute et la consternation est générale. Mais la masse se ressaisit vite et n'a plus qu'un vœu : combattre. Un simulacre de bombardement entrepris par les Allemands (9 septembre) ne fait que le confirmer. Entre temps, on apprend à Metz la révolution du 4 septembre. L'armée ne laisse paraître aucune émotion dans un sens quelconque. La grande majorité, consciente de ses devoirs, est prête à servir la République, ainsi qu'elle obéissait naguère à l'Empereur.

Au début, Bazaine évite de se prononcer. La chute de l'Empire n'est par pour le surprendre. Peut-être, au contraire, y trouve-t-il un sujet d'intime satisfaction, en raison des perspectives infinies qu'elle ouvre à son ambition? Mais la présence de Trochu à la tête des nouveaux gouvernants est faite pour lui déplaire. Sa jalousie naturelle y puise un aliment et il ne dissimule pas les sentiments qu'elle lui inspire.

Quoi qu'il en soit, il déclare bientôt ouvertement qu'il n'entend pas reconnaître le gouvernement de la défense nationale et laisse accréditer des bruits, d'après lesquels nos villes seraient livrées « aux plus affreux désordres », au point d'implorer la présence de l'ennemi. C'est ainsi qu'il répand dans l'armée un résumé, extrait de journaux allemands par un jeune diplomate, Debains. Au lieu de chercher à relever le moral de ses troupes, il s'attache à le déprimer.

Il va bientôt plus loin, en ouvrant des négociations avec l'ennemi. Le 14, il adresse à Frédéric-Charles une lettre exprimant le désir d'être renseigné sur les événements de Sedan et de Paris, et demandant au Prince de recevoir un de ses aides de camp. Pour les Allemands, cette lettre ne peut être qu'une entrée en matière. Ils se hâtent d'en profiter et, le 16, Frédéric-Charles lui envoie une réponse des plus courtoises, ne dissimulant pas l'antipathie de nos adversaires pour le nouveau pouvoir et ouvrant la porte à des communications ultérieures. Cette fois, Bazaine juge à propos de ne pas s'engager davantage et se borne à faire connaître aux troupes, par la voie de l'ordre, la composition du gouvernement de la défense nationale, sans y adhérer d'une façon expresse et même sans mentionner le nom de Trochu.

Pour lui les préoccupations politiques prennent visiblement le pas sur les considérations militaires, en sorte que l'inaction de l'armée est à peu près complète pendant tout le mois de septembre. Une trève tacite s'établit aux avant-postes, à peine rompue par de petits combats tels que celui de Peltre, le 27 septembre. Un incident contribue à nous paralyser. Un Français nommé Regnier, en Angleterre depuis la fin d'août, imagine de servir d'intermédiaire entre l'Impératrice et les Allemands, en vue de la paix et d'une restauration de l'empire. Après avoir obtenu par surprise, sur des photographies, deux signatures du Prince impérial, il part pour la France, traverse sans encombre les lignes allemandes et arrive à Ferrières, où sont alors le Roi et Bismarck. Malgré l'étrangeté. de sa prétendue mission, il parvient à convaincre le chancelier et reçoit de lui l'autorisation d'aller à Metz pour gagner le maréchal à ses vues.

Le 23 septembre il est conduit par un parlementaire à nos avant-postes de Moulins et obtient sans difficulté d'être reçu par Bazaine. Tout, pourtant, devrait rendre cet inconnu suspect : son arrivée au moins singulière, l'absence de références sérieuses, la nature de sa mission. Le maréchal n'hésite pas à se confier à lui; il lui fait connaître la date à laquelle l'armée sera sans vivres, son hostilité pour le gouvernement de la défense nationale. Il laisse voir ses dispositions à sortir de Metz avec les honneurs de la guerre, en sacrifiant au besoin une partie de son artillerie.

Dans un second voyage à Metz, le 24, Regnier obtient que le général Bourbaki se rende en Angleterre pour se mettre à la disposition de l'Impératrice. Tous deux quittent Metz le soir même. Le 28, il est de nouveau près de Bismarck et tente de continuer des pourparlers en vue de la paix. Mais, comme garant de sa parole, il ne peut fournir que la signature du maréchal apposée à côté de celle du Prince impérial. Le chancelier déclare ces pouvoirs insuffisants et réclame, par télégramme, une adhésion formelle de Bazaine.

Celui-ci n'ose répondre affirmativement, tout en confirmant ses dispositions à capituler avec les honneurs de la guerre, et Bismarck met aussitôt cette hésitation à profit pour rompre les pourparlers. Il congédie sommairement Regnier. Quant à Bourbaki, dès sa sortie de Metz, il a l'intuition d'avoir été joué et ne songe plus qu'à rejoindre le poste si légèrement quitté. Durant plusieurs jours, il cherche à en obtenir l'autorisation. Finalement, les instances de notre représentant à Bruxelles et les lenteurs des Allemands le décident à offrir son épée au gouvernement de la défense nationale.

C'est ainsi que se termine cette extraordinaire aventure, au cours de laquelle un inconnu sans valeur personnelle, sans même un semblant de pouvoir, parvient à duper Bismarck, Bazaine et Bourbaki. Il échoue dans son irréalisable projet de restauration impériale, mais contribue à paralyser l'armée pendant les quelques semaines où elle est encore susceptible de se frayer passage. En outre, les allées et venues de Regnier, le départ de Bourbaki éveillent parmi les troupes et surtout dans Metz une profonde défiance. On accuse couramment le maréchal de préparer la restauration par une entente avec l'ennemi. Les bruits les plus étranges courent sur Bourbaki. On va jusqu'à croire que Bazaine le retient prisonnier, pour se débarrasser de son opposition.

Vers la fin de septembre, le maréchal se rend compte de la nécessité de donner une satisfaction au moins apparente au désir d'action qui tourmente l'armée et la population. Il fait donc préparer un nouveau projet de sortie. L'armée marcherait encore vers le nord, mais par les deux rives de la Moselle, ce qui rendrait l'opération plus risquée. Deux lettres du général Coffinières conduisent de nouveau le maréchal à changer ses décisions. Il renonce à une grande opération et décide pour le 7 octobre un fourrage au nord-ouest de Metz. La Garde, les 6ᵉ et 7ᵉ corps y sont partiellement engagés, d'abord avec un tel succès que Bazaine a un moment l'intention de continuer son offensive jusqu'à rupture de l'investissement. Mais les combattants, peu ou point soutenus, ralentissent bientôt leurs progrès et, finalement, la retraite s'impose. Le combat de Ladonchamps nous coûte plus de 1.200 hommes et son seul résultat est de montrer ce que pourrait faire l'armée sous un autre chef. Si les pertes infligées à l'ennemi sont considérables, la quantité de vivres ramenée dans nos lignes est insignifiante.

XVIII

COMBAT DE CHEVILLY

(30 septembre 1870)

Le jour même du combat de Châtillon, l'investissement se ferme au sud et à l'est de Paris. Partout les avant-postes allemands occupent les positions les plus rapprochées des forts. A l'est notamment, les Wurtembergeois sont à moins de 1.000 mètres de la redoute de la Faisanderie.

Il y a un peu plus de six corps d'armée répartis sur un front de 90 kilomètres autour de Paris. Cinq divisions de cavalerie surveillent le pays en arrière ou ferment les lacunes de la ligne d'investissement. Le dernier train poste est parti le 18 à 3 heures du soir; les communications télégraphiques aériennes sont coupées le 19; un câble immergé dans la Seine ne sera découvert qu'aux premiers jours d'octobre.

Chaque armée garde de 30 à 35 kilomètres de terrain, le reste étant couvert par des obstacles naturels. L'effectif est d'environ 2.000 hommes par kilomètre, c'est-à-dire très faible pour une place de cette importance. S'il y avait dans Paris 60.000 à 80.000 soldats valant les Allemands, ces derniers seraient en nombre insuffisant. Malgré le peu de consistance de nos troupes, l'état-major du Roi se demandera plus d'une fois s'il ne faudrait pas abandonner l'investissement et marcher contre les armées de la Loire ou du Nord. L'entreprise de Moltke est donc très risquée et ne pourra réussir que par un concours de circonstances extraordinaires.

Après le 4 septembre, l'une des premières pensées de Jules Favre a été de connaître les exigences de l'ennemi en vue de la paix. Vainement il tente d'obtenir l'intervention de l'Angleterre, de l'Autriche, de l'Italie. L'empereur de Russie n'a jamais caché ses sympathies pour la famille royale de Prusse. Que peuvent être ses sentiments vis-à-vis d'un pouvoir insurrectionnel, qui compte parmi ses dirigeants l'avocat de Berezowski et Floquet dans ses hauts fonctionnaires?

En attendant le résultat du voyage de Thiers, Jules Favre conçoit le projet de se rendre auprès de Bismarck pour pressentir ses conditions. Malgré le mauvais accueil que cette idée rencontre auprès de ses collègues, il croit devoir y persister et entame des négociations préparatoires avec le gouvernement britannique. Le chancelier n'oppose pas un refus formel, tout en ne paraissant pas disposé à s'engager. Il évite même de répondre aux dernières ouvertures de Jules Favre qui décide, sans en avoir référé au conseil, de se rendre auprès de lui. Le 18 septembre, le ministre sort de Paris par Maisons-Alfort, après avoir été reconnu, si bien que, le jour même, le bruit s'en répand, éveillant déjà des colères. Le 19, dans l'après-midi, il a un premier entretien avec le ministre prussien. La partie n'est pas égale. En face de l'Allemand, si entier dans ses volontés, d'une franchise si brutale, soutenu par une armée et un peuple fiers de leurs exploits, de leur unité reconquise, Jules Favre n'a d'autres armes que son éloquence sentimentale et vide, ses subtilités, ses arguties d'avocat, ses larmes même.

Dès les premiers instants, Bismarck précise les aspirations de l'Allemagne. Elle ne veut la paix qu'à la condition d'assurer sa sécurité par une annexion. Le chancelier réclame donc la cession de l'Alsace et de la Lorraine allemande ce programme ne se modifiera plus, quoi qu'en dise la légende.

Dans deux autres entretiens au château de Ferrières, Bismarck maintient ces exigences, malgré les efforts de Jules Favre. Il ne cache pas l'espoir de le voir renverser, ainsi que ses collègues, « par la populace de Paris ». Tout en se défendant de vouloir imposer l'Empire à la France, il montre une photographie d'Hastings revêtue de la signature du Prince impérial, celle même que vient de lui confier Regnier.

Enfin, Jules Favre insistant pour connaître les conditions d'un armistice, il les énumère après avoir pris les ordres du Roi : nous rendrons Bitche, Toul et Strasbourg. L'Alsace et la Lorraine allemande ne prendront aucune part aux élections prochaines. Metz restera en dehors de la convention. Quant à Paris, le gouvernement aura le choix entre deux combinaisóns : le maintien de l'investissement et la réunion de la future assemblée à Tours ; le rétablissement des communications avec le dehors, moyennant la reddition d'un ou plusieurs forts commandant l'enceinte, tels que le Mont-Valérien.

Jules Favre rentre le soir même à Paris, persuadé qu'il faut accepter ces conditions, si dures qu'elles soient. Mais, dès les premiers pas, il en reconnaît l'impossibilité. Leur acceptation mettrait le gouvernement à la merci d'une émeute, comme le montrent des manifestations significatives. D'ailleurs les collègues du ministre accueillent très froidement ses ouvertures. L'unanimité est entière pour décliner les conditions de Bismarck.

Sans doute, à ne consulter que la froide raison, nous devrions les accepter, quelque écrasantes qu'elles soient. Nos pertes en hommes et en argent seraient beaucoup moindres, les conditions de la paix moins onéreuses, peut-être. Mais, à considérer les choses de plus haut, la prolongation de la résistance est nécessaire. Jusqu'alors, les défaites, les capitulations se sont succédé, sans que l'énergie de la nation s'affirmât autrement que par des actes isolés. Elle doit à elle-même, à sa glorieuse mission dans l'histoire, de résister encore. A défaut de sympathies effectives, il faut qu'elle reconquière l'estime des autres peuples.

En outre, le voudrait-il, le gouvernement de la Défense nationale serait impuissant à faire accepter les conditions imposées par Bismarck. La lecture seule du compte rendu de Jules Favre produit un immense effet. C'est, dans tout Paris, un tressaillement d'indignation, puis une explosion de fureur contre tant d'arrogance. Les cœurs s'unissent dans une commune résolution de tenir jusqu'à la mort.

Le barreau, la chambre des notaires elle-même manifestent dans ce sens. Malgré sa pénétration habituelle, Bismarck s'est trompé. Si, au lieu de pareilles exigences, il s'en était tenu aux dispositions habituelles, maintien du *statu quo*, établissement d'une ligne de démarcation entre les armées et autour des places fortes, l'armistice aurait certainement été conclu. Des élections immédiates eussent permis de constituer une assemblée, sinon résignée à des cessions territoriales, du moins peu éloignée d'y consentir. Au point de vue militaire, cette convention aurait paralysé la résistance, si lente à prendre corps, surtout en province; la guerre civile aurait sans doute éclaté à Paris et dans plusieurs grandes villes, partout où une minorité turbulente rêvait une révolution sociale sous le couvert de la défense à outrance. Les exigences de Bismarck ont nui à l'Allemagne plus encore qu'à la France.

Tandis que, jusqu'au 21 septembre, Trochu redoute une attaque de vive force, les Allemands achèvent sans difficulté d'investir Paris. Ils ont peine à vivre, dans les premiers temps, tant les environs ont été dévastés. Mais peu à peu, avec l'aide de la cavalerie qui fait des réquisitions à grande distance, et même de certains Français qui deviennent les pourvoyeurs intéressés de l'ennemi, l'intendance arrive à satisfaire aux besoins des troupes.

De notre côté, nous prenons une attitude moins passive après le 21 septembre, bien que cette activité renaissante résulte plutôt d'initiatives individuelles que de la volonté de Trochu. C'est ainsi que, malgré une certaine résistance, nous réoccupons le plateau de Villejuif, le moulin Saquet et la redoute des Hautes-Bruyères (23 septembre). Des dispositions sont prises pour leur organisation défensive. Nous réparons ainsi, dans une mesure encore trop restreinte, les conséquences de l'affolement qui a suivi la déroute de Châtillon. Mais la population enfle singulièrement ces résultats et croit à une grande victoire, montrant l'étendue de ses illusions autant que le ressort naturel à notre race. Elle veut avoir foi *quand même.*

Le 14e corps s'établit de nouveau face à l'ouest, de Billancourt à Saint-Denis. Malgré la double protection que lui assurent la Seine et le Mont-Valérien, Ducrot regarde la presqu'île de Gennevilliers comme très menacée et réussit à en convaincre le gouverneur. Il fait donc entreprendre une série d'ouvrages à l'est du fleuve, gaspillant ainsi sans nécessité beaucoup de temps et de travail. Une tentative sur la Malmaison (29 septembre) échoue par le manque de solidité des troupes.

Pourtant, l'ensemble reprend peu à peu confiance et l'attitude des Allemands y contribue. Quant à la population, elle ressent les premières atteintes de la fièvre obsidionale, et l'isolement absolu où elle vit en est la principale cause. C'est toujours une lourde épreuve pour une ville que d'être brusquement séparée du reste du monde, livrée à tous les doutes, à toutes les craintes du lendemain. L'intensité de cette sensation est décuplée pour Paris, l'un des centres de la pensée humaine, le point où convergeaient tant de lignes télégraphiques, de voies ferrées, de routes, de canaux ou de rivières qui y déversaient chaque jour, à flots, les moyens d'alimentation physique et intellectuelle. Brusquement, ce rayonnement, cet échange incessant s'arrêtent. Pendant quatre mois et demi, les communications avec l'intérieur ne seront entretenues que par de rares messagers, des aérostats, des pigeons-voyageurs en très petit nombre (1). A deux reprises, vingt jours se passeront sans aucune nouvelle du dehors. L'arrivée d'un journal deviendra un événement.

Au début, nul ne pense que le blocus sera d'aussi longue durée. On s'attend au contraire à un assaut, à un « coup de chien », suivant l'expression populaire. Le gouverneur et Ducrot partagent cet avis. De là quantité de travaux inutiles aux abords mêmes de l'enceinte, des barricades qui doivent former deuxième et troisième défenses intérieures.

______

(1) Dix messagers seulement rentrent dans Paris ; de 64 ballons, 5 sont pris par l'ennemi et 2 tombent dans la mer ; de 363 pigeons, 59 retournent à leur colombier.

Dans la pratique, on arrive ainsi à gêner grandement le mouvement des troupes.

Par contre, on prend très peu de mesures efficaces en vue d'accroître nos forces. On crée des cours martiales, mais uniquement pour la montre. Les fuyards, les traîtres, les criminels de toute nature continuent d'être traduits devant les conseils de guerre, avec la lenteur de la procédure habituelle. Ces tribunaux montrent une faiblesse rare, encore dépassée par celle du gouvernement. Il en résulte que l'indiscipline, les habitudes de maraude et de pillage gagnent incessamment, montrant ce que peut, dans de telles circonstances, la force morale dont se targue si volontiers Trochu. A une situation aussi nouvelle, il faudrait des mesures extraordinaires. C'est l'une des erreurs les plus graves du gouverneur et de ses collègues de ne pas l'avoir compris.

Le 23, après l'échec des conférences de Ferrières, ils ajournent les élections générales fixées précédemment au 2 octobre. Nouvelle faute, car elle désarme le gouvernement vis-à-vis des partis avancés qui ont imposé cet ajournement. Il reste sans base légale, en pouvoir sorti d'une insurrection, toléré plutôt que reconnu par la nation.

Déjà la question des vivres se pose. Sous la pression de l'opinion, on décide la réquisition des blés et farines, en exceptant les « provisions de ménage », ce qui permet tous les abus. La mortalité s'accroît de plus de moitié.

Sur les entrefaites a lieu la première sortie de quelque importance. Vinoy a proposé d'enlever Choisy-le-Roi, où il suppose un pont de bateaux au lieu d'un bac. Trochu décide une opération beaucoup plus sérieuse, dont il arrête tous les détails et qu'il ébruite, facilitant la tâche de l'ennemi.

Nous formons trois colonnes, celle de droite marchant sur L'Haÿ, celle du centre sur Chevilly et La Belle-Épine, celle de gauche sur Thiais et Choisy-le-Roi. Une réserve se tiendra derrière Villejuif. En outre, des diversions auront lieu sur la rive droite de la Seine et vers Clamart, aux deux ailes. Le but à atteindre n'est aucunement spécifié et le gouverneur emploie même le mot de « reconnaissance offensive ». Il va consacrer 20.000 hommes à une opération sans portée. C'est trop ou trop peu. Le combat de Chevilly va être le prototype de ces engagements si fréquents pendant le siège : on s'engage sans but précis; on déloge l'ennemi de ses premiers emplacements, pour reculer ensuite devant ses renforts. Finalement, on rentre dans le camp retranché, affaibli d'autant, sans avoir gagné un pouce de terrain. Le résultat final ne peut être que le découragement et la désorganisation.

Le 30 septembre, vers 5^h 30 du matin, après une demi-heure de canonnade sans effet, nos troupes se mettent en mouvement. Elles ont devant elles une division d'infanterie prussienne. Au centre la brigade Guilhem se jette avec entrain sur Chevilly et La Belle-Épine. Les premières maisons de Chevilly sont enlevées par le 35e, mais Guilhem est mortellement blessé. L'ennemi, réfugié au centre du village, s'y défend avec énergie. D'ailleurs il reçoit des renforts et notre colonne de droite a déjà échoué dans son attaque sur L'Haÿ. Un mouvement rétrograde s'impose : il ne s'exécute pas sans de lourdes pertes.

A gauche, la brigade Blaise aborde Thiais et s'empare un instant de deux pièces prussiennes. Mais ce premier élan se ralentit bientôt; nos bataillons se replient fortement réduits. Un autre, entré dans Choisy-le-Roi, a ensuite été rejeté sur Vitry.

La colonne de droite s'est portée sur L'Haÿ après une préparation insuffisante. Elle ne peut en dépasser la lisière et regagne la redoute des Hautes-Bruyères. Notre échec est complet sur tous les points; nos démonstrations, mollement conduites, n'ont exercé aucune action. L'ensemble de l'opération nous coûte près de 2.200 hommes, plus du quadruple des pertes ennemies. Elle fait honneur à certaines de nos troupes, notamment aux 35e et 42e de ligne, mais non au commandement. Sans but défini, soutenu par une proportion insuffisante d'artillerie, elle aboutit à une série d'attaques de front, maladroitement menées par des troupes en formation massée, sans intervention des réserves. Elle ne peut conduire à rien. D'ailleurs l'intention n'est pas d'occuper le chapelet de villages entre L'Haÿ et Choisy-le-Roi.

Autour de Paris, deux genres de guerre sont admissibles. On peut *chicaner* pied à pied les abords du camp retranché, multiplier les coups de main, les entreprises isolées, de façon à tenir l'assaillant en réveil et à entraîner nos troupes; puis, le moment venu, opérer par masses en usant de notre seule supériorité, quitte à faire couler des flots de sang, et ouvrir ainsi une brèche énorme dans l'investissement.

On pourrait aussi « assiéger l'assiégeant » comme le propose le général Tripier. Avec la quantité de bras dont nous disposons, rien de plus facile que d'ouvrir des parallèles contre la partie sud des lignes allemandes, de façon à nous emparer successivement de leurs points d'appui. Le moral des troupes y gagnerait et la situation de l'ennemi en deviendrait plus difficile. Mais, en dépit de ses proclamations et de ses discours, Trochu n'a pas foi dans la possibilité du succès, et la population ne sera pas longue à s'en convaincre.

XIX

ORLÉANS

(10 et 11 octobre 1870)

Paris est l'objectif suprême de l'ennemi, qui croit que sa prise fera cesser toute résistance. Par contre, nous devons presque fatalement attribuer à sa défense une extrême importance. Le gouvernement et la population finissent par ne plus songer qu'à Paris. Nos habitudes de centralisation aidant, on ne prête au reste de la France qu'une attention distraite. On paraît croire que non seulement les forces réunies dans cette grande ville pourront nous la conserver, mais qu'elles suffiront à chasser l'ennemi du territoire.

C'est ainsi que l'on décide presque unanimement de ne pas transférer en province le siège du gouvernement. En outre, toutes les opérations militaires en viennent à ne viser que deux objectifs : d'une part, sortir de Paris; de l'autre, y entrer. On néglige jusque dans les derniers jours de menacer les communications ennemies. D'ailleurs, l'excès des forces concentrées dans la capitale rend très difficile l'organisation de la défense en province, et par suite la délivrance de la ville.

Crémieux a été envoyé à Tours le 12 septembre. Le 15, on lui adjoint Glais-Bizoin et le vice-amiral Fourichon, qui réunit les fonctions des ministres de la marine et de la guerre. Les éléments dont ils disposent sont très restreints. Vers le 14, il n'y a sur la Loire que quelques bataillons de mobiles à peine armés, presque sans équipement, un bataillon de tirailleurs algériens, une batterie. La division de cavalerie Reyau doit ensuite rallier ce petit noyau de troupes.

L'investissement est couvert au sud par quatre divisions de cavalerie. Derrière ce rideau, le Ier corps bavarois atteint Longjumeau le 22 septembre. Il doit servir de réserve à la IIIe armée et en même temps de repli à la cavalerie, dont la tâche est d'abord facile.

A Tours quelques efforts sont faits pour organiser de nouvelles troupes. Le général Lefort, qui est adjoint à Crémieux, a entrepris la formation du 15e corps. Pas plus que le ministre de la guerre, général Le Flô, il ne songe à entreprendre des opérations actives. Il vise plutôt à un certain effet moral.

Tout d'abord on porte en avant les bataillons de mobiles à peu près organisés, de façon à établir un cordon défensif entre les Vosges et la Manche. Ils feront la guerre de partisans et surtout arrêteront la cavalerie allemande, en évitant tout combat sérieux. Cette dispersion ne peut que retarder leur organisation définitive.

Quant au 15e corps, il se forme dans le Centre; on y fait entrer trois régiments de ligne revenant d'Algérie et des unités de marche. Il reçoit même des régiments de mobiles que l'on embrigade avec d'autres, de ligne ou de marche. Dès la fin de septembre l'ensemble atteint 70.000 hommes. Mais l'habillement, l'équipement, les cartouches même manquent. L'indiscipline est grande et la consistance très faible.

A l'approche de la 4e division de cavalerie prussienne, le 24 septembre, nous avons 13.000 hommes d'infanterie environ, répartis en deux groupes, l'un tenant Artenay et les débouchés nord de la forêt d'Orléans, l'autre occupant Châteauneuf, Sully et Ouzouer-sur-Loire ainsi que les routes menant vers Montargis. Orléans est gardé par trois bataillons.

Le même jour, tandis que la 4e division se porte de Pithiviers vers la route de Paris à Orléans, le colonel Tillion opère une reconnaissance au nord d'Artenay. Il en résulte deux petits engagements (24 et 25 septembre), qui provoquent l'évacuation de tous les points occupés par nous en dehors de la forêt.

Le 26, la division continue vers Orléans, mais elle se heurte au sud d'Artenay à de la cavalerie et de l'infanterie. D'autres fractions de nos troupes sont signalées à l'est jusque vers Beaune-la-Rolande. Dans ces conditions le prince Albert juge nécessaire de se replier sur Toury et Pithiviers, tandis que le général de Polhès prescrit l'évacuation d'Orléans sur Blois ou La Motte-Beuvron. Cette retraite provoque une vive émotion et la Délégation remplace aussitôt Polhès par le général Reyau, qui réoccupe Orléans. L'ennemi n'a pas quitté ses emplacements au nord.

Dans les premiers jours d'octobre, les bruits se rapportant à une concentration sur la Loire prennent plus de consistance, mais l'état-major prussien n'y prête qu'une importance restreinte, ainsi que les troupes. On n'y croit guère plus chez nous. Pourtant nos forces s'accroissent au nord d'Orléans : cinq régiments de cavalerie ont rejoint les deux qui y étaient déjà; la forêt est gardée par huit bataillons environ.

Sous l'influence de l'opinion, la Délégation voudrait déjà entreprendre une opération sérieuse. Le Flô et Trochu insistent pour qu'on menace les communications ennemies vers Belfort et la Haute-Saône. Le commandant de la région de l'ouest, général Fiéreck, plaide la même cause (4 octobre), sans plus de succès. On décide simplement une grande reconnaissance dans la Beauce. Les fractions au nord d'Orléans, de petits groupes qui opèrent vers Châteaudun et Chartres y prendront part.

Le 5, les troupes de Reyau se portent sur Toury en trois colonnes et, malgré deux échecs partiels, amènent le prince Albert à se retirer sur Angerville, puis sur Étampes, bien qu'aucune poursuite ne l'y force. Cet incident donne l'éveil. Croyant à une entreprise de « l'armée de la Loire » contre l'investissement, Moltke se hâte de concentrer sur la route d'Étampes toutes les troupes disponibles. Le Ier corps bavarois s'échelonne de Longjumeau à Arpajon, prêt à faire face à l'armée de Paris dont on attend une sortie, ou à recueillir la 4e division, si elle est vivement pressée.

Ces ordres ne sont pas entièrement exécutés, quand, le 6 octobre, le chef d'état-major du Prince royal annonce qu'une sortie n'est plus à craindre. Le Ier corps bavarois est donc invité à se concentrer à Arpajon; la 22e division d'infanterie, alors à Villeneuve-Saint-Georges, ira à Montlhéry en réserve. La 2e division de cavalerie couvrira la gauche des Bavarois et la 6e la droite. S'il est nécessaire, le prince Albert se repliera directement sur Arpajon.

Ces mouvements sont exécutés les 6 et 7 octobre. Déjà la 4e division s'est reportée sur la ligne d'Angerville à Malesherbes (6 octobre), sans rencontrer nos troupes. Reyau n'a repris que le soir sa marche sur Pithiviers. Son intention est d'aller jusqu'à la forêt de Fontainebleau, s'il est possible. Il ignore la proximité de l'ennemi.

Sur les entrefaites (5 octobre), le général de Polhès est remplacé à Orléans par le commandant du 15e corps, de La Motte-Rouge, qui a l'ordre de porter sur la Loire toutes les troupes disponibles. Le 6 il est à Orléans, après avoir donné aux deux divisions en formation à Bourges et à Vierzon l'ordre de l'y suivre. Une autre, à Nevers, doit se porter à leur droite vers Gien et Montargis. L'intention du général, sa concentration opérée en avant d'Orléans, est de prendre cette ville et la forêt pour base, puis de se porter, soit sur Étampes et la forêt de Fontainebleau, soit sur Châteaudun et Chartres. Dans les deux cas, ce mouvement serait tout à fait prématuré.

Cependant Reyau est le 7 à Pithiviers, où il reste le 8, bien qu'il sache l'ennemi à Malesherbes et à Arpajon. De la forêt d'Orléans, le général Morandy va le rejoindre avec une partie des bataillons qui y ont été concentrés. Quant à von der Tann, il est d'abord disposé à garder la défensive. Puis, sur un ordre du Prince royal, il porte vers Étampes le Ier corps bavarois, suivi de la 22e division et de la 2e division de cavalerie (8 octobre). D'après des instructions de Moltke, parvenues à cette date, il doit occuper Orléans et poursuivre nos troupes jusqu'à Tours, s'il est possible. Il s'efforcera également de disperser celles entre Chartres et Orléans.

La marche des Bavarois continue donc le 9 octobre en trois colonnes, celle du centre suivant la route d'Orléans. Le soir elles sont à la hauteur de Barmainville, après quelques escarmouches. En apprenant ce mouvement, La Motte Rouge porte Reyau de Pithiviers sur Artenay, de façon à défendre les abords directs d'Orléans. La brigade de cavalerie Dastugue se maintiendra le plus longtemps possible à Pithiviers. Enfin Morandy résistera vigoureusement dans la forêt d'Orléans. Les troupes appelées de Vierzon et de Bourges commencent à paraître, et l'on se hâte de les porter autour de la ville, non sans désordre.

Von der Tann ne croit pas à une résistance sérieuse. Il dispose de plus de 30.000 combattants auxquels il donne l'ordre de se porter le 10 sur Orléans, en trois colonnes comme la veille. Quant à Reyau, il n'en a que le tiers environ, réparti entre Artenay et ses abords nord-est. En outre Morandy et Dastugue sont dans la forêt ou même à l'est. D'autres troupes s'échelonnent entre Artenay et Orléans, sur plus de 20 kilomètres. Notre dissémination est extrême.

C'est dans ces conditions que s'engage le combat du 10 octobre. Il prend une certaine vivacité aux abords d'Artenay, mais les 2e et 4e divisions de cavalerie apparaissent sur nos flancs, tandis que des forces de beaucoup supérieures nous pressent de front. La retraite, devenue indispensable, s'effectue trop tard et la menace de la cavalerie allemande la change en déroute. Nos troupes gagnent la forêt d'Orléans, ayant perdu 1.500 hommes dont 800 prisonniers et trois pièces. L'ennemi a eu moins de 300 hommes hors de combat. Il s'arrête à hauteur de Chevilly.

La Motte-Rouge a cru devoir passer la journée du 10 à Orléans. Apprenant notre échec, il se hâte de porter quelques bataillons entre Cercottes et la ville, ainsi que sur la route de Châteaudun. Grâce à la lenteur de von der Tann, nous pourrons encore opposer le 11 une résistance honorable.

Le général bavarois ne la prévoit en aucune façon. Il prescrit de déboucher vers la Loire sur un large front, en cherchant à couper notre retraite au sud du fleuve, par Meung. D'ailleurs l'intention de La Motte-Rouge n'est pas de tenir Orléans, qu'il croit peu susceptible de défense. Il décide l'évacuation immédiate. Pour masquer ce mouvement, une douzaine de mille hommes défendent les abords de la ville. Neuf bataillons environ avec deux batteries gardent la ligne qui joint Ormes et Saran à la forêt; trois autres sont en réserve vers la gare des Aubrays; trois tiennent Ingré à l'ouest.

Au début, les Allemands gagnent rapidement du terrain, mais la résistance devient bientôt plus vive. La 4e division de cavalerie, dont une brigade devait passer la Loire à Meung, est arrêtée par des francs-tireurs. Le combat continue jusqu'aux faubourgs mêmes d'Orléans, qui sont pris seulement après une lutte acharnée. Finalement l'entrée de l'ennemi par celui de Saint-Jean provoque notre retraite. La résistance n'est définitivement brisée qu'après 7 heures du soir. Avec la majeure partie des troupes, La Motte-Rouge se dirige sur Vierzon et Bourges; d'autres remontent la Loire vers Gien. Les Allemands ne tentent aucune poursuite.

Nos 12.000 à 13.000 combattants, réduits de plus de moitié vers le milieu du jour, laissent à l'ennemi 1.500 à 1.800 prisonniers. Nous avons à peu près autant d'hommes hors de combat. Un bataillon de la légion étrangère, seul, a perdu 19 officiers et plus de 800 hommes. Mais l'ennemi a subi des pertes relativement considérables, un millier d'hommes, dont près de 60 officiers. Nous combattions dans les plus mauvaises conditions, au lendemain d'un échec et au cours d'un mouvement rétrograde, avec un fleuve à dos. La situation était d'autant plus délicate qu'il s'agissait de troupes jeunes, presque sans artillerie ni cavalerie, et surtout sans direction. Dans ces conditions elles étaient sacrifiées à l'avance. Puisque La Motte-Rouge était décidé à évacuer Orléans, pourquoi ne pas l'avoir fait durant la nuit et le matin, en se couvrant d'un rideau? Si, au contraire, il voulait se défendre, pourquoi ne pas y avoir consacré toutes ses forces?

La lenteur de la 22e division, qui opérait contre notre gauche et aurait pu menacer la retraite, nous a seule permis de résister longtemps, malgré des conditions aussi disproportionnées.

XX

BAGNEUX ET LA MALMAISON

(13 et 21 octobre 1870)

Tandis que la résistance s'organise péniblement en province, la défense prend plus d'activité à Paris. Le combat de Chevilly a surpris l'ennemi, qui ne s'attendait plus à aucune tentative extérieure. Il en déduit la nécessité de renforcer ses lignes et de ne point dédaigner nos forces. Il reçoit d'importants renforts, le XIe corps prussien et le Ier corps bavarois, venant de Sedan. Mais, comme nous l'avons vu, les premières escarmouches au sud de Paris obligent à en détacher la presque totalité sur la Loire le 6 octobre. Deux divisions appelées le 29 septembre (17e division et landwehr de la Garde) comblent une partie des vides ainsi survenus. La 17e division s'établit entre Bonneuil et la Seine (10 octobre); la 21e et l'artillerie de corps (XIe corps) prennent position entre le Ve corps et le IIe corps bavarois, vers Meudon et Sèvres. A la fin du mois, la landwehr de la Garde est vers Saint-Germain-en-Laye.

Lorsque la capitulation de Toul (23 septembre) livre aux Allemands la voie ferrée indispensable, ils prennent des dispositions pour faire venir un parc de siège sous Paris. Vers la même époque, ils opèrent la reconnaissance complète des abords de la grande ville et arrivent à cette conclusion que le bombardement seul ne suffira pas à briser sa résistance, mais qu'il faudra en venir à une attaque régulière, visant à la fois les fronts nord-ouest et sud-ouest. Pour la première, on utiliserait la trouée entre Saint-Denis et le Mont-Valérien, comme le craint Ducrot. Pour la seconde, on cheminerait contre les forts d'Issy et de Vanves, en masquant celui de Montrouge.

L'exécution de ce programme est confiée à la IVe armée pour le nord-ouest et à la IIIe pour le sud-ouest. On prescrit l'occupation de la presqu'île de Gennevillers, mais nos troupes y reparaissent dans le courant d'octobre et se retranchent activement. Il devient évident qu'une attaque au nord-ouest serait impraticable et l'on se décide à prendre pour objectif les ouvrages de Saint-Denis. On s'emparera du fort de La Briche, ce qui permettra de tourner la Double-Couronne et de l'enlever. Puis on éteindra le feu du fort de l'Est, des batteries de Saint-Ouen et de Gennevillers.

Tous ces projets sont subordonnés à la réunion d'un immense matériel et l'interruption de la ligne de Wissembourg à Paris oblige à le transporter sur les routes, de Nanteuil à Villacoublay (90 kilomètres environ). Pour dégager cette voie ferrée, on prépare la remise en exploitation de la ligne de Châlons à Paris par Reims, ce qui conduit les Allemands à mettre le siège devant Soissons (25 septembre).

De notre côté, les premiers jours d'octobre sont consacrés à l'achèvement des travaux du plateau de Villejuif. Nous y gagnons aisément du terrain. Néanmoins, Trochu redoute encore (10 octobre) une attaque de vive force à laquelle l'ennemi ne songe guère et qui est devenue tout à fait impraticable. Puis ses idées se modifient; il croit que certains mouvements au sud de Paris dissimulent l'envoi en province d'une fraction des assiégeants. Pour s'en assurer, il va pousser, le 13 octobre, la division Blanchard en reconnaissance sur le plateau de Châtillon. En comptant les réserves, 25.000 hommes et plus de 80 pièces seront engagés, et les avant-postes bavarois entre Fleury et Bourg-la-Reine ne comptent que cinq bataillons avec deux pièces.

Après une vive canonnade des forts, les mobiles de la Côte-d'Or et de l'Aube, soutenus par le 35e de ligne, s'emparent de Bagneux. Mais ils ne parviennent pas à en sortir sous le feu de Châtillon et des maisons isolées à l'est. Une attaque tentée sur ce village par le général de Susbielle ne réussit qu'imparfaitement. A l'intérieur, l'ennemi oppose une résistance acharnée. Au contraire, à droite, Clamart est occupé sans difficulté, ainsi que Fleury. Nous tenons les pentes au sud, le bas de Châtillon et tout Bagneux. Sur les entrefaites, le gouverneur fait connaître qu'il ne veut pas attaquer le plateau. Vinoy ne croit donc pas devoir pousser l'opération plus avant. Nos troupes se retirent sans être inquiétées.

Cet inutile combat nous coûte plus de 400 hommes et à peu près autant à l'ennemi. Comme à Chevilly, nous avons engagé trop ou trop peu de troupes, soutenues par trois batteries seulement. Il aurait été préférable de garder Bagneux et même Clamart, comme le voulait Vinoy. Pourquoi ne pas « donner de l'air » à Paris, qui étouffe dans sa ceinture de baïonnettes. Nous devrions l'élargir peu à peu et ne jamais abandonner à l'ennemi un pouce de terrain, sans qu'il l'eût conquis à force de sang. Au lieu de demi-succès sans conséquences pratiques, comme le combat de Bagneux, nous obtiendrions au moins ce résultat de lasser nos adversaires, de les obliger à d'incessants sacrifices.

Le gouverneur est loin de ces idées. Dès le 21 octobre, il fait exécuter une nouvelle reconnaissance offensive à l'ouest de Paris. Nous mettons en ligne 10.000 hommes et 120 pièces formés comme toujours en trois colonnes, mais le seul objectif indiqué est une barricade à l'entrée de Bougival. Sous aucun prétexte nous ne devons dépasser le pont conduisant vers Croissy. En outre, Ducrot a compliqué à plaisir son opération par un luxe de prescriptions qui sont pour tuer toute initiative. Il ne fait pas en sorte de surprendre l'ennemi, qui prévoit l'attaque et prend ses dispositions en conséquence.

Malgré une vive attaque, le général Berthaut ne peut atteindre l'entrée de Bougival. On cherche vainement à tourner ce village par le sud et un violent combat engagé dans le parc de La Jonchère aboutit finalement à notre retraite devant les renforts allemands. Nos troupes ont perdu deux pièces et plus de 500 hommes; l'ennemi 400 environ.

Les Allemands renoncent à établir du canon à l'entrée

est de Bougival. On aurait pu les en empêcher à moins de frais.

Un moment ils se sont exagéré l'importance de cette sortie et il en est résulté une sorte de panique à Versailles. Peut-être une tentative opérée avec des forces plus sérieuses aurait-elle donné des résultats durables, à la condition de viser un objectif bien déterminé et non une reconnaissance sans intérêt ?

Cependant Paris s'ennuie, selon l'expression de Jules Ferry. Il trouve un dérivatif à son inaction, à l'absence de nouvelles, dans des pèlerinages continuels à la statue de Strasbourg, dans des manifestations sans fin devant l'Hôtel de ville. On réclame la levée en masse, les barricades, la suppression de la préfecture de police, l'envoi de commissaires civils en province, et ces démonstrations ont parfois une réelle importance : le 26 septembre, par exemple, les maires de Paris et 180 chefs de bataillon de la Garde nationale y prennent part. Les menaces du « major de rempart » Flourens restent impunies (5 octobre), malgré le gouverneur. La majorité de ses collègues entend ne recourir qu'à la force morale et laisser aux assiégés « toute liberté de penser, d'écrire, de parler et de se réunir ». Il y a imprudence à s'aventurer ainsi, au rebours de tout ce qu'enseigne le passé. Pendant les heures sombres de la Révolution, alors que tout menaçait l'existence même de la patrie, nos pères n'eurent pas de ces scrupules d'enfant.

Le 8 octobre, nouvelle manifestation au cri de « Vive la Commune », devenu le mot d'ordre des partis avancés. Ils ne veulent pas des élections pour la France, mais seulement pour Paris, dans la prétention inavouée d'imposer leur dictature au pays. Le gouvernement est menacé, Trochu insulté, mais plusieurs bataillons dévoués interviennent à propos. La répression est nulle, comme devant. On n'ose arrêter Flourens et d'autres tentatives d'insurrection restent également impunies. Tous les rouages de la vie publique sont arrêtés ou faussés dans leur action : un gouvernement divisé et faible, la justice militaire et civile d'une indulgence excessive, une presse dont la violence dépasse toute mesure et qui considère comme un crime le moindre empiètement sur ses libertés, une population qui réclame bruyamment des sorties et la levée en masse, sans prendre garde que la discipline est la première condition du succès, tel est Paris vers la fin d'octobre. Tous les éléments d'une révolution sont réunis; il n'y manque qu'une étincelle.

La responsabilité première de ce désordre incombe au gouvernement et surtout à Trochu. Il continue d'admettre que, dans la défense de Paris, l'élément militaire, d'ordinaire souverain pendant un siège, doit être au contraire essentiellement subordonné. Aussi, trop souvent, des mesures urgentes sont-elles différées ou modifiées, parce qu'il faut se plier aux nécessités politiques du moment. On s'inquiète beaucoup plus de l'opinion que de l'ennemi. On ne cherche même pas à la maîtriser, à endiguer ses colères. On la berce de mots creux, de phrases retentissantes et vides.

Dans le courant du mois, les privations s'accentuent, ainsi que la mortalité. La variole fait des ravages croissants. Néanmoins, le gouverneur doit plutôt calmer les ardeurs irréfléchies de la population que réprimer ses défaillances. A ce jeu, il perd vite sa popularité si facilement conquise. Les journaux avancés, les orateurs de clubs ne sont plus seuls à l'accuser de faiblesse et d'inertie. De même pour ses collègues, bien qu'ils se croient assurés de la confiance publique. Le moment approche où un nouveau désastre donnera aux meneurs l'occasion attendue. Des bruits vagues se répandent au sujet de Bazaine. On parle de négociations, d'une capitulation prochaine. Il y a comme un sentiment vague que nous touchons à de graves événements.

Tandis que le gouvernement est exposé dans Paris à des attaques chaque jour plus violentes, il s'affaiblit par l'envoi en province de l'un de ses membres les plus énergiques.

Le 1er octobre, il est survenu une série de mauvaises nouvelles : l'évacuation d'Orléans, la reddition de Strasbourg et de Toul, la marche prétendue de l'ennemi sur

Lyon. De plus, la Délégation vient de convoquer les électeurs pour le 15 octobre, contre les intentions du gouvernement. Il est décidé le 3 qu'on adjoindra un président aux trois délégués pour leur donner plus de force et d'autorité. Jules Favre, désigné tout d'abord, décline cette mission délicate, et Gambetta en est chargé, sur la proposition de Trochu. Ses pouvoirs ne sont pas définis. On se borne à lui donner la présidence, avec voix prépondérante. Ainsi le hasard des discussions décide son départ pour la province, l'une des mesures du gouvernement dont la portée sera le plus considérable. Il est permis de se demander si la présence à Paris du jeune tribun modifierait les événements, mais, à coup sûr, s'il ne prenait la direction des affaires en province, la défense n'y revêtirait pas le caractère d'énergie et d'activité qu'elle va dès lors présenter.

———

XXI

En province, nous l'avons dit, l'amiral Fourichon joint à ses fonctions celles de ministre de la guerre. Le 3 octobre, l'arrestation du général Mazure, par ordre de l'autoritaire préfet du Rhône, Challemel-Lacour, amène l'amiral à donner sa démission. Crémieux lui succède sans le remplacer, malgré l'adjonction d'une commission militaire. C'est à ce moment que Gambetta descend à Épineuse, dans l'Oise, après une aventureuse traversée en ballon. Le 9 il est à Tours et, dès le 10, prend la direction des ministères de la guerre et de l'intérieur. Sous ses ordres un ingénieur des mines, M. de Freycinet, est délégué à la guerre.

La situation est des plus graves. L'échec de La Motte-Rouge a provoqué la dispersion du 15e corps, à peine en formation. Dans l'Est, nous le verrons, le corps du général Cambriels, après une pointe malheureuse vers les Vosges, est en retraite sur Besançon. Dans l'Ouest, 30.000 gardes mobiles mal équipés, mal armés, sans cavalerie ni artillerie, presque sans organisation, sont disposés en cordon de Chartres à Évreux. Un petit noyau de troupes se forme en Normandie, un autre dans le Nord. En dehors de Paris, la France dispose de 40.000 hommes d'infanterie régulière, d'autant de gardes mobiles, de 5.000 à 6.000 cavaliers, d'une centaine de pièces, le tout en fort mauvais état et déjà éprouvé par des échecs. Les dépôts, les bataillons de mobiles restés à l'intérieur, les gardes nationales représentent un effectif beaucoup plus considérable, mais il faut équiper, armer et organiser ces multitudes informes. La tâche est d'une grandeur à décourager tous les enthousiasmes : Gambetta et M. de Freycinet osent l'entreprendre. Les résultats dépasseront toutes les espérances. Quelques jours à peine et la France entière comprendra que des hommes jeunes, énergiques, brûlant de patriotisme, viennent de succéder à ceux qui, trop longtemps, avaient dirigé nos affaires.

Pendant que nos troupes d'Orléans se retirent sur La Motte-Beuvron et sur Gien, von der Tann se borne à établir le 12 ses trois divisions d'infanterie dans Orléans; la 4e division de cavalerie demeure à l'ouest; la 2e et les cuirassiers bavarois passent la Loire, mais cantonnent dans le faubourg Saint-Marceau.

L'un des premiers actes de Gambetta a été le remplacement de La Motte-Rouge par un autre général du cadre de réserve, d'Aurelles de Paladines. Le 12 il est à La Ferté-Saint-Aubin et commence à concentrer autour de Salbris deux des divisions du 15e corps. Mais des ordres pressants de Tours le décident à se reporter à 20 kilomètres d'Orléans, derrière le Cosson (13 octobre). Les Allemands songent si peu à s'y opposer que, le lendemain, leurs avant-postes redoutent une attaque au sud d'Orléans.

Dans la soirée du 14, von der Tann reçoit l'ordre de marcher sur Bourges et de s'en emparer ou du moins d'en détruire les établissements militaires. En même temps il fera une démonstration vers Tours et même vers Châteauroux, où nous avons un grand dépôt de matériel. La 4e division de cavalerie assurera ses communications à travers la Beauce.

Cette double tâche paraît à bon droit excessive au général. Il lui reste 19.000 baïonnettes au plus, avec lesquelles il devrait surveiller Châteaudun, garder Orléans, menacer en même temps Tours et Bourges. L'attaque de cette dernière ville surtout, à neuf étapes de sa base d'opérations, lui semblerait délicate. Dans ces conditions, il juge à propos d'y renoncer.

Il est douteux, en effet, que les forces de von der Tann permettent une pointe vers le sud. Sans doute il pourrait battre nos troupes de La Ferté, en raison de leur démoralisation. Il arriverait donc à Bourges. Mais, cette ville prise, quelle serait sa situation? S'il l'évacuait, tout l'effet moral de son opération serait perdu. Sinon il demeurerait isolé, sans ligne de défense, à 200 kilomètres de tout soutien. Un mouvement enveloppant nous serait facile et amènerait sans doute la destruction des trois divisions allemandes. On peut donc croire que les visées de Moltke sont beaucoup trop ambitieuses et que la résolution de von der Tann s'adapte mieux aux circonstances. Elle est d'ailleurs approuvée finalement par le chef d'état-major (16 octobre). Mais il ne laisse au général que le Ier corps bavarois et la 2e division de cavalerie, destinés à observer les directions de Gien, de Vierzon et de Tours. La 22e division et la 4e division de cavalerie rallieront la IIIe armée sous Paris, disposition au moins imprudente. Leur départ a lieu le 17, alors que déjà des rassemblements français sont signalés au nord-est de Blois. Von der Tann juge nécessaire de faire passer sur la rive droite de la Loire la majeure partie de la 2e division de cavalerie; il ne reste sur la rive gauche qu'une division d'infanterie et une brigade de cavalerie. Des dispositions sont prises pour faciliter leur retraite au nord du fleuve.

Von der Tann n'a pas l'intention de se défendre dans Orléans. Sachant que des troupes françaises se rassemblent d'une part à Gien et de l'autre vers Blois, il demande l'autorisation d'évacuer la ville, s'il y était menacé d'une attaque enveloppante, et de gagner une position de flanc à Pithiviers. Mais le Prince royal n'en juge pas ainsi et l'invite (20 octobre) à n'évacuer Orléans qu'après avoir été attaqué par des forces supérieures. Toute la défaite de Coulmiers est contenue dans cette prescription.

Déjà la Délégation presse d'Aurelle de reprendre l'offensive. Outre le 15e corps, elle met à sa disposition le 16e, encore en formation le long de la Loire. Son autorité s'étendrait aux régions du centre et de l'ouest, dont les préfets seraient astreints à ses réquisitions. D'Aurelle croit devoir se borner au commandement de deux corps d'armée, dont le poids lui semble assez lourd. Il juge tout projet d'offensive prématuré, tant la discipline et la solidité font encore défaut à ses troupes. Ainsi commence l'opposition d'idées

qui ira grandissant entre la Délégation et lui : la première
disposée à exagérer nos moyens d'action et ses exigences,
le second à temporiser dans des circonstances où il faudrait
aller vite. En outre d'Aurelle s'efface trop volontiers devant
le ministre. Il en résulte qu'à Tours on prend le parti d'étudier un projet d'opérations, puisque le général n'en propose
aucun. On décide d'abord (nuit du 14 au 15 octobre) de
porter sur Gien et Briare les troupes de La Ferté-Saint-
Aubin, de façon à les joindre à la division qui y est déjà.

Là, d'Aurelle serait en mesure d'opérer sur les deux rives
du fleuve et d'arrêter tout mouvement sur Bourges. Mais
Tours serait découvert. C'est sans doute cette perspective
qui motive une nouvelle décision. Nos troupes resteront
au nord de Vierzon, couvrant cette ville et surtout Bourges,
dont la conservation sera « l'objectif principal et définitif »
de d'Aurelle. Il décide aussitôt de porter le 15ᵉ corps à Salbris, derrière la Sauldre, qui est une bonne ligne de défense.
De nouveau ce mouvement nous éloigne d'Orléans, mais la
confiance des Allemands en sera plus grande à la veille
d'une autre attaque.

Il est opéré dès le 15 et nos troupes s'établissent d'Argent à Salbris, sur un front de 40 kilomètres environ. Là
elles vont se refaire, acquérir la discipline et l'éducation
militaire qui leur manquent. D'Aurelle y fera un impitoyable usage du décret sur les cours martiales. Bien que
contraire aux lois, il permet de remédier aux lenteurs des
conseils de guerre et de couper court à tout acte d'indiscipline.

En quelques jours l'énergie et la persévérance du général
apportent un changement complet à la physionomie de
l'armée. A mesure qu'ils arrivent au camp, les détachements
entrent dans une atmosphère nouvelle. Ils sont assez nombreux pour que l'effectif atteigne bientôt 60.000 hommes.
De même, le 16ᵉ corps se concentre peu à peu derrière un
cordon de francs-tireurs et de mobiles établis le long du
Loir, puis sur la lisière ouest de la forêt de Marchenoir
jusqu'à la Loire. Mais ni son équipement, ni les munitions,

ni même l'armement ne sont complets. Le 23, les éléments du corps d'armée sont encore épars de Vendôme au sud du fleuve, et il lui manque une division d'infanterie.

Dans l'intervalle, von der Tann a continué de faire passer des troupes au nord de la Loire. La 2e division de cavalerie et les cuirassiers bavarois sont vers Saint-Péravy; la 2e division bavaroise entre ce village et Orléans, la 1re au sud, de la Loire au Loiret. La 22e division et la 4e division de cavalerie ont quitté Orléans pour marcher sur Châteaudun, Chartres et Dreux, de façon à disperser les corps francs et les mobiles signalés dans cette direction. Depuis le 29 septembre, Châteaudun est occupé par un bataillon de francs-tireurs de Paris, commandant de Lipowski, dont l'activité se traduit par des coups de main constants, notamment la surprise d'Ablis (8 octobre). Y compris deux petits corps francs et les gardes nationaux de Châteaudun, il représente un effectif de 1.200 hommes environ. La ville a été barricadée avec soin. Le 18, les troupes allemandes sont signalées (1) et chacun court aux armes. Le combat s'engage vers midi, pour devenir bientôt très vif. Une première attaque est repoussée et les assaillants sont longtemps arrêtés à la lisière de la ville. La nuit tombe, quand l'assaut donné dans trois directions réussit. Mais les Allemands retrouvent plus loin la même résistance. Chaque maison doit être prise d'assaut. Vers 9 heures du soir seulement, le combat est terminé. Nos adversaires déshonorent ce mince succès par le pillage et l'incendie : 235 maisons sont complètement brûlées, dont plusieurs le lendemain. Comme nous, l'ennemi a perdu une centaine d'hommes, mais l'importance de ce petit combat est dans le fait qu'un millier de francs-tireurs et de gardes nationaux, mal armés, sans organisation, ni discipline, ont arrêté tout un jour une division d'infanterie prussienne pourvue d'une forte artillerie et soutenue par une division de cavalerie. Malgré 2.179 obus jetés dans une ville

____

(1) 6.000 baïonnettes, 4 batteries, 1 régiment de cavalerie, 1 compagnie de pionniers sans la 4e division de cavalerie.

ouverte, l'ennemi n'y a pénétré qu'à la nuit close. Ce résultat tient à la bravoure des défenseurs, mais aussi aux dispositions vicieuses de von Wittich. Des sept régiments de cavalerie dont il dispose, il n'en utilise que trois pour garder ses flancs. Aucun ne menace la retraite des francs-tireurs. De plus l'attaque est mollement conduite, peut-être parce que les Allemands, habitués à combattre des forces régulières, sont surpris par cette guerre de barricades et de rues, contraire à leurs traditions comme au tempérament national. Cet exemple aurait dû nous engager à user davantage des lieux habités comme points d'appui.

Le 20 octobre seulement, Wittich reprend sa marche, après avoir obtenu de von der Tann l'envoi de deux batteries et d'une colònne de munitions. Chartres est occupé par sept bataillons environ avec trois pièces, et les Allemands redoutent une résistance encore plus acharnée. Aussi prennent-ils des mesures en conséquence. Après avoir été renforcés d'une nouvelle division de cavalerie, ils cernent à peu près la ville, et cette démonstration, appuyée de quelques obus, suffit à provoquer sa reddition. La 22e division s'installe à Chartres, la 4e division de cavalerie à l'ouest et au sud, la 6e au nord.

De ces faits, l'état-major prussien conclut que nous formons une nouvelle armée dans l'Ouest. Le Prince royal décide que les 22e et 4e divisions resteront autour de Chartres. De Maintenon, la 6e les reliera aux troupes sous Paris. Wittich surveillera les directions de Tours et du Mans, tout en se tenant prêt à renforcer, soit von der Tann à Orléans, soit la 5e division de cavalerie vers la Seine. Ces dispositions affaiblissent les Allemands sur la Loire sans renforcer l'investissement.

En apprenant la marche de Wittich sur Châteaudun, la Délégation a redouté une attaque sur Tours. Pour y parer, elle renforce le 16e corps d'une brigade du 15e (23 octobre). L'organisation de ces corps d'armée est à peu près achevée : on se prépare à les utiliser.

XXII

PREMIERS COMBATS DANS L'EST

(Septembre-octobre 1870)

Dès le mois d'août 1870, les succès des Allemands, tout en leur ouvrant la route de Paris, rendent plus délicat le maintien de leurs communications. Entre nos places du Nord, le bassin de la Saône et le plateau de Langres, le territoire occupé dessine un coin dont la pointe est vers l'ouest. A mesure que nos adversaires poussent plus avant, ils prêtent davantage à nos attaques. En outre ils découvrent une partie de leur propre frontière, celle qui fait face à ce que nous gardons de l'Alsace et des Vosges.

Vers le 31 août, des dispositions sont prises pour protéger le Brisgau. Avant même la capitulation de Strasbourg, le général von Werder dirige sur Colmar et Mulhouse la brigade Keller, qui y entre les 14 et 16 septembre, puis se retire vers le nord. Une autre colonne moins importante, celle du major von Elern, opère à l'ouest des Vosges et combat à La Pierre-Percée, à Raon-l'Étape (23 et 27 septembre). La 4e division de réserve est formée dans le grand-duché de Bade, sous les ordres du général von Schmeling, avec mission d'occuper la Haute-Alsace, d'assiéger Schlestadt, Neuf-Brisach et enfin Belfort.

Dès le 15 septembre, le gouvernement de la Défense nationale songe à menacer les communications ennemies. Des instructions du général Le Flô à La Motte-Rouge admettent la possibilité de se porter dans la vallée de la Saône et de s'appuyer sur Auxonne, Besançon et Belfort pour inquiéter le flanc gauche des Allemands. Le général Cambriels est envoyé à Belfort, avec mission d'y prendre le commandement. Les troupes en formation se réduisent (23 septembre) à une quinzaine de mille mobiles ou recrues, à peine suffisants pour garder cette ville. Néanmoins, le gouvernement n'abandonne pas l'idée d'une menace sur les communications ennemies, ainsi que le prouvera une lettre de Le Flô (26 novembre).

La capitulation de Strasbourg (27 septembre) a rendu la tâche de Cambriels beaucoup plus délicate. Une partie du corps de siège sert à former le XIVe corps, destiné à opérer dans l'Est sous les ordres de Werder. Il reçoit ordre (4 octobre) de marcher sur la haute Seine, vers Troyes et Châtillon, afin d'empêcher la formation de nouvelles troupes dans les Vosges, la Haute-Marne et l'Aube, de désarmer la population et de faire remettre en état la ligne ferrée de Blainville, Épinal, Faverney, Chaumont. En même temps il tentera un coup de main sur Langres.

Cependant la division Schmeling pénètre en Alsace, réoccupe Mulhouse (3 octobre), investit Schlestadt et Neuf-Brisach. Werder met la brigade mixte Degenfeld en mouvement à l'ouest des Vosges. Le reste du XIVe corps doit suivre. Entre temps, Cambriels a reçu une forte brigade du 15e corps (général Dupré), venue de Vierzon à Épinal par voie ferrée. Il entame un mouvement offensif ayant pour but la destruction du tunnel de Lutzelbourg, entre Saverne et Lunéville. L'intervention de Degenfeld anéantit ce projet mal venu. Les Allemands refoulent des corps francs à Raon-l'Étape et à Étival (5 octobre), puis battent Dupré à La Bourgonce (6 octobre), non sans perdre plus de 400 hommes. Nos pertes sont doubles et, quoique Cambriels soit survenu avec d'importants renforts, un conseil de guerre décide la retraite. Elle a lieu après un nouveau combat à Bruyères (11 octobre) et avec une hâte inadmissible, l'ennemi n'ayant suivi que lentement nos troupes. Du 14 au 17 octobre elles se rallient sous Besançon, non sans provoquer une vive émotion dans toute la région.

Le 12, les Allemands ont pris possession d'Épinal. Werder reçoit de Moltke l'ordre de se porter sur Luxeuil et Lure, au lieu de marcher vers la haute Seine, suivant l'idée première. Ce mouvement commence le 15 et le chef d'état-major du roi prescrit (17 octobre) de le continuer jusqu'à rencontre avec nos troupes.

Celles-ci présentent alors le plus déplorable aspect. L'indiscipline, la maraude, le pillage, l'ivrognerie y sévissent. En dehors de certains centres, la population se montre très peu disposée à la résistance. Les autorités militaires et civiles vivent en complète mésintelligence. De la part du préfet du Doubs, Ordinaire, Cambriels est l'objet des accusations les plus passionnées. Gambetta, accouru à Besançon (18 octobre), le maintient dans son commandement. Mais là, comme ailleurs, les difficultés commencent entre la Délégation, qui veut agir à tout prix, et nos généraux qui, désorientés par cette guerre nouvelle, sont trop souvent tentés d'exagérer les difficultés de l'action. Cette double tendance doit persister jusqu'à la fin de la guerre et contribuer à l'inutilité de nos efforts. D'ailleurs un nouvel élément de désordre survient dans la personne de Garibaldi.

Malgré son âge, soixante-trois ans, et sa santé profondément altérée, il a offert dès le mois de septembre son épée au gouvernement de la Défense nationale, sans qu'aucune suite ait été donnée à cette offre. On se rend compte, en effet, des inconvénients qu'il y aurait à l'accepter. Le vieux condottiere obéit beaucoup plus à ses rêves de république universelle, à sa haine contre le despotisme, qu'à sa sympathie pour notre pays. Il y rencontrera une hostilité irréductible de la part de certains partis. D'autres, au contraire, voient en lui l'un des plus illustres représentants de leurs idées et s'attachent avec passion à obtenir sa collaboration. Des bandes armées se sont rassemblées sur la frontière italienne; on peut craindre l'entrée des troupes du jeune royaume en territoire français. On voit dans l'appel de Garibaldi un moyen de détourner ce danger, encore accru par les tendances séparatistes de l'ancien comté de Nice. Enfin, un ancien médecin de la marine, Bordone, parvient à emporter les hésitations de la Délégation, en la plaçant devant un fait accompli. Le 8 octobre, Garibaldi est à Tours, où arrivera le 9 Gambetta. Non sans hésitation, le grand orateur lui confie le commandement de corps francs et d'une brigade de mobiles destinés à opérer dans les Vosges. Il adresse au patriotisme de Cambriels un appel qui est entendu, mais toute la bonne volonté du général ne peut remédier à la fausseté de la situation. Appelé à opérer en liaison avec nos troupes de l'Est, Garibaldi devrait être soumis à Cambriels, à moins qu'on ne lui subordonne ce dernier. Il est difficile d'admettre cette dernière solution, car certains bataillons de mobiles et même des corps francs refusent de servir sous les ordres d'un étranger qui ne ménage guère leurs idées. La Délégation ne veut pas davantage imposer à Garibaldi une subordination qu'il n'accepterait pas sans doute. De là vient qu'il opère seul, à sa guise, sans lier son action à celle des troupes voisines qui s'occupent fort peu de la sienne. On en verra plus tard les conséquences.

Sur les entrefaites, Gambetta décide que l'on procédera sans tarder à la formation d'une armée de l'Est. Elle prendra l'offensive dans le plus bref délai, en s'appuyant sur le triangle Langres—Belfort—Besançon. En même temps une colonne mobile se portera entre Luxeuil et Giromagny, à portée de la Haute-Alsace et des Vosges. Quant à Garibaldi, il occupera provisoirement Dôle et la forêt de Seurre. De son côté, Werder a reçu deux télégrammes de Moltke confirmant les ordres déjà donnés pour la poursuite de Cambriels et autorisant le XIVe corps à la pousser jusqu'à Besançon. Cette opération terminée, le général marchera sur Bourges par Dijon, de façon à terminer la destruction de nos troupes de la Loire. Malgré ces instructions, Werder juge d'abord inutile de poursuivre Cambriels et décide de marcher sur Dijon.

Son mouvement est en cours d'exécution (19 octobre), quand il apprend que des troupes françaises bordent l'Ognon au nord de Besançon. Il change aussitôt d'idée et porte tout le XIVe corps sur cette rivière, par trois routes. Il compte ainsi nous surprendre et nous mettre hors d'état de gêner son mouvement ultérieur.

Il en résulte plusieurs engagements entre les Allemands et une avant-garde de Cambriels (22 octobre). Après un combat indécis à Châtillon-le-Duc, nos adversaires se replient sur l'Ognon et s'en tiennent à ce maigre résultat. Le 24, Werder reprend sa marche sur Dijon, malgré une démonstration des Garibaldiens vers Pesmes (22 octobre).

Cependant la réorganisation du corps de Cambriels progresse plus rapidement qu'on n'aurait pu s'y attendre. Dès le 25, le général songe à prendre l'offensive, en utilisant la partie mobile des garnisons de Langres et de Belfort. Toutefois, cette dernière place va être investie (4 novembre) et Langres ne peut détacher plus de 2.500 hommes dénués de tout. Néanmoins, Cambriels met en mouvement deux colonnes, colonels Perrin et Varaigne, qu'il porte au nord de Lure et de Dôle. Le gros de ses forces suivra. Mais une blessure qu'il a reçue à Sedan s'est rouverte et le contraint d'abandonner son commandement. Le général Crouzat, qui lui succède provisoirement, adopte, lui aussi, ses projets d'offensive. Il compte se mettre en marche sur Gray vers le 3 novembre et Gambetta l'y autorise (30 octobre), mais la nouvelle de la capitulation de Metz fait ajourner ce projet devenu trop dangereux.

Les Allemands ont continué de marcher vers Dijon. Malgré son importance, cette ville est alors défendue par un médecin civil, le Dr Lavalle, qui a sous ses ordres 12.000 à 13.000 gardes mobiles. Leur gros, 9.000 hommes environ, tient Dijon et Beaune. Ils sont ensuite renforcés de troupes de ligne et de mobiles qui doublent à peu près leur effectif. Mais ces 20.000 hommes mal armés, mal encadrés, sans instruction, sans artillerie ni cavalerie, ne peuvent compter sérieusement. Par bonheur, Werder montre une grande incertitude dans ses mouvements. Il connaît l'existence de gros rassemblements à Dijon, à Dôle, à Besançon, et juge impossible de continuer vers Bourges. D'ailleurs, il est sans nouvelles de Versailles depuis plusieurs jours et ignore la situation générale. Craignant des événements graves, il se borne à faire reconnaître les directions où ont apparu nos troupes.

Ces démonstrations suffisent à provoquer la retraite de Lavalle et des troupes qu'il a détachées à Pontailler et à Bèze. Leur démoralisation, accrue par une série de faux mouvements, gagne au point que l'évacuation de Dijon paraît s'imposer. Elle a lieu dans la nuit du 28 au 29, malgré l'arrivée du colonel Fauconnet qui a pris le commandement.

De son côté, Werder a enfin reçu (nuit du 28 au 29) des instructions de Moltke datées du 23 octobre. La fin prochaine du blocus de Metz permet de modifier la tâche du XIVe corps. Désormais il n'aura plus à se porter sur Bourges. On le renforce de deux divisions de réserve, en lui donnant pour objectif de couvrir l'Alsace, de flanquer la gauche de la IIe armée dans son mouvement vers la Loire, enfin d'investir, puis d'assiéger Schlestadt, Neuf-Brisach et Belfort. Son gros sera concentré à Vesoul; il observera Besançon et Langres, occupant fortement Dijon. La multiplicité de ces tâches effraie à bon droit Werder, qui ajourne tout d'abord la marche sur Dijon. Mais une reconnaissance lui rend compte de son évacuation (30 octobre) et il y porte aussitôt deux brigades.

Un revirement s'est déjà produit dans cette ville. Les habitants reprennent les armes qu'ils avaient déposées et accueillent à coups de fusil les éclaireurs allemands. En même temps Fauconnet ramène quelques troupes et parvient à opposer 3.600 hommes au plus, tant de ligne que gardes nationales, aux 12.000 Badois du général von Beyer. Pourtant sa résistance est si vive, que les Allemands se replient au nord de la ville, avec l'approbation de Werder. Mais Fauconnet a été tué et sa mort provoque une nouvelle évacuation, en vue de laquelle les autorités civiles s'entendent avec l'ennemi. Le 31 octobre, ce dernier entre à Dijon; il y restera près de deux mois.

XXIII

CAPITULATION DE METZ

(27 octobre 1870)

La journée du 7 octobre marque pour l'armée du Rhin la fin de la période héroïque. Il ne s'agit plus de s'ouvrir un passage par la force, mais d'obtenir par des négociations la levée bénévole du blocus.

Le canon de Ladonchamps se tait à peine, que Bazaine consulte par écrit les commandants de corps d'armée sur la situation et sur les décisions qu'elle impose. Ils devront à leur tour prendre l'avis des généraux sous leurs ordres.

Les réponses que reçoit le maréchal se prêtent à son désir d'entamer de nouvelles négociations. Ses subordonnés, tenus dans l'ignorance au sujet de celles qui ont déjà échoué, montrent presque tous une faible compréhension des circonstances. Chez eux, l'effacement des caractères paraît extrême. Les projets de Bazaine en seront facilités.

Le 10 octobre, un conseil de guerre se réunit et décide que l'on va négocier. Si l'ennemi nous refuse des conditions honorables, on essaiera de se frayer un passage par la force. L'un des aides de camp du maréchal, général Boyer, reçoit mission de se rendre à Versailles. Il suffit que Bazaine témoigne le désir de voir adopter ces décisions pour qu'il obtienne aussitôt satisfaction.

En quittant Metz, le 12, Boyer emporte des instructions écrites destinées à développer les résolutions adoptées en conseil. Sous une forme naïve, elles font ressortir l'intérêt de lier partie avec l'ennemi. L'armée du Rhin deviendrait ainsi « le palladium de la société » et s'efforcerait de « maîtriser l'anarchie dans notre malheureux pays ». Elle y rétablirait l'ordre, contribuant à l'avènement d'un pouvoir régulier et légal, avec lequel les Allemands pourraient reprendre les relations.

Cet étrange factum, où l'odieux le dispute au ridicule, modifie entièrement la mission confiée par le conseil à Boyer. De militaire elle devient nettement politique. Le maréchal outrepasse ses pouvoirs et sort de ses attributions, dans l'espoir évident d'obtenir de l'ennemi des conditions moins dures. C'est l'idée de Regnier qu'il a faite sienne, avec moins de chances de succès.

A Versailles, où Boyer est le 14 octobre seulement, Bismarck paraît disposé à entrer dans les vues de Bazaine au sujet d'une restauration. Il est convenu que le général se rendra auprès de l'Impératrice et obtiendra d'elle l'autorisation de remettre Metz aux Allemands. L'armée en sortira, sous la condition qu'elle adhère au gouvernement de la Régente et que celle-ci accepte les préliminaires de paix dictés par nos adversaires, si exorbitants qu'ils puissent paraître. Pour mieux convaincre Boyer, le chancelier ne se fait pas faute d'assombrir encore notre situation. A l'en croire, l'anarchie est complète en France et le moindre espoir nous est interdit.

En somme, lui aussi, Bismarck, reprend le plan de Regnier, avec une nuance de scepticisme en plus. Il n'a rien à risquer quoi qu'il arrive. Le pis serait que la nation ne suivît pas l'armée du Rhin. Il en résulterait une guerre civile, c'est-à-dire un affaiblissement durable pour nous, et cette perspective n'est pas pour déplaire au chancelier.

Le 17, seulement, Boyer est de retour à Metz; le 18, il expose au conseil la situation de la France telle que là lui a dépeinte Bismarck et les résultats de sa mission. Il tait l'échec de celle de Bourbaki et l'obligation de la remise préalable de Metz, qui serait certainement rejetée.

Au cours de la discussion, les membres du conseil déclarent qu'ils se regardent comme toujours liés au gouvernement impérial. Mais, avec grande raison, ils doutent que l'armée les suive, une fois hors de Metz. Leur adhésion est donc purement platonique. D'autre part, ils refusent d'admettre que le maréchal puisse accepter une délégation de l'Impératrice pour signer un traité de paix, son action devant rester uniquement militaire.

On examine ensuite la possibilité d'une sortie. A part deux, les assistants sont d'accord pour la croire impraticable. Mais la question paraît mériter un nouvel examen. Il est décidé que le conseil se réunira le 19, chaque membre ayant pris l'avis du personnel sous ses ordres. Dans cette seconde séance, l'opposition aux projets de Bazaine est assez vive pour motiver une grande hésitation. C'est seulement sur l'intervention énergique du général Changarnier, orléaniste notoire qui affecte de se rallier à l'Impératrice, que la décision est prise : Boyer va se rendre en Angleterre pour obtenir l'intervention de la souveraine en vue d'une convention honorable, sous la réserve qu'aucun traité ne sera signé ni convenu par le maréchal.

Pourtant le conseil ne peut avoir la moindre illusion sur les dispositions des Allemands. Ils ne lâcheront la proie déjà entre leurs mains que contre des avantages positifs, et l'Impératrice est incapable de les leur assurer. En outre, bien qu'il s'en défende, le conseil fait là un acte essentiellement politique, en opposition avec les volontés non dissimulées d'une grande partie de la nation. Si la majorité ignore la situation véritable, Bazaine a les éléments nécessaires pour l'établir, et il se borne à orienter les délibérations dans le sens qu'il désire, ne pouvant se dissimuler qu'à force de temporiser, l'armée va se trouver entre les deux termes de ce dilemme : risquer une sortie dans les pires conditions ou capituler sans combat.

Boyer n'est à Londres que le 22 octobre. Il entame aussitôt des négociations avec l'Impératrice, qui essaie d'obtenir directement du roi Guillaume et de Bismarck des conditions moins dures pour l'armée de Metz. Mais, comme elle refuse de signer un traité impliquant une cession territoriale, son intervention n'a aucune chance d'aboutir. Les jours se passent donc à un échange de communications inutiles, jusqu'à ce que l'ambassadeur de Prusse annonce à Boyer la capitulation de Metz.

En effet, depuis le départ du général, la situation de l'armée s'est grandement aggravée. Il a fallu en venir à rationner les habitants, et cette mesure tardive donne des résultats insuffisants. Le 20 octobre, on cesse les distributions régulières de pain. Du 21 au 23, on doit consommer les deux rations de biscuit du sac, dont un grand nombre ont déjà disparu. Le 24, l'ensemble de l'armée n'aura plus ni pain ni biscuit. Les chevaux même vont faire défaut.

Il faut dire que le peu de ressources existantes est mal réparti. Certains corps d'armée, mieux administrés, sont moins dépourvus; les magasins des forts restent assez largement garnis, en sorte qu'après la capitulation on livrera des milliers de rations aux Allemands, tandis que des hommes mourront de faim dans nos bivouacs. Entre temps, une hautaine communication de Bismarck fait comprendre au maréchal que le moment des décisions graves est venu. Il convoque aussitôt un conseil, suivant sa tactique habituelle, et lui propose une sortie. Naturellement les objections sont nombreuses. Après discussion, on finit par charger le général Changarnier d'obtenir, soit la liberté de l'armée qui appellerait à elle, dans l'intérieur du pays, les anciens corps constitués ou une nouvelle assemblée élue; soit sa neutralisation et celle de Metz, où l'on convoquerait une assemblée. C'est à celle-ci qu'il appartiendrait de traiter, à défaut du Sénat et du Corps législatif de l'Empire. Mais ces conditions sont pour la forme, car on admet en dernier lieu la reddition pure et simple de l'armée et de la place, les officiers conservant leurs épées et leurs bagages, les soldats, leurs sacs.

Changarnier, puis les généraux de Cissey et Jarras s'efforcent inutilement d'obtenir des conditions moins dures. Finalement, après une nouvelle réunion du conseil, le 26 octobre, on se résigne à subir celles imposées par l'ennemi. La capitulation est signée le 27. Après avoir péniblement obtenu les honneurs de la guerre, Bazaine y renonce, sans doute pour éviter un dernier contact avec ses malheureuses troupes. Bien plus, il opère une série de manœuvres louches afin de livrer ses drapeaux aux Allemands, qui auraient certainement admis leur destruction comme à Sedan, faute de pouvoir l'empêcher.

Le 29 octobre, sous la pluie et le vent qui font rage, les longues colonnes de nos soldats se mettent en marche pour être remises aux mains de l'ennemi, sans que Bazaine croie devoir les réconforter par sa présence à cette heure douloureuse. Il cherche au contraire à sortir inaperçu de ce camp retranché dont il n'a pas su faire usage, mais ne parvient pas à éviter les injures et les menaces des habitants. Humiliation suprême, il faut qu'il soit protégé par les gendarmes ennemis.

Dès la veille, plusieurs bataillons allemands ont quitté l'investissement pour aller opérer au dehors. Un peu plus tard, la Ire armée marchera vers le nord de la France où, après une dure campagne, elle mettra hors de cause les troupes créées par les généraux Bourbaki, Farre et Faidherbe; le IIe corps renforcera l'investissement de Paris, en attendant qu'il prenne part, avec l'armée du Sud, à la destruction de la malheureuse armée de l'Est: enfin et surtout la IIe armée, dirigée sur la Loire au moment le plus opportun, va y anéantir les résultats des efforts tentés par d'Aurelle de Paladines, puis par Chanzy, pour débloquer Paris. La capitulation de Metz, qu'il eût été si facile de retarder avec un peu de prévoyance et de volonté, a donc exercé une influence majeure sur l'issue finale de la guerre de 1870, c'est-à-dire sur les destinées de notre pays.

XXIV

LE 31 OCTOBRE

Vers la fin d'octobre, Saint-Denis et ses abords sont occupés par trois brigades d'infanterie aux ordres du général Carrey de Bellemare. Elles ont opéré de petites sorties au nord, avec quelques résultats. A l'est, au contraire, leur attitude est passive, au point que, le 15, les Allemands viennent enlever 35 wagons abandonnés à la gare du Bourget, sans tirer un coup de feu.

Dans la soirée du 27, Bellemare donne, de sa propre initiative, l'ordre de s'emparer du Bourget. L'attaque, tentée au petit jour, le 28, réussit. On occupe également Drancy, Bobigny et La Folie.

Trochu est désagréablement surpris par ce coup de main. Pour lui, Le Bourget n'a qu'une importance très restreinte; sa possession ne rentre pas dans le programme qu'il a déterminé; sa défense sera difficile. La conclusion logique serait l'évacuation immédiate de ce village, mais le gouverneur est trop habitué à compter avec l'opinion pour s'y aventurer. Il craint les cris de trahison, les assauts de ses collègues. Il décide par suite que nous garderons Le Bourget, mais ne prend aucune mesure à cet effet.

Une première tentative de la Garde prussienne est repoussée dans la nuit du 28 au 29. Un bombardement ne réussit pas mieux (29 octobre). Malgré ce double échec de l'ennemi, qui doit faire craindre de nouvelles attaques, nous n'établissons même pas d'avant-postes en avant du village; son ravitaillement n'est pas assuré; nos cinq petits bataillons comprennent pour plus de moitié des mobiles et des francs-tireurs, le tout mal commandé.

Sur les entrefaites, malgré l'avis contraire du commandant de la Garde prussienne, le prince royal de Saxe donne l'ordre formel de reprendre Le Bourget. Le général von Budritzki en est chargé, avec neuf bataillons et cinq batteries soutenues par trois brigades et par une forte artillerie. Trois colonnes marchent sur le village, la principale de front, les autres sur les flancs (30 octobre).

Quoique les préparatifs n'aient pas échappé à nos observateurs, la garnison est laissée à elle-même ; les troupes les moins exercées, deux bataillons de mobiles de la Seine très affaiblis par la désertion, tiennent le secteur le plus exposé. Quand l'ennemi aborde la lisière, il rencontre une faible résistance. C'est seulement à l'intérieur qu'elle devient acharnée, mais l'arrivée sur nos derrières de l'une des colonnes latérales détermine l'issue du combat. Maître du secteur sud, l'ennemi conquiert peu à peu le reste. Ce n'est pas sans des luttes sanglantes, notamment à l'église où le commandant Brasseur et un groupe de voltigeurs de la Garde se sont réfugiés.

Ni de Saint-Denis ni de Drancy, on n'a sérieusement tenté de soutenir les défenseurs. Au contraire, craignant pour Drancy, l'amiral de La Roncière donne l'ordre de l'évacuer. Nous perdons près de 2.000 hommes dont plus de 1.200 prisonniers, et l'ennemi moins de 500. Il nous a porté un coup dont l'effet moral, surtout, doit être immense et pèsera sur Paris jusqu'à la fin du siège.

S'il a sacrifié plusieurs centaines d'hommes pour reprendre Le Bourget, c'est qu'il y a un intérêt sérieux, aussi bien matériel que moral. Il se rend compte du danger que la possession de ce village ferait courir aux travaux projetés au nord de Saint-Denis. Entre ses mains, Le Bourget nous interdit de déboucher dans la plaine voisine. Enfin, ce ne serait pas un mince avantage que d'élargir, même sur un point, le cercle qui enserre Paris. Pour la réussite du projet de sortie que Trochu caresse dès lors, une diversion vers le nord serait indiquée et l'occupation du Bourget la faciliterait grandement.

Le gouverneur est donc sans excuse. Il devait faire évacuer ce village ou plutôt prendre les mesures voulues pour le garder. Quant à Bellemare, un « ambitieux sans mesure », selon le mot de Trochu, il n'est pas beaucoup plus excusable dans une sphère moins étendue. Il s'est engagé au Bourget contre les intentions de son chef et ne fait rien pour y rester.

Les fautes commises sont encore aggravées après coup. Trochu essaie, en effet, de défigurer la physionomie du combat, en le représentant comme une surprise. Il faut les réclamations unanimes de la presse pour l'obliger à rendre une justice tardive au commandant Baroche, fils d'un ministre de l'Empire, qui s'est fait glorieusement tuer.

Trois jours avant cet événement, le matin du 27 octobre, le *Combat*, journal de Félix Pyat, annonçait que Bazaine avait envoyé au roi de Prusse, « pour traiter de la reddition de Metz et de la paix » au nom de Napoléon III.

Cette nouvelle produit un immense effet. Jusqu'alors on croyait en Bazaine. On l'imaginait forçant l'investissement de Metz et tombant sur les derrières de l'ennemi, ou même restant dans les Vosges pour couper ses communications. On refuse tout d'abord d'ajouter foi aux accusations du *Combat;* le gouvernement a l'imprudence de les démentir, bien que certains bruits doivent lui inspirer des craintes sérieuses. Jules Favre prend même la défense du « glorieux soldat de Metz ». Pourtant le récit de Félix Pyat est scrupuleusement exact. C'est d'une indiscrétion de M. Rochefort qu'il le tient, à la suite d'une conversation avec Trochu.

Le 28, on apprend que Thiers, arrivé à Tours, espère rentrer à Paris afin de rendre compte de sa mission. Pour tous, cette nouvelle présage un armistice et provoque des courants d'idées tout à fait divergents. Les classes moyennes, celles qui souffrent le plus du siège, éprouvent une impression de soulagement. On y croit la paix prochaine. Dans le peuple on pense autrement. On ne veut pas d'une convention qui serait humiliante et boiteuse. On voit de mauvais œil l'arrivée de Thiers et l'on accuse déjà le gouvernement de trahison. Finalement, comme à Paris les opinions extrêmes prennent toujours le dessus, l'hostilité contre l'armistice paraît générale.

Le 30 octobre, Thiers arrive à Paris et le soir, en conseil, confirme la capitulation de Metz. Il expose ensuite les résultats de son voyage, sans dissimuler combien, à ses yeux prévenus, sont faibles nos ressources militaires. La nuit même, le gouvernement arrête les termes de deux notes destinées à faire connaître la capitulation de Metz et l'intervention des neutres (1), en faveur d'un armistice. Quant à la prise du Bourget, elle est annoncée par le même *Journal officiel*, en sorte que l'on jette à la fois dans Paris l'annonce de trois événements destinés à susciter les plus violentes protestations. Pour la masse de la population, l'armistice équivaut à une capitulation. Que penser, dès lors, de ceux qui prodiguaient naguère leurs encouragements et leurs serments?

Déjà l'on prévoit une extrême agitation pour le 31 octobre. Mais le gouvernement a une telle foi dans sa popularité, qu'il ne prend aucune précaution en vue de sa défense.

A la lecture de ses trois notes, ce n'est qu'un cri d'indignation et de douleur. L'esprit public s'enflamme. Le mot d'ordre de la révolution attendue est déjà trouvé : *la Commune*. Sans direction, sans appui réel, affaibli par d'irrémédiables divisions, exposé à des attaques d'autant plus dangereuses qu'elles ont leur répercussion dans son sein, le gouvernement est condamné à disparaître sous bref délai. Il faudra un concours improbable de circonstances pour le sauver.

Le 31 octobre, dès la première heure, l'agitation est grande dans Paris; de tous côtés on se donne rendez-vous à l'Hôtel de ville. Le préfet de police Edmond Adam se décide à convoquer vingt bataillons de garde nationale, mais cet ordre rencontre des résistances. On discute le parti à prendre : soutenir le gouvernement ou suivre ses adversaires. On reste d'abord indécis.

____

(1) Angleterre, Russie, Autriche-Hongrie et Italie.

Cependant la foule devient immense sur la place de Grève. Le cri à peu près unanime est : « La Commune! A bas Trochu! La levée en masse! Pas d'armistice! » Après une première tentative, qui est repoussée, on finit par envahir le palais, sous les yeux de la garde nationale indifférente ou hostile. A plusieurs reprises, Trochu essaie de parlementer, mais ses périodes éloquentes ne persuadent personne. De même pour ses collègues. Déjà les manifestants cherchent à leur donner des remplaçants et dressent des listes où figurent des personnalités marquantes à côté d'inconnus ou de suspects. Mais l'agitation est telle que l'accord ne peut se faire.

D'ailleurs les maires de Paris, réunis sous la présidence d'Étienne Arago, décident la fermeture immédiate des portes, l'élection à bref délai d'un conseil municipal, la levée en masse. En fait, le gouvernement n'existe plus. C'est sa démission que les maires réclament plutôt que son consentement. Aussi, cédant à la pression de la foule, il accorde les élections municipales, non sans regret ni arrière-pensées. L'un de ses membres, Dorian, signe même une proclamation les fixant au 1er novembre.

Cette décision ne satisfait personne; de nouveau la salle du conseil est envahie et ses membres gardés à vue, sous les insultes et les menaces. Malgré l'intervention tapageuse de Flourens et de ses tirailleurs de Belleville, ils résistent à cet orage, refusant de se démettre. Mais leur impopularité est telle qu'il y a unanimité à vouloir les remplacer. Ils sont abandonnés de tous.

Dès l'envahissement du conseil, Ernest Picard a pris le large. Il se hâte d'assurer la conservation des points importants de Paris, restés à l'abandon. Puis, l'état-major de la garde nationale ne sachant que faire, par crainte des responsabilités ou par défaut d'initiative, il fait battre la générale et ordonne au général Schmitz d'appuyer avec des mobiles la garde nationale qui va marcher sur l'Hôtel de ville. Il fait prendre la même direction aux divisions de mobiles Corréard et Liniers.

Sur les entrefaites, on décide un bataillon de garde nationale à pénétrer dans le palais, pour dégager le gouvernement. Trochu et plusieurs de ses collègues sont ainsi délivrés, mais les autres restent prisonniers. Par contre, des insurgés de marque, Blanqui et Tibaldi, sont capturés, puis s'enfuient en profitant d'une bagarre. De nouveau, le palais est aux manifestants. Mais ceux-ci se rendent compte de leur faiblesse numérique et cherchent à obtenir de Dorian une nouvelle convention. Ils y parviennent. Les élections municipales restent fixées au 1er novembre, mais celles du gouvernement auront lieu le 2, solution qui donnerait à Paris une double direction et rendrait de graves conflits inévitables. Malgré ces inconvénients, Jules Favre et ses collègues finissent par céder aux instances de Dorian. Mais ils n'en sont pas encore délivrés pour cela.

Ernest Picard a donné à Ducrot l'ordre d'entrer dans Paris avec des troupes. Le général Trochu, parvenu à s'échapper de l'Hôtel de ville, tente en vain de s'y opposer, persistant à compter uniquement sur « la force morale » qui lui a si bien réussi. Il se résigne enfin, sous la pression de son entourage. D'ailleurs, la garde nationale, au moins indifférente jusqu'alors, commence à changer de sentiment. Les noms de Flourens et de Blanqui font sur la grande majorité l'effet d'une tête de Méduse. On veut bien laisser tomber le gouvernement, mais non le remplacer de la sorte. Jules Ferry, survenu place Vendôme, prend la direction des gardes nationaux qui s'y sont rassemblés et les conduit à l'Hôtel de ville, où d'autres affluent de tous côtés, sans que leurs intentions apparaissent toujours nettement. Mais il ne tarde pas à devenir évident que le plus grand nombre est hostile à Blanqui et à ses amis.

Cependant, un bataillon de mobiles a utilisé un souterrain unissant la caserne Lobau au palais pour s'emparer d'une partie de ces vastes bâtiments et notamment du rez-de-chaussée. Jules Ferry y pénètre avec plusieurs compagnies de garde nationale. Quelques instants après, ses collègues sont enfin délivrés et Trochu, qui survient à cheval, est acclamé par les gardes nationaux. Il est 3 heures du matin.

La journée du 31 octobre tient plutôt de la comédie que du drame. Aussi bien de la part des insurgés que de leurs adversaires, elle trahit la faiblesse, la légèreté, l'indécision, le manque de direction et de volonté. Quel triste rôle y jouent Trochu, le ministre de la guerre, la plupart des membres du gouvernement! Ils ne savent ni prévoir l'émeute, ni lui opposer d'autres barrières que d'inutiles discours et une résistance passive, ni prendre en temps opportun une décision virile. Sans Ernest Picard et Jules Ferry, sans Ducrot et quelques subalternes, la révolution serait livrée à elle-même.

Quant à la population et à la garde nationale, si elles défendent le gouvernement, ce n'est point par dévouement aux personnes ou aux idées, mais bien par crainte de leurs adversaires, du programme qu'ils représentent, et surtout par un sentiment très vif de patriotisme. La pensée de l'ennemi domine tout. Elle contribue à faire que cette émeute dure une journée entière, sans une goutte de sang. La conviction, la volonté de vaincre manquent autant aux vaincus qu'aux vainqueurs. La victoire serait fort incertaine, si les révolutionnaires faisaient preuve de plus d'entente, si, au lieu de quelques centaines d'hommes, ils portaient à l'Hôtel de ville les vingt bataillons au moins acquis à leurs idées. De leur côté, Trochu et ses collègues entassent compromissions sur compromissions avec l'émeute, parce que, nés d'une insurrection, ils ont peine à rompre les liens qui les attachent aux partis avancés. Après avoir mis à profit leur énergie, leur action politique, ils seraient mal venus à creuser entre eux et le gouvernement un fossé sanglant. Ils portent la peine de leur origine, de leurs amitiés, de leurs fautes, de leurs déclamations creuses contre les régimes antérieurs. Ils sont les victimes inconscientes de la logique des choses.

Leur victoire est-elle un bien pour la défense de Paris? On peut croire le contraire. Si leurs adversaires l'emportaient, les élections assureraient la constitution d'un conseil municipal appelé nécessairement à prendre la direction politique et militaire. Il y a « un milieu entre l'orgeat de M. Trochu et le vitriol du sieur Flourens ». Notre action y gagnerait d'être plus énergique. Le nouveau gouvernement serait mieux qualifié pour représenter Paris et même la France. Dans tous les cas, le résultat final ne pourrait être plus désastreux.

Dès le lendemain, le conseil ajourne les élections annoncées pour le jour même par un placard signé Dorian. Aux électeurs de décider si l'élection de la municipalité et du gouvernement doit avoir lieu à bref délai. Par un singulier renversement des rôles, les hommes qui ont tant de fois insisté sur l'immoralité des plébiscites se voient forcés d'y recourir, contradiction entre les principes et les actes qui ne sera pas la dernière.

Après avoir convenu qu'aucune arrestation ne serait faite, le conseil se ravise à la suite de nouveaux désordres et modifie la portée du plébiscite. Il ne s'agira plus que de décider si le gouvernement garde la confiance de Paris. C'est la carte forcée, car l'incertitude de l'avenir est faite pour effrayer les opposants.

Le vote du 3 novembre est en effet très favorable au gouvernement, qui obtient 557.996 *oui* contre 62.638 *non*. Par contre, les 5 et 7 novembre, on élit les maires et adjoints dont plusieurs lui sont nettement hostiles. Paris ne veut pas d'une révolution, mais n'entend pas donner un blanc-seing à ceux qui l'ont gouverné depuis le 4 septembre. Ces élections seront même pour eux une cause de faiblesse, car les nouveaux élus émanent beaucoup plus directement du peuple que les anciens députés de la Seine.

A la suite de la venue de Thiers et du conseil du 30 octobre, le gouvernement a unanimement approuvé le principe d'un armistice et chargé le vieil homme d'État d'en régler les conditions. La nécessité de ravitailler Paris est admise pour la durée de cette suspension d'armes, ainsi que celle de procéder aux élections.

Thiers quitte Paris aux premiers grondements du 31 octobre, mais ne trouve plus Bismarck dans les mêmes dispositions. Après avoir paru accepter le principe du ravitaillement, le chancelier s'y montre tout à fait opposé. Pour le concéder, il exigerait la reddition d'un fort et peut-être de deux. Autant vaudrait capituler sur l'heure. Ce nouvel aspect des négociations, signalé au gouvernement le 5 novembre, l'amène à décider leur rupture immédiate. Dans un tragique entretien avec Ducrot, Thiers a vainement plaidé la cause de la paix : « Une grande nation comme la France, lui répond avec raison le général, se relève toujours de ses ruines matérielles; elle ne se relève jamais de ses ruines morales. » D'ailleurs, on peut croire que le roi Guillaume est moins encore disposé à nous accorder un armistice à la fin d'octobre qu'en septembre. Il a voulu simplement donner une satisfaction apparente aux neutres. Quoi qu'il en soit, l'émeute du 31 octobre et la proclamation de Gambetta sur la capitulation de Metz semblent avoir modifié ses intentions. La guerre va donc continuer trois longs mois, opposant cette fois des forces improvisées à l'envahisseur, après l'entière destruction de nos armées régulières.

TABLE DES MATIÈRES

CARTES

Nancy, imprimerie Berger-Levrault et Cⁱᵉ